卓越教师 教学主张丛书

厦门市卓越教师培育项目成果
西南大学教育学"双一流"学科建设实践成果

总主编 陈 珍 朱德全

鲜活思政
——共享缤纷生活

蒋艳秋 著

西南大学出版社
国家一级出版社 全国百佳图书出版单位

· 重庆 ·

图书在版编目(CIP)数据

鲜活思政:共享缤纷生活/蒋艳秋著. -- 重庆:西南大学出版社,2024.10. — (卓越教师教学主张丛书). -- ISBN 978-7-5697-2649-7

Ⅰ.D64

中国国家版本馆CIP数据核字第20241TP185号

鲜活思政——共享缤纷生活
XIANHUO SIZHENG——GONGXIANG BINFEN SHENGHUO

蒋艳秋 著

责任编辑:曹园妹
责任校对:张 琳
封面设计:闰江文化
版式设计:散点设计
排　　版:杜霖森
出版发行:西南大学出版社(原西南师范大学出版社)
　　　　地址:重庆市北碚区天生路2号
　　　　邮编:400715
　　　　市场营销部电话:023-68868624
印　　刷:重庆市国丰印务有限责任公司
成品尺寸:170 mm×240 mm
印　　张:19
字　　数:365千字
版　　次:2024年10月　第1版
印　　次:2024年10月　第1次印刷
书　　号:ISBN 978-7-5697-2649-7
定　　价:58.00元

编委

总主编
陈 珍　朱德全

副总主编
洪 军　刘伟玲　庄小荣　潘世锋　罗生全　周文全

执行主编
范涌峰　魏登尖

编委（以姓氏笔画为序）
王天平　王正青　牛卫红　艾 兴　叶小波　朱德全
庄小荣　刘伟玲　陈 珍　陈 婷　范涌峰　罗生全
周文全　郑 鑫　赵 斌　侯玉娜　洪 军　唐华玲
　　　　　　　韩仁友　潘世锋　魏登尖

总序

习近平总书记在2024年全国教育大会上指出,要实施教育家精神铸魂强师行动,加强师德师风建设,提高教师培养培训质量,培养造就新时代高水平教师队伍。《中共中央 国务院关于弘扬教育家精神加强新时代高素质专业化教师队伍建设的意见》指出,要加强中小学学科领军教师培训,培育一批引领基础教育学科教学改革的骨干。强化中小学名师名校长培养。

厦门市历来重视名师队伍的培育培养工作,根据教师专业成长规律,经二十年探索,逐步形成了"骨干教师—学科带头人—专家型教师—卓越教师"的金字塔式名师阶梯成长体系。自2021年起,厦门市教育局与西南大学开展战略合作,共同推进厦门教育高质量发展和教师队伍建设。"厦门市首期卓越教师培育项目"是由厦门市教育局与西南大学教育学部联合倾力打造的精品培训项目,也是厦门市迄今为止最高层次的教师培训项目。该项目旨在打造一支具有教育情怀、高尚师德,富有创新精神,具有鲜明教育教学思想和教学主张,在教育教学和教育科研上发挥领军作用的高层次教育人才队伍。项目以产出导向为理念,坚持任务驱动,通过个人自学、高端访学、课题研究、讲学辐射、挂钩帮扶、发表论文、出版专著、提炼教育思想、推广教学主张等方式优化培育过程。

三年琢磨,美玉渐成。通过三年的探索,围绕成为"有实践的思想者"这一核心目标,每一位卓越教师培育对象形成了特色鲜明、理念前沿的教学主张,并以教学主张为中心形成了一本专著,从而汇集成目前呈现在大家面前的"卓越教师教学主张丛书"。本丛书,既是"厦门市首期卓越教师培育项目"三年实施成果的沉淀,是每一位卓越教师培育对象思想的结晶,也是西南大学教育学"双一流"学科建设的实践成果。

仔细阅读本丛书,可以欣喜地看到,卓越教师培育对象们不仅能敏锐地捕捉到教育教学领域的难点、热点问题,揭示其中的本质规律,还能结合本地教学实际智慧地提出解决方案。总体来说,本丛书有以下三个方面的特点。

一是有较浓厚的学术气息。29位培育对象中有获得国家、省级基础教育教学成果奖的教师,有正高级教师,有省特级教师,但他们还在不断突破,追寻对教育教学本质的理解,追寻从实践到思想的蝶变,追寻高水平的专业表达。他们从实践中提炼出主张,再用主张引领实践,他们在书稿中融入了理论的阐释,学会了建构模型,并借助模型简洁地表述自己的教育教学思想,读起来不生涩也不单调。

二是有较强的系列探索味道。《义务教育课程方案(2022年版)》提出,应做好学段间的教育教学衔接。29位培育对象中,既有教育科研专职人员和学校的管理者,也有班主任、一线教师等,研究成果覆盖了小学、初中和高中的大部分学科,最终形成了29本培育对象教学主张的专著和1本全景式呈现卓越教师培育的经验和初步成效的论著。因此,本丛书既有基于教育者几十年教学实践的思想提炼,又有深入课堂的案例剖析,可以"用眼睛来读",作为教师专业发展的自读文选;也可以"用行动去做",作为教学范例直接进入课堂实践,在行动研究中孵化、创生;也适合专门研究者或管理人员参阅,从中窥探从小学到高中的教育教学重点与发展脉络。

三是有鲜明的课程育人特色。本丛书的撰写以学科课程为载体，以学科课程核心素养为目标，积极探索新时代背景下的育人方式变革，寻求育人最佳路径，以德施教，立德树人。因此，单看每本专著，已能感受到其中鲜明的课程育人特色，综合丛书来看，这一特色更加明显。

期盼厦门市首批卓越教师培育对象大力弘扬践行教育家精神，追求卓越的步伐永不停留，不断完善、应用和推广自己的教学主张和教学成果，为厦门教育做出更多更大的贡献。也期盼本丛书能为广大中小学教师深化教学改革提供参考，为教育学"双一流"学科服务教育实践提供借鉴。

是为序。

陈 珍

（中共厦门市委教育工委书记、厦门市教育局局长）

朱德全

（西南大学教育学部部长、西南大学教育学一流学科建设"首席责任专家"、国家重大人才工程特聘教授、国务院学位委员会学科评议组成员）

序

在新时代的教育征途中,"鲜活思政"如同一股清流,为立德树人的实践注入了新的活力与生机,促使我们探索思想政治教育更加贴近学生、贴近生活、贴近实际的路径,让教育的光芒照亮每一个年轻心灵的成长之路。

蒋艳秋老师作为一线教师,系统阐述了"鲜活思政"的价值、理论与实践。从理论基础与时代要求出发,深入探讨了思政教育如何与时俱进,赋予学生以鲜活的理论底气和实践活力。随后,通过鲜活课程的资源开发与教学实践探索,展现了一幅幅生动的教育实践画卷,让我们看到了如何在教学中融入时政资源、本土文化、网络信息等元素,让课堂焕发新的活力。

值得一提的是,《鲜活思政——共享缤纷生活》详细解析了鲜活评价体系的构建,倡导在情境创设、议题式教学、大单元学习中创新评价方式,旨在促进学生的全面发展与个性化成长。在此基础上,进一步延伸至鲜活德育的实践,强调了以"心正"为基,以"智勇"为翼,深入学生生活,实现知行合一的教育理想。

"鲜活思政"不仅仅是教学理念的革新,更是教学方法与策略的升级。书中通过丰富的案例分析与教学实例,展示了如何将鲜活的思政内容融入课堂,激发学生兴趣,培养学生的问题意识与批判性思维,以及如何在教学中融入跨学科元素,打破传统学科界限,实现知识的综合应用与创新能力的培养。

总之,《鲜活思政——共享缤纷生活》一书是一次丰富的实践探索,以前瞻性的视野、创新性的实践、反思性的成长,为我们呈现了一套符合新时代要求的思政教育模式。此书不仅为教育工作者提供了宝贵的实践经验与策略指南,更为所有关心教育、致力于青少年健康成长的读者提供了一扇窗,通过这扇窗,我们可以看到一个更加生动、更具生命力的思政教育世界。愿读者能从中汲取灵感,携手共进,为培养有理想、有本领、有担当的新时代人才贡献智慧与力量。

西南大学教育学部教授、博士生导师、教育研究院副院长

目录

第一章　鲜活主张，寻根缘起

第一节　立德树人　思政引领 ……………………………003

第二节　鲜活主张　时代需要 ……………………………008

第二章　鲜活底气，从心出发

第一节　鲜活内涵　与时俱进 ……………………………023

第二节　鲜活意义　创新增能 ……………………………028

第三节　鲜活理论　树大根深 ……………………………033

第三章　鲜活主张，引我成长

第一节　个人成长　萌发鲜活 ……………………………041

第二节　鲜活主张　且行且思 ……………………………055

第四章　鲜活课程，资源开发

- 第一节　概论 ··· 081
- 第二节　资源使用分析 ··· 088
- 第三节　时政资源 ··· 095
- 第四节　本土资源 ··· 103
- 第五节　文化资源 ··· 111
- 第六节　网络资源 ··· 128

第五章　鲜活教学，实践探索

- 第一节　4S教学模式 ··· 139
- 第二节　情境创设法 ··· 143
- 第三节　议题式教学 ··· 153
- 第四节　大单元教学 ··· 169

第六章　鲜活评价，守正创新

- 第一节　时代洪流的必然趋势 ··· 197
- 第二节　教、学、评一体化的理论构架 ··· 200
- 第三节　以"评"促"备、教、学"的智慧评价实践 ··· 207

第七章　课程思政，鲜活融合

- 第一节　课程思政　吸新吐故 ··· 215
- 第二节　课程思政　开创新局 ··· 218
- 第三节　课程思政　力学笃行 ··· 223
- 第四节　课程思政　躬行实践 ··· 252

第八章　鲜活德育，知行合一

　　第一节　活力管理　重塑新风 …………………263
　　第二节　鲜明主题　推进活动 …………………267
　　第三节　项目课程　推研校本 …………………273
　　第四节　活络家校　推动共育 …………………276
　　第五节　鲜活思政　推开体系 …………………280

参考文献 ……………………………………………282

后记 …………………………………………………287

第一章

鲜活主张，
寻根缘起

第一节 立德树人 思政引领

随着我国经济的发展，国际地位的提升，中国特色社会主义进入新时代。教育的发展应该适应时代的发展，与时俱进。党的教育方针是"教育必须为社会主义现代化建设服务、为人民服务，必须与生产劳动和社会实践相结合，培养德智体美劳全面发展的社会主义建设者和接班人"。2019年3月18日，习近平总书记在学校思想政治理论课教师座谈会上明确指出："思想政治理论课是落实立德树人根本任务的关键课程。"立德树人是教育的根本任务，教育要将思政引领放在重要位置，引导学生形成正确的世界观、人生观和价值观，为党育人、为国育才，实现全面育人的目标。立德树人、思政引领不仅关系到学生的个人成长，还关系到国家和社会的未来。思政课作为一门铸魂育人的课程，担当着引领学生系好人生"第一粒扣子"的时代责任。

新时期，我们应该从思政课程走向课程思政，上好并善用"大思政课"，坚持以习近平新时代中国特色社会主义思想为指导，坚守为党育人、为国育才初心使命，践行立德树人根本任务，推动用党的创新理论铸魂育人、与时俱进、入脑入心，筑牢思政底气、骨气，弘扬思政正气、活气，让思政引领立德树人更鲜活、更有温度。

思政引领肩负着"培养什么人、怎样培养人、为谁培养人"的重任，肩负着培养"有理想、有本领、有担当"的时代新人的使命。将思政课教育教学做得有声有色、入脑入心，需要贴近学生实际、创新教学方法和手段、强化实践教学、加强师资队伍建设等多方面的共同努力。只有这样，才能让思政课真正成为引导学生树立正确世界观、人生观和价值观的重要途径，为学生的全面发展提供有力的保障。

"鲜活思政"让思政入脑入心，培育"鲜活底气"，从心出发，让思政活起来，动起来，做起来。"鲜活底气"要求思政教育在保持时代性和生动性的同时，还要具备深厚的理论基础和实践价值，从而让学生真正感受到思政教育的魅力和力量。为了实现这一目标，教育者需要不断更新教育观念和方法，深入挖掘思政教育的内在价值,同时注重与学生的互动和交流,让思政教育共融共生。

"立德树人"是教育的根本任务,也是教育的核心价值所在。"德"的本义为顺应自然、社会和人类客观需要去做事。不违背自然发展,去发展自然,发展社会,发展自己的事业。《大学》开篇第一句就是"大学之道,在明明德,在亲民,在止于至善"。明明德,就是弘扬彰显光明正大的德。"一德立而百善从之"——语出宋代杨时《河南程氏粹言·论道篇》,释义为美德培养起来了,各种善行就会相应产生,品德修养至关重要。

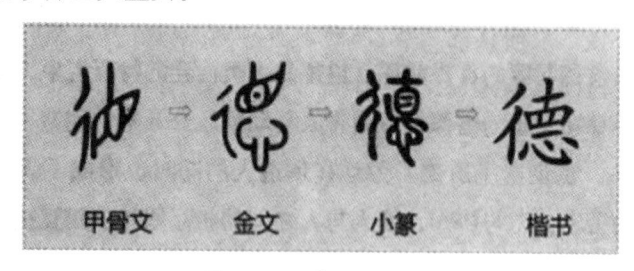

图1-1 "德"字的演变

在甲骨文中,"德"字左边是"彳",表示道路、行动,右边下方是"目","目"之上是一条垂直线,表示目光直射之意。行动要正,而且"目不斜视",这就是"德"的最初含义。随着历史的发展,人们对德的理解不断深化和拓展,金文的"德"字在"目"下又加了"心"字,意思是行正、目正、心正才算"德"。小篆中的"德"字与金文字形相近,只不过把右上方变成了"直"字,意指"直心"为"德"。(图1-1)在古汉语中,"德"还通假于"惪",《说文解字》解"惪"为"外得于人,内得于己也"。外得于人,指以善行施之于人,使人有所获得;内得于己,指将善念存于己心,使己有所提升。关于"德"含义的变化,李泽厚曾指出,"德"是由巫的神奇魔力和循行"巫术礼仪"规范等含义,逐渐转化成君王行为、品格的含义,最终才变为个体心性道德的含义。[①]我们从"德"字的造字形意上就能发现古人的智慧,德字中有"心"、有"目"、有"彳",会意起来就是德要"心正"、"目正"和"行正"。

所以我们讲立德树人,其实就是要教会人"心正"、"目正"和"行正"。

第一,"心正"。"心正"要求我们不忘初心、心怀理想、从心出发、启智润心。一个心正的人,会坚守自己的道德原则,不会因为外界的诱惑或压力而违背自己的良心。心正也是一个人品格的重要组成部分。当我们面对复杂纷繁的社

---

① 李泽厚.李泽厚旧说四种 说巫史传统[M].上海:上海译文出版社,2012:27-29.

会时,要保持清醒的头脑和坚定的立场,不被各种不正之风所侵蚀。同时,心正也意味着我们要有自我反省和自我修正的能力,当发现自己的言行有悖于道德标准时,能够勇敢地承认并改正错误。在教育领域,"心正"同样是一个重要的教育主题,教育要从心开始。韩愈在《师说》中提出:师者,所以传道授业解惑也。"惑"在《说文解字》里的释义为:惑,乱也。从心或声。作为师者,是将学者的心安定下来,教育要从心出发,从心起航,以心育心。学校从管理、教育到教学,只有直抵心灵,根植心田,才会生根发芽,开花结果。所以我们倡导用心教育,用心管理,用心学习,用心育人,用心工作,用心生活。教师要常持有爱的心,全身心投入教育事业。思政引领注重培养师生的道德品质和人格修养,一个优秀的学生或者教育者应该具备扎实的学科知识,拥有高尚的道德情操和坚定的理想信念。"心正"是一个人内在美的重要体现,也是我们追求真善美的重要目标之一。只有心正,我们的言行才能更加符合道德标准,我们的人生才能更加充实和有意义。

第二,"目正"。在日常生活中,我们常说"眼睛是心灵的窗户",眼睛所注视的方向往往能够反映一个人的内心状态和价值取向。一个"目正"的人,在看待事物时会保持客观公正的态度,不会因为个人喜好或偏见而歪曲事实。他们的眼睛所及之处,都是真实、美好的一面,而不是被扭曲或遮蔽的假象。在教育上,"目正"是教育者对学生的正视和尊重。一个"目正"的教育者会平等地对待每一个学生,不会因为学生的成绩、家庭背景或其他因素而产生偏见或歧视。他会用正直的眼光去发现每个学生的优点和潜力,帮助他们充分发挥自己的才能。"目正"是一个人内心正直和有良好价值取向的象征。只有保持"目正"的态度,我们才能更好地认识世界、理解他人,也才能更好地实现自我价值和社会价值。"目正"还指目标、目的的正向性,思政引领旨在通过思想政治教育引导学生树立正确的世界观、人生观和价值观,在这一过程中,我们的时代新人应该是有理想的时代新人,有正向的正能量的目标理想,而不是偏离方向的目标理想。思政引领就像火车头,指引着正确的方向。立德树人、思政引领让我们的学生,不受外界不良思想的影响,不偏离正确的价值轨道,始终用正确的眼光去看待事物、分析问题,在思政学习中保持独立思考和批判性思维,在面对各种信息和观点时,学会辨别真伪、明辨是非,不盲目跟风或随波逐流。通过独立思考和理性分析,可以更加深入地理解思政知识,形成自己的见解和判断,更好地应对复杂多变的社会环境,更好地规划自己的理想目标,从而为自己的理想目标而奋斗。作为教育者更应该以身作则,用自己的言行去影响和感染学生,引导他们走向正确的人生道路,能确立积极、健康、向上的个人目标,与社会主义核心价值观相契合,为自身的全面发展奠定坚实的基础。

第三,"行正"。子曰:"其身正,不令而行;其身不正,虽令不从。"[1]它的含义是,如果一个人自身行为端正,那么即使他不发布命令,人们也会自觉遵守和执行。相反,如果一个人自身行为不端正,那么即使他发布了命令,人们也不会听从和执行。这句话也提醒我们,在日常生活中,要时刻注意自己的行为和态度,做到以身作则,用自己的行为来影响和带动身边的人。只有这样,我们才能在社会中树立良好的形象,赢得他人的尊重和信任,从而更好地实现自己的目标和理想。同时,这句话也适用于我们个人的成长和发展。如果我们自身行为不端正,即使我们制定了再多的计划和目标,也很难实现。相反,如果我们自身行为端正,即使我们没有明确的计划和目标,也会在日常生活中不断积累和进步。因此,我们应该时刻注意自己的行为和态度,知行合一,行为端正、符合道德和法律规范,做到正直、诚实、勤奋、自律,这样才能在人生的道路上走得更远、更稳健。"行正"是每个人都应该追求和实践的目标,因为它不仅关乎个人的品格和形象,更与社会的和谐稳定息息相关。"行正"意味着一个人的行为要符合社会公认的道德标准和法律底线,即思政教育中的两大板块——道德与法治的要求。首先,我们应通过系统的思想政治教育,引导学生明确"行正"的内容及要求,明白只有行为端正、遵守道德规范,才能赢得他人的尊重和信任,实现个人的价值,才能用自己的实际行动去践行"行正"的理念,为身边的人树立榜样。其次,思政引领实践育人,通过各种实践活动让学生亲身体验社会、了解国情、民情,培养他们的社会责任感和使命感。在实践中,学生逐渐学会如何正确处理人际关系、如何遵守社会规则、如何履行公民义务,从而践行"行正"的理念。要注意的是,思政引领需要教师起示范作用,教师是学生成长过程中的重要引路人,他们的言行会对学生产生深远的影响。教师需要以身作则,用自己的实际行动去践行"行正"的理念,为学生树立榜样。思政引领是确保学生"行正"的关键环节,通过系统的思想政治教育,学生逐渐形成端正的行为习惯,成为有理想、有本领、有担当的新时代青年。"行正"不仅仅是一个教育目标,更是每个人终身追求和实践的目标。只有大家都做到"行正",社会才能更加和谐、稳定、繁

---

[1] 论语[M].张燕婴,译注.北京:中华书局,2006:189.

荣。我们每个人都应该努力做到"行正",用自己的实际行动去传递正能量,为社会的进步和发展贡献自己的力量。

思政课是落实立德树人根本任务的关键课程,是加强新时代青年培根铸魂、启智润心的主阵地。上好并善用"大思政课",是我们坚持为党育人、为国育才初心使命的必然要求。青年一代有理想、有本领、有担当,国家就有前途,民族就有希望。多元融合,同根共生,鲜活的"大思政课",让新时代青年深切地感受到时代的脉搏,激发奋进向上的力量,在强国建设、民族复兴的伟大实践中放飞新时代的梦想。

第二节 鲜活主张　时代需要

经常听到一些老教师向笔者抱怨,现在的学生跟以前不一样了,越来越难教了。笔者跟他们说,这句话不完全对。现在的学生成长于信息时代,在手机、电脑陪伴下长大的他们,思想观念、行为习惯能跟以前玩踢毽子、老鹰捉小鸡长大的学生一样吗？时代在变化,学生在变化,我们如果不跟着与时俱进,当然就觉得学生难教。出现"难教"的问题不在于时代,更不在于学生,而是在我们教师身上,教师的教育教学观念不能只停留在过去和现在,而是要了解现代教育的时代背景,转变自己的教育教学观念。

时代在改变,教育也在变革。我们应该从根源上去思考学生为什么会"难教"。

第一,社会背景的变化。随着社会的快速发展,信息技术的变革,现在的学生成长的环境和经历与以前的学生有很大不同。他们面临着更多的信息来源和多元的价值观,这使得他们的思想更加复杂和多样。教师只有与时俱进,不断更新自己的教育观念和教学方法,才能和学生产生共情,适应学生的变化。随着社会发展的多样化,许多学生对未来的职业和发展方向感到迷茫,他们或许会觉得学习没有用处,缺乏明确的学习目标和动力,导致对学习的兴趣和热情不高。教师需要帮助学生明确学习目标,激发他们的学习动力,培养他们的职业规划能力。

第二,学生差异的增大。德国哲学家莱布尼茨曾说过,世界上没有两片完全相同的叶子。这充分说明了每个人都是独特的,每个人的生命都是独一无二的。每个学生都存在个体差异,都应该被关注。每个学生都有自己的兴趣、特长、学习方式和成长速度,教师不能采用"一刀切"的教育方式来满足所有学生的需求。只有关注学生的个体差异,提供个性化的教育服务,才能满足不同学生的发展需要。在第十二届全国人大一次会议闭幕会上的讲话中,习近平主席提出,要让全体中国人民"共同享有人生出彩的机会,共同享有梦想成真的机会,共同享有同祖国和时代一起成长与进步的机会"。让每一个人都出彩,关注每一个学生的发展,是我们教育的初心。

第三,教师理念的老化。随着社会的不断变化和发展,教育所面临的挑战和需求也在不断演变。教师的某些教育理念可能在特定时期适用并取得了良好效果,但随着时代的变迁,这些理念已经无法适应新时代的需求,显现出老化的迹象。这种老化的教育理念无法满足学生的需求和学习方式,无法与社会的发展和需求相契合,教育内容与社会脱节,学生在学校所学内容与社会实际需求之间存在较大的鸿沟,影响其职业发展和适应能力。

第四,家庭教育的影响。家庭教育对学生的成长和发展具有重要影响。然而,一些家庭缺乏科学的教育观念和方法,导致家庭教育存在一些问题,如溺爱、父母缺位等。这些问题可能在学校教育中得到反映,增加了教师的教学难度。

现在的学生难教的原因是多方面的,包括社会背景的变化、学生差异的增大、教师理念的老化以及家庭教育的影响等。为了应对这些挑战,鲜活的教育主张呼之欲出,鲜活的教育需要教师与时俱进,不断更新教育观念和方法,关注学生的个体差异和需求,提供个性化的教育服务,同时加强与家长的沟通和合作,共同促进学生的全面发展,跟学生一起共享"鲜活教育"。

一 鲜活主张与时俱进,乘社会发展之东风

教育改革需要适应新时代的需求,注重学生的个性化发展和综合素质培养,借助信息技术的发展进行教育模式的创新。

当今社会科技发展日新月异,随着信息技术的快速发展和全球化进程的加速推进,虚拟现实、人工智能、大数据等技术的应用,为教学提供了更多可能性,促进了教育模式的创新和个性化教学的实施。经济全球化进程中,国际竞争日益激烈。国际竞争归根结底是科技和人才的竞争。科技的发展决定了国家的综合实力和竞争力,而人才则是国家发展的重要资源。在当今全球化和高度竞争的时代背景下,各国都在加强科技的发展与创新和人才的培养与引进,以提升自身的国际竞争力和发展潜力。时代呼唤教育改革,培养出适应社会发展需要的人才,培养出具有创新思维、开放心态和多元文化意识的人才。2023年2月21日,中共中央政治局第三次集体学习时提到:要在教育"双减"中做好科学教

育加法,激发青少年好奇心、想象力、探求欲,培育具备科学家潜质、愿意献身科学研究事业的青少年群体。

20多年前的课堂里,教师大多数只能通过黑板等工具平面地讲授知识,学生的知识获取方式单一,课堂形式也难以创新。随着社会的发展,科技的进步,我们的课堂里开始有了电视,后来有了多媒体,再到现在的互联网时代,纳米黑板,智慧平台这些新时代的产物,为我们的课堂教学提供了"鲜活"的"工具"。

社会发展的东风让信息化走进校园。积极融入科学加法建设智慧校园,让教学资源丰富与共享。通过网络平台,教师可以轻松地获取各种教学资源,如课件、教案、试题等,从而丰富教学内容,提高教学效果。同时,学生也可以随时随地通过网络获取学习资料,进行自主学习和拓展学习。

智慧校园建设为鲜活主张的实施提供了强有力的物质保障。通过整合信息技术和教育资源,智慧校园为鲜活主张的落地提供了丰富的应用场景和实现方式。信息化推动了教学方式的多样化,多媒体、网络教学、在线课程等新型教学方式的出现,使得教学不再局限于传统的课堂讲授,不仅能更好地激发学生的学习兴趣和积极性,提高教学效果,而且能通过收集和分析学生的学习数据和行为,为每个学生提供个性化的教学方案和学习路径,满足学生的不同需求和发展特点。信息化手段还可以打破地域空间限制,不受地域、学校等因素的限制,再现真实、生动的学习环境,提供丰富的应用场景。在线教育等新型教学方式促使优质教育资源得以更加广泛地传播和分享,有助于提升教育公平性,让学生获得更加平等的教育机会和资源。

信息化智慧校园为鲜活主张的落地提供了丰富的应用场景和实现方式,为教育创新和发展提供了强有力的支持和保障。通过智慧校园的建设和应用,我们可以更好地实现教育的鲜活主张,为学生的全面发展和社会的进步做出更大的贡献。社会发展的需求、教育改革的推动以及现代技术手段的支撑,使得"鲜活教育"应运而生。

二 鲜活主张牢固地位,应思政新时代之需

2019年3月18日上午,中共中央总书记、国家主席、中央军委主席习近平在北京主持召开学校思想政治理论课教师座谈会并发表重要讲话。他强调,办好

思想政治理论课,最根本的是要全面贯彻党的教育方针,解决好培养什么人、怎样培养人、为谁培养人这个根本问题。我们党立志于中华民族千秋伟业,必须培养一代又一代拥护中国共产党领导和我国社会主义制度、立志为中国特色社会主义事业奋斗终身的有用人才。习近平总书记的讲话为我们指明了思政课的根本方向。同时,他还进一步强调思政课的重要性——在大中小学循序渐进、螺旋上升地开设思想政治理论课非常必要,是培养一代又一代社会主义建设者和接班人的重要保障。思想政治理论课是落实立德树人根本任务的关键课程。青少年阶段是人生的"拔节孕穗期",最需要精心引导和栽培。思政课作用不可替代,思政课教师队伍责任重大。

习近平总书记强调,推动思想政治理论课改革创新,要不断增强思政课的思想性、理论性和亲和力、针对性。要坚持"八个相统一"。结合笔者教学实践,具体阐述如下:

第一,要坚持政治性和学理性相统一,以透彻的学理分析回应学生,以彻底的思想理论说服学生,用真理的强大力量引导学生。作为思政教师,要有"鲜"明的政治方向和扎实的理论根基,能够用强大的政治信念引导学生,能够用"鲜活"的事实跟学生摆道理。

第二,要坚持价值性和知识性相统一,寓价值观引导于知识传授之中。作为思政教师,要坚持以人为本,注重人的全面发展,注重知识的应用和价值的实现,要通过实践生"活"来检验和提升知识性和价值性的统一程度,"活"学"活"用知识。

第三,要坚持建设性和批判性相统一,传导主流意识形态,直面各种错误观点和思潮。这就要求思政教师要敢于尝"鲜",直面社会新"鲜"的生"活",引导学生灵"活"运用所学知识,以积极、正向的态度提出解决方案和改进措施。

第四,要坚持理论性和实践性相统一,用科学理论培养人,重视思政课的实践性,把思政小课堂同社会大课堂结合起来,教育引导学生立鸿鹄志,做奋斗者。

第五,要坚持统一性和多样性相统一,落实教学目标、课程设置、教材使用、教学管理等方面的统一要求,又因地制宜、因时制宜、因材施教。

第六,要坚持主导性和主体性相统一,思政课教学离不开教师的主导,同时要加大对学生的认知规律和接受特点的研究,发挥学生主体性作用。

第七,要坚持灌输性和启发性相统一,注重启发性教育,引导学生发现问题、分析问题、思考问题,在不断启发中让学生水到渠成得出结论。

第八，要坚持显性教育和隐性教育相统一，挖掘其他课程和教学方式中蕴含的思想政治教育资源，实现全员全程全方位育人。

在习近平总书记的讲话中，还进一步指出了讲好思政课的具体发展路径。习近平总书记要求推动形成全党全社会努力办好思政课、教师认真讲好思政课、学生积极学好思政课的良好氛围。学校党委要坚持把从严管理和科学治理结合起来。学校党委书记、校长要带头走进课堂，带头推动思政课建设，带头联系思政课教师。要配齐建强思政课专职教师队伍，建设专职为主、专兼结合、数量充足、素质优良的思政课教师队伍。要把统筹推进大中小学思政课一体化建设作为一项重要工程，推动思政课建设内涵式发展。要完善课程体系，解决好各类课程和思政课相互配合的问题，鼓励教学名师到思政课堂上讲课。各地区各部门负责同志要积极到学校去讲思政课。

为保证思想政治教育落地生根，2019年9月27日，教育部等五部门印发了《关于加强新时代中小学思想政治理论课教师队伍建设的意见》，提出要通过一系列政策举措，打造切实加强中小学思政课教师队伍配备管理，全面提升中小学思政课教师素质能力，不断创新中小学思政课教师评价激励机制。2022年7月25日，教育部等十部门印发关于《全面推进"大思政课"建设的工作方案》的通知，明确全面推进"大思政课"建设，要坚持以习近平新时代中国特色社会主义思想为指导，聚焦立德树人根本任务，推动用党的创新理论铸魂育人，不断增强针对性、提高有效性，实现入脑入心。坚持开门办思政课，强化问题意识、突出实践导向，充分调动全社会力量和资源，建设"大课堂"、搭建"大平台"、建好"大师资"，建设全国高校思政课教研系统，设立一批实践教学基地，推出一批优质教学资源，做优一批品牌示范活动，支持建设综合改革试验区，推动思政小课堂与社会大课堂相结合，推动各类课程与思政课同向同行，教育引导学生坚定"四个自信"，成为堪当民族复兴重任的时代新人。将思想政治教育以文件政策的形式加以落实，思政课的重要地位不可言喻，思政教育进入了一个全新的高度。因此，我们要应时代发展之需，讲好"鲜活"的思政课，做好"鲜活"的思政工作。

为深入贯彻落实习近平总书记关于"大思政课"的重要指示批示和在中国人民大学考察时的重要讲话精神，贯彻落实中共中央、国务院《关于新时代加强和改进思想政治工作的意见》，中共中央办公厅、国务院办公厅印发的《关于深化新时代学校思想政治理论课改革创新的若干意见》和中共中央办公厅《关于加强新时代马克思主义学院建设的意见》，坚持不懈用习近平新时代中国特色社会主义思想铸魂育人,根据《教育部等十部门关于印发〈全面推进"大思政课"建设的工作方案〉的通知》,结合福建省实际,2023年6月29日,中共福建省委教育工委等十部门印发关于《福建省全面推进"大思政课"建设的实施方案》的通知。福建省全面推进"大思政课"建设的实施方案旨在通过创新教学方法、强化实践体悟、拓展育人空间、提升教师素质、形成育人合力等措施,全面加强思政课建设,推动新时代高校思想政治工作高质量发展,教育引导学生坚定"四个自信",成为堪当民族复兴重任的时代新人。

因此,全面推进"大思政课"建设,培养时代新人,鲜活的思政要多维立体、要形象生动、要坚持不动摇。

三 鲜活主张崭新开始,迎新课标出台之机

2022年,教育部印发义务教育课程方案和课程标准(2022年版),明确了新修订的义务教育课程方案和道德与法治等16门学科的课程标准。义务教育课程方案和课程标准(2022年版)于2022年秋季学期开始执行。课程标准是国家课程的基本纲领性文件,是国家对教育事业提出的更高规范和要求,也是新时代课程改革的方向。《义务教育道德与法治课程标准(2022年版)》(以下简称"2022年版《道德与法治课程标准》")也强调了鲜活思政的要求。

培养有理想、有本领、有担当的"三有"时代新人是义务教育阶段的目标。"有理想、有本领、有担当",环环相扣、逐层深入,回答时代新人"想不想、能不能、敢不敢"担当民族复兴大任的问题。其中"有理想"体现的是正确价值观,这就要求要有"鲜明"旗帜;"有本领"体现的是关键能力,这就要求要有新鲜活力;"有担当"体现的是必备品格,这就要求要有勇立潮头的活力。道德与法治课程在培养"三有"时代新人中具有铸魂育人的作用,可以为青少年成为"三有"时代新人打下牢固的思想根基。

(一)2022年版《道德与法治课程标准》的课程理念蕴含了"鲜活思政"思想

2022年版《道德与法治课程标准》在课程理念中强调:"以社会发展和学生生活为基础,构建综合性课程""道德与法治课程立足于发展学生核心素养,以

引导学生学习和掌握道德与法律的基本规范,提升思想政治素质、道德修养、法治素养和人格修养为主旨,坚持学科逻辑与生活逻辑相统一,主题学习与学生生活相结合。内容选择体现社会发展要求,特别是中国特色社会主义进入新时代对道德与法治教育提出的新要求,突出中华民族传统美德、革命传统和法治教育,有机整合社会主义先进文化教育、革命文化教育、中华优秀传统文化教育、国家安全教育、生命安全与健康教育、劳动教育等相关主题。以学生的真实生活为基础,增强内容的针对性和现实性,突出问题导向,正视关注度高、涉及面广的问题,引导学生发现问题、分析问题、解决问题,提升道德理解力和判断力,强化规则、纪律、秩序、诚信、团结合作、冲突解决等教育"。[1]这贴切地阐述了"鲜活思政"中的生活底色。该课程标准的课程理念还强调要"综合运用多种评价方式,促进知行合一""道德与法治课程评价要围绕发展学生核心素养,发挥评价的引导作用,改进结果评价,强化过程评价,探索增值评价"。[2]结果评价不但要全面关注学生知识、情感和行为的发展,还要关注学生在学校、家庭和社会生活中的日常品行表现。过程评价要更加关注发挥评价的激励和改进功能。增值评价要关注学生思想品行的发展和进步,注重对学生的激励。这也就是"鲜活思政"当中所说的"灵活""激活"学生活力的意思。

(二)2022年版《道德与法治课程标准》的性质指明了"鲜活思政"方向

具有政治性、思想性和综合性、实践性是义务教育道德与法治课程的性质。政治性、思想性是对道德与法治课程内容的规定,综合性、实践性是对课程组织和实施的要求。政治性、思想性凸显道德与法治作为思政课程的性质和要求,综合性、实践性体现道德与法治作为综合性、活动性课程的特点。"鲜活思政"主张在确保政治性、思想性的前提下,重视夯实学生生活基础,使其知行合一,突出实践性与综合性。综合性是道德与法治课程的突出特征,表现在四个方面:一是在内容上,道德与法治课程有机整合了道德、心理健康、法治和国情教育等多方面的学习内容。二是在空间上,道德与法治课程坚持学科逻辑与生活逻辑

---

[1] 中华人民共和国教育部.义务教育道德与法治课程标准(2022年版)[S].北京:北京师范大学出版社,2022:3.
[2] 中华人民共和国教育部.义务教育道德与法治课程标准(2022年版)[S].北京:北京师范大学出版社,2022:4.

(二)鲜活思政精选有效资源

鲜活思政要求教师合理精选教学内容,减少冗余知识和机械重复的训练,使学生更加专注于关键和基础知识点的学习。通过生动活泼的教学方式,学生可以更加主动地参与其中,积极探索、思考和实践,从而提高学习兴趣和动力。借助多种教学资源和手段,使学生在轻松、愉快的氛围中获得知识水平和技能的提升。注重培养学生的实际应用能力和创新思维,减少学生对死记硬背和应试能力的依赖,减少学生不必要的学业负担,使其在愉快的学习中切实提高综合能力。

(三)鲜活思政促进身心健康

鲜活思政以生为本,从学生的知识需求和兴趣出发,选取与学生实际生活和成长相关的案例和话题,采用多种教学方法,如案例分析、小组讨论、角色扮演等,引导学生主动学习和思考,发挥学生主体地位,使其多方面多角度理解和掌握知识。鲜活的教学方式可以使学生在学习过程中感受到乐趣,提高学习兴趣,平衡学业压力与身心发展的关系,从而培养学生的学习自信心,使其能正确认识自我,发挥自己的潜力,提高自我价值感,进而培养其情绪管理能力,提高他们的心理健康水平。

(四)鲜活思政重在思想领航

鲜活思政的最终落脚点是思想政治教育,引导学生形成正确的世界观、人生观和价值观,弘扬和践行社会主义核心价值观,坚定理想信念,厚植爱国主义情怀,把爱国情、强国志、报国行自觉融入坚持和发展中国特色社会主义事业、建设社会主义现代化强国、实现中华民族伟大复兴的奋斗之中。"双减"减的是学生负担和家长负担,但教育方向必须"坚"。鲜活思政引导学生在轻松学习的同时,做好思想与价值引领,保证方向的正确性。

五 鲜活主张从心出发,合学生新发展之需

鲜活思政从心出发,是灵魂的育人工程。鲜活的思政可以帮助学生认识到积极向上的生活态度和正确价值观的重要性,从而激发他们追求正能量、传递

动性。同时,也为学生全面发展和培养良好的道德与法治素养奠定了基础。

四 鲜活主张赋能育人,助"双减"大革新之势

2021年7月,中共中央办公厅、国务院办公厅印发《关于进一步减轻义务教育阶段学生作业负担和校外培训负担的意见》(以下简称《意见》),旨在强化学校教育主阵地作用,深化校外培训机构治理,坚决防止侵害群众利益行为,构建教育良好生态,有效缓解家长焦虑情绪,促进学生全面发展、健康成长。《意见》为有效减轻义务教育阶段学生过重作业负担和校外培训负担,解决课外培训乱象等问题提出了具体的任务和措施,为孩子们有更多时间休息和玩耍,享受快乐的童年保驾护航。当代中小学生的自我意识增强,他们追求自我独立和个性发展,更加注重与同伴的社交互动,渴望被接受、认同和融入群体;同时,他们中也出现了同伴压力的现象,再加上各种信息冲击和知识超载,社会角色的转变、学业压力的增加以及身体和生理上的变化都可能导致他们的情绪出现波动。思想政治教育如果枯燥乏味,难以引起学生的兴趣和积极性,就不容易被学生接受甚至引起学生的反感。但大量信息的冲击也使得现代中小学生的知识面广泛,好奇心强,喜欢探索新事物,追求积极向上的生活,这为鲜活思政提供了更好的实施基础,可以有效助力"双减"落地生根。

(一)鲜活思政注重情境创设

鲜活思政创造一个积极、开放、包容的课堂环境,让学生感到舒适和安全,能更好地参与到课堂中,以富有创意和活力的方式展开学习,鼓励学生主动去尝"鲜",活力十足地品味当下的生活,有更多的时间可以独立思考,自主学习,做自己生活的主人;有精力去探索社会其他领域的生活,学习自己感兴趣的技能。鲜活思政注重与生活的联系,在鲜活的生活实践中丰富中小学生的社会生活经验和增强其辨别是非的能力,使其免受社会上不良思想的影响,引导他们正确理解和把握社会现象和人生问题,提升综合素质、道德水平和法治素养。使其树立正确的世界观、人生观和价值观,培养良好的思维方式和品德修养。这些都与"双减"精神不谋而合。

内容体系,及时跟进社会发展进程,结合国内外影响较大的时事进行讲解。要将党和国家重大实践和理论创新成果引入课堂,充分体现马克思主义中国化最新成果。要密切联系社会生活和学生生活实际,用富有时代气息的鲜活内容,以学生喜闻乐见的方式,增强道德与法治教育的时效性、生动性、新颖性,让道德与法治课成为有现实关怀和人文温度的课堂。[1]第三点"把握思想教育基本特征,实现说理教育与启发引导有机结合",强调了"激活"学生活力。教师在讲述中要注意用可以激发学生兴趣的素材和问题引导学生自己主动思考领会,要在鼓励学生主动学习、积极思考中对政治方向和价值导向加以规范和引导,不能"放任自流"。[2]第四点"丰富学生实践体验,促进知行合一"更是将"鲜活"演绎到极致。强调内容要"活"泼。教学要与社会实践活动相结合,加强课内课外联结,实现隐性课程与显性课程相配合。教学对象要"活"跃。注重案例教学,选择、设计和运用个人和社会生活中的典型实例,鼓励学生探究、讨论,提高学生的价值辨析能力。案例选择要关注以下几点:一要坚持正面引导为主;二要紧扣时代主题,反映学生关注的现实问题;三要具有真实性、典型性、可扩展性,能够服务核心素养的培育;四要关注学生的认知水平和接受能力,具有一定的感染力和说服力,能够引起共鸣。教学方法要灵"活"。要积极探索议题式、体验式、项目式等多种教学方法,引导学生参与体验,促进感悟与建构。要采取热点分析、角色扮演、情境体验、模拟活动等方式,引导学生开展自主探究与合作探究,让学生认识社会。教学途径要"活"络。通过参观访问、现场观摩、志愿服务、生产劳动、研学旅行等方式走向社会,增进学生对国情、社情、民情的了解,增强爱国情感。鼓励学生在社会实践中扩展自己的视野,提升自己的能力,学以致用,知行合一。[3]

综上所述,2022年版《道德与法治课程标准》的颁布,为教师提供了鲜活教学的指导,鼓励教师创造性地开展教学活动,提高教学的实效性和趣味性。这种鲜活教学的主张有助于激发学生的兴趣和热情,提高学生的学习积极性和主

---

[1] 中华人民共和国教育部.义务教育道德与法治课程标准(2022年版)[S].北京:北京师范大学出版社,2022:48.
[2] 中华人民共和国教育部.义务教育道德与法治课程标准(2022年版)[S].北京:北京师范大学出版社,2022:48.
[3] 中华人民共和国教育部.义务教育道德与法治课程标准(2022年版)[S].北京:北京师范大学出版社,2022:49.

相统一,主题学习和学生生活相结合,涉及学生的家庭生活、学校生活和社会生活,范围极为丰富。三是在评价上,道德与法治课程主张多方多指标评价学生的发展;评价不仅关注学习结果,更重视学生的学习过程和日常行为。四是在学生素养目标上,道德与法治课程所要培养的思想、道德、法治、人格等方面的素养是综合性的。素养本身是人的发展的综合性反映,道德与法治课程的综合性,不是基于学科知识关系的综合,也不是基于学生生活的综合,而是基于发展学生核心素养的需要。实践性是道德与法治课程的实施基础。道德与法治课程是有生命的,它的生命构成元素,只有附着于学生的行动上,彰显在学生的践行上,才能真正称得上富有生命力。学生对道德与法治课程的学习,更多的是通过实际参与活动,在活动中探究,用多种感官去观察、内省、反思、体验,感悟自我以及个人与自然、个人与他人、个人与集体、个人与社会、个人与国家的关系。由此,学生获得的不仅仅是"人事之理",更重要的是"心灵之知""高尚之德""法治之识"。这种尊重学生的主体性,激发学生的参与性,借助活动实践所营造的平台,引领学习者实施的多姿多彩的学习,是道德与法治课程的根基所在。道德与法治课程的实践性,其内涵包括三个方面:其一,道德存在于青少年学生的生活实践中。其二,良好道德品质、法治素养的培育必须在青少年学生的生活实践中进行。其三,道德与法治课程要注重引领青少年学生过更好、更有意义、更有尊严、更有价值的生活。实践性是道德与法治课程建构与实施最强有力的基础。注重实践性,道德与法治课程才能接"地气"、有"底气",才能开创课程建设独特的"中国道路"。

(三)2022年版《道德与法治课程标准》的教学建议强调了"鲜活思政"的必要性

2022年版《道德与法治课程标准》教学建议的第一点"立足核心素养,制订彰显铸魂育人的教学目标"中明确要求根据学生年龄特征和不同学段特点对观念认知与道德品行进行科学设计,制订具体、适切和可操作的目标,在教学中引导学生知行合一,[①]贴近学生生"活"。第二点"及时丰富和充实教学内容,反映党和国家重大实践和理论创新成果",提出要及时"提鲜"——教学要围绕课程

---

① 中华人民共和国教育部.义务教育道德与法治课程标准(2022年版)[S].北京:北京师范大学出版社,2022:47-48.

正能量的积极性。同时,作为思政引领的一种具体实践方式,可通过具体的行动和活动来传播正能量,促进社会的和谐与进步。鲜活的思政通过生动的案例、丰富的实践活动以及深入的讨论,引导学生深入思考人生意义、社会责任等问题,从而形成积极向上的价值观念和道德观念。学生心理健康发展在其成长过程中占据着至关重要的地位。随着社会的快速发展和教育改革的不断深化,学生面临着越来越多的心理压力和挑战,因此,鲜活的思政教育在促进学生心理健康发展方面发挥着不可替代的作用。鲜活的思政教育能够帮助学生建立正确的自我认知。通过心理健康教育和心理辅导,学生可以更好地了解自己的内心世界,认识到自己的优点和不足,从而建立起积极的自我形象和自我价值感。这有助于学生形成健康的心态和乐观的人生态度,增强自我调节和应对挫折的能力。鲜活的思政教育能够培养学生的社会适应能力。在现实生活中,学生不可避免地会遇到各种社会问题和挑战。通过思政教育,学生可以学会如何面对和解决问题,如何与他人建立良好的人际关系,如何适应社会的变化和发展。这些能力不仅有助于学生的学业和职业发展,更能够提升他们的社会责任感和使命感,使其为社会的和谐与发展贡献力量。此外,鲜活的思政教育还能够促进学生的全面发展。思政教育不仅关注对学生知识和技能的传授,更注重对学生的情感、态度和价值观的塑造。通过丰富多彩的思政教育活动和实践,学生可以锻炼自己的思维能力、创新能力和实践能力,提高自己的综合素质和竞争力。鲜活思政通过关注学生的内心世界、情感需求以及社会实践等方面,能够满足学生对全面发展的需求,促进学生的健康成长和全面发展。这些能力的发展有助于学生在未来的学习和工作中更好地适应和应对各种挑战,抓住机遇,成就自己。

校园霸凌、未成年人犯罪等问题的出现,原因是学生缺乏灵魂工程的塑造,偏离了立德为先的轨道。首先,缺乏正确的思政引领导致一些学生缺乏道德观念和社会责任感。当出现问题和矛盾冲突时,这些学生可能更容易采取暴力或歧视的方式,简单粗暴地解决问题,而对他人造成伤害。思政教育应该强调尊重他人、平等公正、关爱互助等价值观念,帮助学生树立正确的道德观念和社会责任感。其次,思政教育在预防未成年人犯罪方面发挥着重要作用。加强思政教育,可以引导学生明确法律底线和道德规范,增强他们的法律意识和自我约束能力。同时,思政教育还能培养学生的积极心态和健康心理,减少他们走向犯罪道路的可能性。

因此，鲜活的思政教育对预防和解决校园霸凌和未成年人犯罪问题具有重要意义。学校和社会应该加强对学生的思政教育，通过鲜活的、丰富多彩的教育活动和实践，引导学生树立正确的价值观、道德观和社会责任感，为他们的健康成长和全面发展奠定坚实的基础。

第二章

鲜活底气,
从心出发

第一节 鲜活内涵 与时俱进

还记得有一次,笔者问在上一年级的孩子:"兴趣班动力机械的作业怎么还没有完成?"孩子努努嘴说:"不就是要搭一个三脚架子再拍照,那么简单!作业就是拍照再拍照,有什么意思呢?还说是兴趣班呢,一点儿意思都没有。"笔者顿时无言以对,孩子的话不无道理,一个兴趣班,作业就是搭架子,确实没有意思。但转念一想不对,即便是搭一个架子,里面也蕴含着丰富的数学和物理知识,如果教师换种方式,不是这么生硬地只布置搭一个三脚架的作业,而是在课上做好知识铺垫,让孩子动手趣玩,发现三脚架背后蕴含的知识,这样的作业是不是就有趣多了?既能激发孩子的学习活力,又能切实解决生活中的问题!可见在我们平时的学习和生活中,孩子需要鲜活的教育。

一、传统思政课程存在的问题

传统思政课程在某些情况下让人觉得枯燥,从教师和课程两个层面来看,主要有以下原因。

第一,从教师层面看。思政课程,特别是有关国情国策的知识点要与时俱进,时时更新,教师需要花费大量时间整理相关教学资源进行备课。精心制作的课件可使用的时效短,教师可借鉴的范围小,投入与产出不成比例,打击了教师备课的积极性。有的教师缺乏再学习的动力,停留在原来的知识内容和经验上不求上进,没有与时俱进,上课还是满堂灌,造成学生学习积极性不强。有的教师授课方式单一,采用传统的讲授方式,忽视学生需求,缺乏针对性的教学内容和方法,课堂安排缺乏互动性和参与性,导致学生对课程缺乏兴趣,不能有效地激发学生的思考热情,提高学生的思辨能力和创新能力,降低了思政教育的效果。

第二,从课程层面看。部分教学内容过于抽象和理论化,仍主要以高大上的道德认知、枯燥的法律法规和国情国策理论为主,带有强烈的知识灌输的样态,涉及一些抽象的概念和理论。这些内容脱离学生的生活实际,加之缺乏具体的实践案例和生动的生活实例,使得教材呈现过于死板,乏味无趣,难以引发学生情感上的共鸣,挫伤了学生的学习热情。思政课程重在引导个人树立正确的价值观和提升其道德与法治素养,很难在短时间内用具体的指标科学衡量教育效果。

让思政课程变得生动有趣,需要教师采取多种措施,使课程内容更加贴近实际,增加互动性和参与性,创新教学方式,激发学生的学习兴趣和积极性。作为课堂主导的教师,要采用多种教学方法,如小组讨论、案例分析、角色扮演等,增加学生的参与性和互动性,激发学生的学习兴趣,将思政课程与实际生活和社会问题相结合,让学生更好地理解和运用所学知识,从而提高课程的实用性;要创新教学方式,如多媒体教学、网络教学等,增加课程的趣味性和吸引力;要了解学生的兴趣和需求,有针对性地设计教学内容和方法,使思政教育更加贴近学生的生活和发展需求。鲜活的教育对激发学生的学习兴趣、培养实践能力、适应时代需求以及促进全面发展等都具有重要意义。我们应该让鲜活的教育落地生根,为学生提供更加丰富多彩、有趣有用的学习体验。

二 鲜活思政的内涵

何谓鲜活?鲜活通常指的是生动活泼、充满活力的状态或表现。它强调事物的鲜明、生动和活泼,给人一种有生气、有动力的感觉。在表达方面,鲜活可以指言辞或表演方式的生动和活泼。例如,在演讲或表演中,如果演讲者或演员展现出充满激情、自信并且生动有趣的表达风格,可以被称为鲜活。在艺术作品中,鲜活可以指形象、情节或氛围的生动和活泼。色彩明亮、形象鲜明、动态感强烈的绘画、雕塑、音乐、电影等艺术作品,可以传递出一种生动活泼的氛围。总而言之,鲜活指的是具有生气、活力和生动性的状态或表现,并且可以通过不同的方式来表达和展现。它常常被用来形容那些充满活力、有趣、引人注目的事物。如前面的三脚架作业就应该是可以激发学生动起来的作业形式,因为只有活泼有趣,才会鲜活。

鲜活教学是一种教育方法,它强调学生在实际操作和互动中积极学习。与传统的课堂教学相比,鲜活教学更注重培养学生的实践能力和创新思维。在鲜活教学中,教师通常会设计各种项目和任务,让学生在解决实际问题中学习知识和技能。这种方法能够激发学生的学习动力,增强他们的主动参与意识和提高独立思考能力。同时,鲜活教学也注重培养学生的团队合作和沟通能力,通过互动和合作来促进学习效果的提升。鲜活教学的目标是使学生在真实场景中运用所学知识,培养解决问题的能力和创造力。比如前面提到的三脚架作业,也可以设计为亲子作业或同伴互助形式,让学生思考三脚架可以用来解决生活中的哪些问题。

鲜活思政是笔者基于二十多年的教学实践所提出的教学主张。

鲜:原义形容食物鲜美、新鲜,物品光鲜亮丽等。这里特指课程内容要与时俱进,体现新鲜性;教学素材要旗帜鲜明,体现鲜明性;教学过程要吸引学生,体现鲜美性。活:(动词)指生存;(形容词)指有生气、灵活;(名词)指生计、工作、生活等。这里特指"活的教育",是生活教育、灵活教育,学生要手脑并用,发挥创造能力。陶行知先生曾说"生活教育是给生活以教育,用生活来教育,为生活向前向上的需要而教育"[1]。生活决定教育,教育来源于生活。"活的教育",要与时俱进。"活的教育,正像鱼到水里鸟到树林里一样。""我们教育儿童,第一步就要承认儿童是活的,要按照儿童的心理进行。"[2]也就是说,课堂要有活力,有张力,有灵活度,直观化,理论联系实际,符合学生学习需要。

鲜活:鲜灵活泼;新鲜水灵;鲜明生动。这里特指课堂要激发师生活力,素材要新鲜有趣,活动要有生活张力,符合学生学习能力。

思政教育,全称思想政治教育,是指通过教育、学习和宣传等方式,培养人们正确的思想道德观念和政治理念,提高他们的思想品德和政治素养,以达到培养德智体美劳全面发展的社会主义建设者和接班人的目标。思政教育的目的是引导和教育人们了解和认同马克思主义的基本原理、中国特色社会主义的理论和实践,以及中华优秀传统文化,增强民族自尊心和自信心,发展社会主义核心价值观等。思政教育的实施,对于培养学生正确的世界观、人生观和价值观,提高他们的思维能力、创新能力,塑造他们健康的人格,具有重要的意义和作用。在本书中,"思政"特指义务教育阶段的大思政,在义务教育阶段实施的综合性思想政治教育,整合学校内外的各种教育资源,涵盖了道德与法治课程教学、学科思政、学校思政实践和思想文化建设等多个方面,形成全员、全程、全

---

[1] 陶行知.生活即教育[M].武汉:长江文艺出版社,2021:212.
[2] 陶行知.陶行知讲国民教育[M].南京:河海大学出版社,2019:63.

课程的育人格局。在大思政的框架下,除了传统的思想品德课程外,还注重将思想政治教育融入其他各门学科,实现学科间的相互渗透和协同育人。同时强调学校与家庭、社会的紧密联系,形成学校、家庭、社会三位一体的育人机制,共同推动学生的全面发展。大思政是一种全面、系统、综合性的教育理念,旨在通过整合各方资源,形成育人合力,为培养有理想、有道德、有文化、有纪律的社会主义建设者和接班人提供有力支持。

鲜活思政:指思想政治教育要以学生发展实际为基点,以新鲜时政和学生生活素材为抓手,将平面的思想政治教育扎根于立体的生活实际,构建灵动而充满活力的大思政体系。它注重贴近学生的实际,采用生动有趣的方式,通过鲜活的教学内容,激发学生学习兴趣,提高学生思辨能力和论述能力,激发他们对生活问题的关注和思考,真正理解和应用思政知识,培养学生正确的政治态度和行为,增强思想政治教育的效果。

鲜活思政的内涵包括时代性和生动性、实践性和互动性以及理论深度和底蕴等多个方面。鲜活的思政教育更靠近学生、贴近生活、契合实际,彰显思政教育的吸引力和感染力,从而更好地实现教育立德树人的根本任务。

首先,鲜活思政强调思政教育的时代性和生动性。思政教育内容应该与时俱进,紧密联系当前的时代热点和社会实际,使思政教育不再是枯燥乏味的理论灌输,而是充满活力和吸引力的德育浸润和思想引领。通过引入最新的社会热点、生活实例、科技进展、人文现象等,让思政教育鲜活起来,更加贴近学生的生活,激发学生的学习主动性和热情。

其次,鲜活思政注重思政教育的实践性和互动性。教育者应通过组织各种研学体验、社会实践、志愿服务等,让学生亲身体验社会、了解国情,增强社会责任感。鲜活思政增加了教育者与学生之间的互动和交流,让思政教育不再是单向的灌输,而是双向的沟通和交流。在实践中去陶冶情操、在互动中感同身受,要把课堂教学与社会实践结合起来,如到红色文化纪念地现场教学、实地调研,再如组成志愿服务小分队、深入社区街道等,把思政教学课堂延伸到校外去,弘扬正能量,让学生感受正能量的积极影响,开阔眼界,让思政课程走向课程思政,互动实践,与时俱进。

最后,鲜活思政倡导思政教育的理论深度和底蕴。思政教育内容要具备深厚的理论基础和实践价值,从而让学生真正感受到思政教育的魅力和力量。教育者要提升授课的技艺和丰富教学形式与方法,不仅要有"术"、有"学",更要有

"道"、有家国情怀。为了实现这一目标,教育者需要深入挖掘思政教育的内在价值,注重教材文本向教学语言的转化,深化课程艺术,完善话语体系,实现流畅逻辑、诗性审美、幽默通俗的有机统一,让思政教育既有高度、深度,又有温度。

第二节 鲜活意义　创新增能

我们学校每年九月份都要开运动会,九月的厦门天气还很炎热,太阳毒辣。为让学生在观看比赛的过程中能有遮阳遮雨可休息的大本营,我们决定在运动会期间为学生搭帐篷。但搭建的帐篷会阻挡计时裁判员的视线,导致其看不清发令枪信号,单纯听枪声判断则会影响到比赛成绩。怎么办呢?裁判们头痛,却苦于找不到妥善的解决办法。笔者问我们的物理老师和数学老师,这个问题能不能让学生来解决?我们学习知识的目的不就是用来解决生活问题吗?物理老师和数学老师一合计,对呀,这情境确实可以让我们的学生运用所学知识来解决!他们立马出题让学生探究,计算,得出结果后还让学生讨论其他更好的完善方案。整个过程中,学生十分认真,因为他们要为每位运动员负责。他们也感到非常自豪,因为能够解决现实生活中遇到的难题。孩子们脸上那些亮眼的光,让笔者看到了鲜活教育的意义。笔者不禁思考,学校运动会可以让学生结合思政学科做点儿什么事情?笔者引导各班科代表进行头脑风暴后,由科代表们向学校德育处提出"联合志愿者"活动,由学生自己设计方案,画海报招募志愿者,按照安全志愿者、文明志愿者两个板块分配工作。学生各司其职,把整个运动会志愿者的文明督导工作做得清清楚楚,让笔者领略到学生潜藏的巨大能量,看到了学生的自信、学生的光彩、学生未来的美好生活。或许,这就是笔者提出"鲜活思政"的初心。

一、理论意义

"鲜活思政"的提出,突破了传统思政课的模式,强调实践性和应用性,促进多学科交叉融合,为学生的思想政治教育提供了更加鲜活、更加实用的教育方式,具有非常重要的理论意义。

(一)创新课程理念,赋予灵动力

传统的思政课注重学科知识的传递,忽略情感态度价值观的输出。在教学方法上往往从教师视野出发,采用单一的"灌输式"教育方式,教师说得多,说得累,学生被动接收枯燥的知识,单纯靠背诵记忆,缺乏灵活性和生动性,听得也累。以至于人们一提起思政课,出现的相关词语就是"累人""死板",难以让学生从内心真正喜欢这门学科。鲜活思政强调将价值塑造、能力培养、知识传授"三位一体"教育理念融入课程设计,将"第一课堂"与"第二课堂"有效衔接,将学校"小课堂"与社会"大课堂"无缝对接。通过多学科交叉融合,将思政课由过去的"独奏曲"变为"交响乐",由"独唱"变为"合唱",由单一的"灌输式"教育变为多角度的"融入式"教育,由单一的学校教育变为家庭、学校、社会三维教育。将"点"与"面"有机结合,将"知"与"行"有机统一,从而让思政课更加生动有趣,更能吸引学生的注意力。

(二)坚持思想武装,提升战斗力

世界是开放的,我们要坚持开放的教育。但不可否认,外来文化对青少年学生的政治意识会产生一定的影响,可能会削弱青少年学生的国家意识,让他们对国家概念、国家权益、国家利益等产生误解或淡化,对民主制度、政治体制、政策措施等产生不信任或反对,对国际关系产生误解;而外来文化的个人主义、享乐主义等,可能会对青少年学生的价值观念产生负面影响,导致他们过于追求个人利益和物质享受,而忽视道德、责任、公益等价值观念。因此,应采取积极措施,加强对青少年学生的政治意识教育,让青少年学生正确认识和对待政治问题,增强国家意识、政治认同和国际理解,同时提高他们的政治参与意识和能力。加强中华优秀传统文化的传承和教育,增强青少年的文化自信和民族自豪感。

首先,鲜活思政重视知识武装,始终坚持以习近平新时代中国特色社会主义思想为指导,坚持正确的政治立场,用正确的理论武装青少年头脑,理论知识与党和国家重大理论创新内容教学同步推进,帮助学生坚定政治方向,建立科学的知识体系,将社会主义先进文化、革命文化、中华优秀传统文化、国家安全、生命安全与健康等重大主题教育有机融入课程,增强文化自信。其次,鲜活思政重视精神武装,强调对学生的思想教育和精神引领,培养学生良好的道德品质、法治素养和人文素养,使其面对困难和挑战时拥有坚定信念和勇气。再次,鲜活思政重视思维武装,鼓励学生进行批判性思考和创新性思维训练,通过引导学生提出问题、分析问题、解决问题,培养他们的思维能力和创新能力,使他们在复杂的国际形势面前,能独立思考、理性判断和创新思维,正确解决问题。最后,鲜活思政重视实践武装,理论联系实际,引导学生积极参加社会实践活动,在实践中锻炼思考和创新能力,将所学知识应用到实际问题中,通过实际操作提升自己的实践能力和解决问题的能力,提升战斗力。

(三)丰富教育理论,充实原动力

鲜活思政探索和创新思政教育的理念、内容和方法,丰富和发展了传统的思想政治教育理论。它强调思政教育的时代性、生动性、实践性和互动性,提倡将思政教育与学生的生活实际、学习需求和社会发展紧密结合,有助于推动思想政治教育理论的创新和发展。鲜活思政强调学生的主体性和参与性,让学生在主动参与和体验中感悟道德力量,实现自我教育和自我提升。这种教育理念有助于激发学生的内在动力,使他们更加积极主动地投入到学习中去,从而取得更好的学习效果。通过深入挖掘课程中的思政元素,创新教学方法和手段,可以提升思政教育的针对性和实效性,使思政教育更加贴近学生、贴近实际、贴近生活。鲜活思政研究不仅关注思政教育本身,还注重与其他学科的交叉融合。通过跨学科的研究和实践,可以促进思政教育与其他学科之间的相互借鉴和共同发展,推动教育领域的综合创新和发展。鲜活思政研究不仅关注理论层面的探讨,还注重将理论研究成果应用于实践。开展鲜活思政研究,可以为思政教育实践提供科学的理论支撑和指导,推动思政教育的实践创新和理论发展。

二、实践意义

(一)直面教学实践问题,助力教学提质增效

在实际教学过程中,鲜活思政可以解决以下四个问题,增强其培根铸魂启智增慧的作用。

第一,学生存在道德认知与道德行为相脱节问题。对学生的道德教育问题研究虽然已取得一定的成就,但绝大多数只是研究德育教育过程的规律,主要是强调学生的道德认知,要求学生知道什么该做,什么不该做,真正涉及学生道

德行为研究的却少之又少,关于中小学生道德认知与道德行为脱节的根本原因少有系统的分析,如何解决"脱节"问题仍有待进一步研究。

第二,道德与法治教材与学生生活相脱节问题。学生生活实际是道德与法治教育课程资源的重要来源,现代社会发展日新月异,但教材更新的速度明显跟不上学生生活的变化。所以要充分联系学生生活实际,选取鲜活的课程资源,选择学生常见的典型事例,在课堂中模拟和创设相关的情境,将教材内容与社会生活结合在一起。

第三,道德与法治教材的内容与学生现有发展水平的冲突。中小学生已经具备一定的生活经历和生活体验,具备一定的道德认知,了解简单的法律知识,但他们往往对其一知半解,概念模糊;道德与法治学科本身的内容相对比较枯燥,道德要求高大上,法治知识抽象,距离学生远,无法满足中小学生活泼生动的课程需求。

第四,课程与德育实践不匹配,存在浪费德育资源的现象。道德与法治课程是德育课程,与学校德育实践活动应该紧密联系在一起。由于学校德育实践活动的体系与课程体系不一致,二者之间无法及时匹配,无法用德育实践及时辅助课程,无法实现知行合一,存在浪费德育资源的现象。

(二)德育教学实践结合,提高德育工作实效

近年来,我国陆续发布了《中共中央 国务院关于深化教育教学改革全面提高义务教育质量的意见》《关于深化新时代学校思想政治理论课改革创新的若干意见》《新时代公民道德建设实施纲要》《新时代爱国主义教育实施纲要》《深化新时代教育评价改革总体方案》《义务教育质量评价指南》等文件,这些重要文件无不对新时代德育提出要求。作为我国学生德育主渠道主阵地、落实立德树人根本任务关键课程的道德与法治学科,将学科教学与学校德育工作"鲜活"地整合在一起,形成教育合力,促进新时代公民的道德成长,是中小学德育实践的现实需要。提高学校德育活动实效,德育工作助力学科教育教学,促进德育、智育深度融合,更好引导学生全面发展。为学校德育工作奠定坚实的知识基础,在夯实德育知识的基础上践行德育实践,反过来加深对德育知识的理解与内化,有效落实学校德育教育,让德育教育有底气,有抓手,有内化,有升华,促进新时代公民的道德成长。

(三)推进思政一体贯通,协调学科融合教育

鲜活思政将思政教育上下学段一体化贯通,协调多学科融合教育,形成学段纵向衔接,各学科横向配合,教育内容逐层递进、螺旋上升的一致性连贯体系。

鲜活思政推动思政教育纵向一体化发展,将各学段的思想政治课程整合到同一体系下进行教学,打破学段间的教育孤岛,形成紧密联系、开放性的思想政治课程知识体系,向学生传递正能量、培育社会主义核心价值观、完善人格塑造,提升学生的综合素质和社会责任感。推动思政课一体化需要全员参与、全面整合、全程贯彻,实现全方位育人。要求整合思政教学策略、教学方法、教学评价,在统一、科学的课程标准和体系下,将多个学段的思想政治课程整合在一起,实现思政课教学的连续性、系统性、有效性,提升知识深度和广度,实践"小学育人、初中铺垫、高中高质量"的教育模式,更好地实现数据协同、资源共享,引导不同学段的学生更好地融入教育体系,激发教师的教学热情和积极性,推进教育教学变革,提升思想政治课的质量。

鲜活思政协调思政教育横向发展,将思想政治与其他学科进行融合,即课程思政。通过与不同学科之间的交叉融合,拓宽学生的知识面和思维角度。注重实践操作,通过案例教学、社会实践等形式,引导学生在实际操作中体验和领悟思想政治的知识和理念。课程思政充分挖掘各门学科中的思政因素,涉猎广泛,不仅包括思想政治方面的知识,还涉及文化、社会、历史等多个领域,培养学生的综合素质和综合能力,有助于培养学生正确的世界观、人生观和价值观,提高他们的人文素养和社会责任感。

(四)细化核心素养目标,促进素养落地生根

核心素养是课程育人价值的集中体现,是学生通过课程学习逐步形成的正确价值观、必备品格和关键能力。道德与法治课程要培养的核心素养,主要包括政治认同、道德修养、法治观念、健全人格、责任意识。核心素养是对学生通过课程学习所要达成的目标要求的重要组成部分的高度凝练。核心素养的表述是相对抽象的,但落实核心素养的要求是具体的,二者是普遍性与特殊性的统一。鲜活思政主张将抽象的核心素养目标具体化、形象化、可操作化,促进核心素养目标落地,培养学生的综合素质和能力,包括信息获取与处理能力、批判性思维、问题解决能力、创新能力、沟通合作能力,以及适应复杂多变的社会环境的能力、持续学习和自我发展的能力等。

第三节 鲜活理论　树大根深

记得在名师工作室开展活动时,有位专家觉得思政学科要"鲜活"有灵性。这种提法对于思政学科来说很有创意,也确实有用。但要注意夯实理论根基,让这种主张站得更稳,更有底气。事实上,不管是中国的传统教育思想,还是国外著名教育理论,对其都有相关的论述。

一、传统教育思想厚实鲜活思政的历史底蕴

(一)"知行合一"的传统思想赋予鲜活思政的"活"性

"知行合一"的实用主义教育思想赋予鲜活思政生活属性,强调知识与实践的辩证统一关系。"知行合一"教育思想的渊源可以追溯到春秋战国百家争鸣时期。

儒家孔子的"知之者不如好之者,好之者不如乐之者"强调知识的获取和实践的重要性。法家重实用,重行动,重统一,强调实用主义,认为理论必须能指导实践,实践是检验理论的标准。他们强调执行力和行动的果断性,认为只有通过实际行动,才能取得真正的成果。理论和实践必须统一,不能相互矛盾。兵家也强调知行合一,如《孙子兵法》中的"知彼知己,百战不殆"就是典型的知行合一的表现。兵家重视实践。认为军事战略和战术必须通过实践来验证其有效性,理论必须指导实践,才能真正实现其价值。墨家重视实践,认为知识必须通过实践来验证其真实性,行动是检验知识的标准。人们应该相互帮助和合作,实现共同利益,建立和谐的社会关系。墨子提出"兼爱非攻",强调知识和行为的统一,主张用爱心和非攻的行为来实现社会和谐。唐代韩愈"道统论"的教育思想倡导"经学即实学",注重经学的实践和应用,这种实用主义思想赋予鲜活思政的"活"更丰富的含义。宋代教育家朱熹强调教育的重要性,认为教育可以改变人的本性,培养圣人君子。他也注重实践,强调要将知识应用于生活中,

同时要注重思维训练,培养学生的思考能力和逻辑思维能力。这也是"鲜活"的含义之一。

真正提出"知行合一"教育思想的是明代的王阳明。王阳明的教育思想注重知行合一、致良知、自由思想和道德教育。他认为,知识与实践是相互关联的,要知行合一,通过实践来验证知识。他强调人的内心存在着一种先天的良知,它是判断是非、善恶的准则,要通过自己内心的反省和体验,去发现和发扬自己的良知。他主张"志不立,无成",认为立志是学习的关键,只有立下坚定的志向,才能有明确的学习目标,才能不断前进。他认为道德教育是教育的核心,主张"以德服人",只有通过道德修养,才能成为有影响力的人。

此后,"知行合一"的教育思想不断丰富。黄宗羲主张"学为大人者,非为大人之学也",强调学问应该以实用为主,注重实践和经验。王夫之主张"致用","知行相资以为用"。强调学问应该为实际应用服务,提倡"实学实修",注重实践和经验。颜元倡导习行教学法,强调学问应该与行动相结合,提倡"经世致用",注重实际问题和应用。梁启超将王明阳的"知行合一"赋予更深刻的内容,并总结为三组话,分别是"未有知而不行者,知而不行只是未知""知是行的主意,行是知的功夫。知是行之始,行是知之成""知行原是两个字说一个功夫,知之真切笃实处便是行,行之明觉精察处便是知"。

近代教育家蔡元培主张"五育并举",包括军国民教育、实利主义教育、公民道德教育、世界观教育和美感教育。他强调教育与国民经济生活的关系,主张加强职业技能的培训,使教育能发挥提高国家经济实力和改善人民生活水平的作用。

现代著名平民教育家陶行知提出了"生活即教育,社会即学校,教学做合一""行是知之始,知是行之成"。他所倡导的"活的教育"延伸了鲜活思政的"活"的内涵和范围。

(二)"因材施教"的传统思想提亮鲜活思政的"鲜"性

这里的"鲜"性指的是学生的个性发展。

孟子提出了"性相近,习相远"的人性论,认为人天性相近,但由于环境和教育的不同,人们产生了差异。他主张通过教育来改变人的本性,培养圣人君子。同时,他还提出了"深造自得"的教学方法,强调学生要独立思考,自己探索知识的深奥。

董仲舒认为,不同的人有不同的天性和才能,应该采用不同的教育方法和方式。他主张"大器晚成",认为每个人都有自己的成长节奏和规律,不应该强求一致。他强调"学而时习之",认为学习是一个不断巩固和加深的过程,只有通过不断地复习和温故,才能真正掌握知识。这些思想,尤其多元化教育理念对鲜活思政产生了深远的影响。

韩愈"道统论"的教育思想主张根据学生的个性、才能和兴趣施教,让学生发挥自己的优势,不要强求一致。

(三)"互助共学"的传统思想丰富鲜活思政的"合"性

"合"性指的是师生互助、生生互助、家校互助。

孔子倡导"三人行,必有我师焉",提倡师生共同进步,互相学习。到了战国时期,孟子强调"仁""义",强调人与人之间的关爱和互助。董仲舒的教育思想受先秦时期孔、孟、墨、荀等教育思想的影响,同时也结合了当时的社会背景和时代特征,提出了"性三品"说,认为人的性格是由遗传、环境和教育等多种因素形成的。他认为道德是人的本性,需要通过教育来培养和提升,师生之间是互相尊重和共同进步的关系。

韩愈注重传承道义、尊师重道,强调学生要尊敬老师,老师也要尊重学生,互相学习,共同进步。

中国鲜活教育思想的发展经历了多个时期,不同的教育家和思想家都提出了各自的教育理念和方法,内容涵盖了多个领域,包括哲学、政治、文化、心理等方面,历史悠久,具有很高的学术价值、历史意义和实用性。不仅注重知识与实践和经验的联系,强调学以致用、能解决实际问题,还注重以人为本,强调个性发展、团队合作,促进人的成长和发展。鲜活思政深入挖掘中国优秀教育思想的内涵,综合百家之长,与时代相结合,凝练提升传统教育思想的精髓,赋予传统教育思想新的生命力和战斗力,更有利于开创新时代中华优秀传统教育的新局面。

二 国外教育理论拓宽鲜活思政的多维含义

(一)知行理论夯实鲜活思政的理论根基

杜威认为：教育即生活、学校即社会,教育即生长。他提出了"知行合一"的教育理念,认为知识的学习和行动的实践应该相互结合,相互促进。教育应该是培养学生的实际能力和创新精神,而不是仅仅传授知识。他强调学生的主体性和主动性,认为学生应该通过实践活动来获取知识和经验,而不是仅仅通过书本学习,因此要"从做中学",让学生通过实践活动来获取知识和经验,从而更好地理解和掌握知识。杜威知行教育理论夯实了鲜活思政的理论根基。我们在教育过程中要注重学生的实际体验和实践活动,将知识的学习和行动的实践相结合,培养学生的实际能力和创新精神。同时要注重激发学生的主体性和主动性,让学生成为学习的主人,发挥学生的主观能动性,从而更好地实现教育目标。

(二)希腊三杰强调鲜活思政德育的生成

希腊三杰苏格拉底、柏拉图、亚里士多德都非常重视美德的教授。苏格拉底十分重视德育,他认为美德即知识,智慧即德行,既然美德就是知识,知识是可教的,所以美德也是可教的。他提出的"产婆术"教学方法虽然是用谈话进行的,但注重学生的个体性,引导学生自己发现问题并找到答案,强调从个别到一般、从具体到抽象、从已知到未知的学习过程。柏拉图是"寓学习于游戏"的最早提倡者。亚里士多德是"教育遵循自然"的倡导者,强调要按照儿童心理发展规律和特点进行教育。他们三人都重视德育的生成,并且重视个体学习的主动性。这明确了思想政治教育的重要性,也丰富了鲜活思政的含义。

(三)建构主义指出鲜活思政的实施路径

建构主义理论发展历史悠久,内涵丰富。其代表人物皮亚杰是认知发展领域最有影响的一位心理学家。建构主义以学生为中心,强调学生对知识的主动探索、主动发现和对所学知识意义的主动建构。以学生为中心,强调的是"学"。知识不是通过教师传授得到,而是学习者在社会文化背景下,借助其他人(包括教师和学习伙伴)的帮助,利用必要的学习资料,通过意义建构的方式而获得,因此学习由"情境"、"协作"、"会话"和"意义建构"四大要素构成。学习的质量由学习者根据自身经验去建构有关知识意义的能力决定,而不是由教师讲授内容的能力决定。建构主义强调学生的主体地位,教师的指导作用,倡导运用探索法、发现法去建构知识的意义,鼓励学生主动搜集并分析有关的信息和资料,对所学习的问题提出各种假设并努力加以验证。学习者并不是空着脑袋进入学习情境中的,他们已经在日常生活和以往各种形式的学习中形成了有关的知识经验,教学应当把学习者原有的知识经验作为新知识的生长点,引导学习者从原有的知识经验中生长新的知识经验。杰罗姆·布鲁纳认为人的认识过程是把新学得的信息和以前学习所形成的心理框架联系起来,积极地构成他的知识的过程。一个人对世界的认识是以他构想的现实模式为基础的。维果茨基强调认知过程中学习者所处社会文化历史背景的作用,并提出了"最近发展区"的理论。维果茨基认为,个体的学习是在一定的历史、社会文化背景下进行的,社会可以为个体的学习发展起到重要的支持和促进作用。维果茨基区分了个体发展的两种水平:现实的发展水平和潜在的发展水平。现实的发展水平即个体独立活动所能达到的水平,而潜在的发展水平则是指个体在成人或比他成熟的个体的帮助下所能达到的活动水平,这两种水平之间的区域即"最近发展区"。教师应注意使机会永远处于维果茨基提出的"最近发展区",并为学生提供一定的辅导。建构主义主张以学生为中心,强调学生对知识的主动探索、主动发现和对所学知识意义的主动建构,为鲜活思政指出了实施路径。

(四)全面发展拓宽鲜活思政的生长领域

苏霍姆林斯基是苏联著名的教育家和教育改革者,他的教育思想强调个性全面发展,主张关注每一个学生的独特性和发展潜力,关注他们的需求和特点,为每个学生提供个性化的教育。同时关注学生的全面发展,包括智力、道德、情感、体育和劳动等多个方面。他认为,全面发展是教育的最高目标,教育应该培养学生的健全人格和全面素质。他主张以人为本,以学生的发展为中心,关注他们的生活和成长。教育应该与生活紧密结合,让学生在生活实践中学习和成长。他提倡采用生活化的教学方法,如实地考察、观察和实践等,帮助学生将知识与实际应用相结合,培养他们的实践能力和创新精神。苏霍姆林斯基的教育思想中,道德教育是主线,没有单独的智育、德育、劳动教育等,要拓展综合育人视野。

苏霍姆林斯基的教育思想具有鲜活的特点,他强调教育要关注学生的生命质量,关注学生的精神世界,关注学生的全面发展。他的教育思想中的爱孩子、相信孩子、发现闪光点、不用一把尺子、开凿泉眼等经典内容拓宽了鲜活思政的领域。苏霍姆林斯基提倡以儿童为中心,关注儿童的兴趣和需求,通过活动和实践来培养他们的能力。因此鲜活思政强调学生的主体地位,在教育实践中尊重学生的主动性和创造性,通过实际问题和交流互动来培养学生的思想品质。苏霍姆林斯基强调教育与生活的密切联系,注重教育与学生实际经历的结合。他认为教育应该贴近学生的生活和实际需求,帮助他们解决实际问题。鲜活思政也强调将思想政治教育与学科教育相结合,通过学科内容和活动情境来引导学生思考和实践,使教育更加贴近学生的生活。苏霍姆林斯基认为可以通过引导儿童进行自主探索和创造活动,培养他们的创造性思维和解决问题的能力。因此鲜活思政倡导通过实践探究和问题解决,培养学生的创新能力和批判性思维,提高他们的综合素质。

总之,国外著名教育理论在拓宽鲜活思政多维含义方面具有重要的价值。通过借鉴和融合这些理论,我们可以更加深入地理解鲜活思政的生长路径,为构建具有中国特色的思想政治教育体系提供有益的参考。

第三章

鲜活主张，
引我成长

第一节 个人成长　萌发鲜活

花开花落,云卷云舒。从20世纪90年代笔者踏上教师工作岗位,至今已经二十余载。从刚毕业时满腔热情却又懵懂的小老师,到心惊胆战茫然不知所措所有教育教学方法"一把抓"的新教师,再到心有戚戚然冷眼看教育的愤青教师,及重燃战火与学生斗智斗勇的常胜教师,到如今云淡风轻却又"运筹帷幄"的老教师,这条成长道路,笔者有困惑,有喜悦,有成功,也有失败。"沉舟侧畔千帆过,病树前头万木春。"回首二十多年的从教生涯,笔者拥有了一种对世事变迁和潮起潮落的豁达开朗,保持了一颗生机勃勃的乐观向上的心。让我们的心中永远留住春天的美景,保持鲜活的心情,做鲜活的教育!念念向善、念念向生!

一　鲜衣怒马,懵懂无知傻傻爱——初登杏坛第一年,横冲直撞无所畏

热闹的大课间后,学生成群结队地往教室走,准备第三节课的到来。学校政教处陈主任一如既往地把住楼梯口,禁止学生带零食、饮料进入课堂。忽然传来一阵哀求声:"陈主任,求求您了,让我们先去上课吧。要打要罚等我们上完课后再说。第三节课是蒋老师的课,要是我们敢迟到,肯定惨死了。"陈主任挑了挑眉,心中不禁疑惑,这个新来的蒋老师竟然比政教处主任更可怕?是的,这个新来的蒋老师就是笔者。工作第一年,笔者对工作充满了热情。信奉"严师出高徒",对学生高标准严要求。学生稍有差错,笔者是坚决一个都不放过,务必要把学生个个都教育"成才",笔者认为这就是一个老师"爱"学生的具体表现。单纯而热情的笔者,热爱学生,以为对学生这种严格的"爱"定会绽放出芬芳的花朵,获得学生对笔者的肯定。可是,半学期刚过,笔者就接到了好几个学生的"投诉",说无法忍受笔者的"强权政治"。满腔的热情犹如被一桶凉水浇灌下来,笔者感到一股透心凉。这猝不及防的打击让笔者不知道应该如何面对学生。由于接受过七年系统的师范教育,一开始工作笔者就对自己提出了高要

求、高标准。不管在教态、教师语言方面，还是在教材的分析处理上，笔者都表现得较为自信。可能也是因为这个原因，一踏上教学岗位，笔者便承担跨三个年段教学的任务，其中有两个年段还是教师较为头痛的职高年段。为了让他们接受到最好的教育，笔者每天都备课到三更半夜。为了让学生及时完成作业，笔者更是天天跟他们泡在一起。刚走上工作岗位的笔者，初生牛犊不怕虎，满腔热情只为学生，想以真心换真心，把时间和精力都放在他们身上，方式方法简单直接，丝毫不考虑工作技巧，以硬碰硬，最终受伤还是自己。笔者为学生付出了这么多心血，换来的竟然是他们对笔者的怨言。看着其他的老教师轻轻松松就俘获了学生的心，笔者开始反思，自己的方法是否正确？我们要用什么方法才能让学生喜欢我们的课堂？笔者发现，如果只是单纯地说教，再有激情，都难以得到学生的认可。要抓住学生的心，就得了解学生的喜好、品性，对症下药！好在当年年轻，跟学生有共同语言，更重要的是，笔者始终都有一颗爱学生的心，愿意花时间去反思，去总结，去揣摩，去论证。高尔基说过："谁不爱孩子，孩子就不爱他，只有爱孩子的人，才能教育孩子。"教育就是施爱的过程。爱，可以拉近师生的距离；爱，可以给学生以心灵的温暖；爱，可以让教师更自信。而爱学生的最具体表现就是及时总结教学中的成功与不足，把一些先进的、好的教学方法运用到教学中，并且及时反馈工作中的不足。虽然受到挫折，但笔者知道了"爱"与"严"的尺度，理解了"爱"的内涵，掌握了"爱"的真谛。

二 初出茅庐，激情奋战初有成——第一个综合比赛，鲜活思政初萌芽

感谢身在厦门，使笔者有各种各样培训的机会，可以领略最新的教育教学改革浪潮。笔者随着各种浪潮翻腾，飘荡在各种声音中，时而清醒，时而迷茫，始终无法找准方向。机会来了，2011年4月，笔者有幸参加了厦门市首届教师教育教学技能比赛。短短一个星期的赛前辅导，犹如"凤凰涅槃，浴火重生"，笔者对课标的理解能力和对教材的解读能力，以及对重难点的把握能力都有了"质"的提升。在众多导师的辅导下，笔者博取众家之长，获得了一等奖。其实，笔者深深地知道，能获得这个奖项更多的是导师的功劳，笔者作为参赛选手只是依样画葫芦，呈现各位导师的主张，并没有自己的想法。2012年4月，幸运再次降临，笔者又参加了厦门市第二届教师教育教学技能比赛。连续两年参加教师教育教学技能比赛，笔者渐渐地形成自己的教育教学理念，在博采众长的基

础之上,再结合自己的性格特征和优缺点进行思考,找到了适合自己的教学风格,并不断地探索验证。笔者性格外向,喜欢新鲜有趣的事物,喜欢探索挑战新领域,喜欢用灵动的方式与人分享。通过不断努力和进取,笔者在教育教学方面的"鲜活"风格日渐清晰。由于个人风格突出,笔者再次荣获厦门市第二届中小学幼儿园教师教学技能大赛一等奖,有了参加福建省优质课比赛的机会。能参加省优质课比赛的选手,都是来自各市区的优秀教师,而笔者之所以能脱颖而出,获得第一名,应当归功于有自己独特的风格,课堂灵动,与学生互动亲切,能极大地调动学生的学习动力和注意力。因此,笔者又被推荐参加2012年全国思想品德·思想政治优质课观摩与展示活动,荣获授课、说课一等奖。

众所周知,要成为一名优秀的教师,就得对自己的教育教学能力有一个全面的认识,不断地取长补短,取得进步。道理虽浅,实施起来却很难,对有一定教龄的人更是"难上加难",难在处于这一阶段的教师容易安于现状,很难突破原有的教学模式,不愿意打破原有的"框架"。这种思想惰性是阻碍教师素质提高的重要因素。人虽贵有自知之明,但更多却在于"旁观者清",没有比较,没有反思,哪来提高。

比赛则是一种快速认知自己的好途径。尤其是通过参加全方位的技能比赛,我们可以更加全面地认识自己。因为害怕失败,害怕压力,害怕改变,当年参加比赛,笔者是被"逼"着去的。现在回过头来,笔者却非常感谢"逼"笔者参赛的领导、同事、教研员们。没有他们的"逼迫",笔者就不可能在比赛中快速地提高自己的教育教学水平。事实上,比赛可以让我们清楚地认识到自己在教育教学方面的优缺点,从而确定自己努力的方向;比赛可以创造一个"精英云集"的平台,让我们有机会接触到许多优秀的选手,从而使自己的修养、理念得到提升;比赛还可以使我们得到许多优秀教师的指导和帮助,从而使自己的教育教学能力获得快速提高。比赛可以让我们不断反思内化,从而扬长避短,找到一条更适合自己发展的教育教学道路,明确自己杏坛发展的方向,完善自己的教学风格。比赛虽是折磨人的,却也能提高人的整体素质。

在比赛的这种压力中,我们可以得到蝴蝶脱蛹般华丽的转变。当然,如果每个教师都靠"逼迫"来提升素质,这是相当被动的。只有迎难而上,主动尝试、探索新的理念、新的模式,才是克服思想惰性的应有之道。教师应尝试给自己一定的压力,没有压力就没有动力。比赛只是其中一种形式,要想成为一名优秀的教师,就要珍惜各种机会,让自己厚积薄发,不断完善自己,在"成功"的经验与"失败"的教训中奔跑飞翔。

三 修炼心法,浸润笔头鲜有得——第一篇CN论文,鲜活思政初沉淀

比赛让笔者开始有了思考,找到了自己的风格,但还只是花架子,只有形没有神。要想真正学好功夫,还得好好修炼内功,将自己的思考及时归纳总结,充实内涵,提升凝练出论文。作为一个教师,要内外兼修,既要看教学能力,还要看学术水平。学术水平与教学能力是相辅相成,相互促进的。学术水平犹如一个教师内在的发电机,能不断地为教师充电,促进教师教育教学水平的提高。学术论文是教师教学方法的系统总结,反映了他对本学科的学术探索和前沿知识的掌握情况,凝聚着他在教学第一线的经验总结和理论创新。撰写教育教学论文,是中小学教师应具备的职业技能之一。在撰写教育教学论文的过程中,教师通过学习教育学、心理学和各种前沿的教育科学理论,联系自己实际工作中的问题,寻找解决的办法和良策,有助于锻炼思维,提高科研能力,提升教育教学水平。而且在写作论证的过程中,教师对教育现象和问题的看法,会更加全面深入,更加系统化。

怎么撰写论文呢?肯定不能凭空想象!论文的所思所想必然要来自教学一线,在教育教学过程中针对碰到的难题、困惑,或者是特别令人自豪的瞬间,这一瞬间让你记忆犹新,犹如走马灯似的在你脑海里来回转,栩栩如生,鲜活生动,让你不由得想要进一步深思,挖掘内在原因,找到解决途径。如此,一篇"鲜活"的论文就会被创作出来。

曾经有这么一幕让笔者久久不能忘怀。那天,笔者上统编版《道德与法治》八年级上册第三课《公民权利》"人格尊严不受侵犯"知识点的复习课。依据新的教学理念,笔者创设了许多教与学的情境,如:用多媒体、图片展示侵犯人格尊严的现象;学生编排的有关侵犯人格尊严的小品表演;辩论、讨论等。课堂气氛十分活跃、热闹,学生乐于评判各种案例,且对案例中所出现的违法行为都"义愤填膺"地予以谴责。下课铃响,笔者满意地进行总结准备下课。突然,两名学生因为桌椅板凳过于拥挤,发生摩擦。原来只是很小的一件事情,没想到,两名学生竟然就此漫骂开来,互揭家底,语言粗秽不堪,甚至要大打出手。几分钟前才学过的知识"人格尊严不受侵犯"被抛之脑后,课上课下判若两人。为什么刚刚学过的知识,学生下课后就马上反其道而行呢?笔者想主要有两个原因:

第一,从学生角度讲。有的学生学习的功利性强,上课听课纯粹是为了应付考试。课堂上所学的东西都是为了应付考试,所学的道理都是针对别人,对

自己没有任何束缚作用,对知识没有认同感、归属感,自己只想享有权利却又不想履行义务。

第二,从教师角度讲。有的教师注重学科知识的传授、情境的创设,却忽略学科的价值引领,未能引导学生进行自我反思,形成正确的价值观,并知行合一,落实到实际行动。教师更多地满足于教学设计的花样,从教师视野设计活动,追求外在的热闹,却忽视了学生内在价值的认同与反思。思政课堂应引导学生多体验、多分享、多反思,将课堂知识与自己日常的生活联系起来,真正提高解决生活难题的能力,增强价值认同。

如何解决这些矛盾问题?发现问题后及时寻求解决问题的方式方法,自然会形成自己的思考,如果能及时查阅相关文献资料,积极寻找解决的办法和良策,很多有价值的学术论文将孕育而生。2010年是笔者工作的"第十年",笔者将上述思考撰写成论文,并第一次获得了CN级汇编。收获的果实摘得有点迟,却鼓舞了笔者继续撰写论文的信心,点燃了笔者创作的热情,是笔者教育教学生涯中的一个重要的里程碑。

在一堂课中如何避免知行"两张皮"的问题呢?鲜活思政的思想在思考中初步萌芽。

(一)教学环节的设计应该深挖核心素养

2022年版《道德与法治课程标准》明确指出了核心素养的内涵,"核心素养是课程育人价值的集中体现,是学生通过课程学习逐步形成的正确价值观、必备品格和关键能力。道德与法治课程要培养的核心素养,主要包括政治认同、道德修养、法治观念、健全人格、责任意识。政治认同是社会主义建设者和接班人必须具备的思想前提,道德修养是立身成人之本,法治观念是行为的指引,健全人格是身心健康的体现,责任意识是担当民族复兴大任时代新人的内在要求"[1]。因此我们在进行教学设计的时候,要注意学生政治认同、道德修养、法治观念、健全人格、责任意识的养成,而不能只求表面上的热闹,更不能只求学生开心就好。设计教学方案的时候,不在求多,而在素养目标的达成度。在教学环节上不宜过多,不能像漫画《怎么都没有水》挖井取水那样,挖了一个又一个却都不能坚持到底,每次都在快挖到水时放弃,只差那最后的临门一脚,令人唏

---

[1] 中华人民共和国教育部.义务教育道德与法治课程标准(2022年版)[S].北京:北京师范大学出版社,2022:5.

嘘不已。我们在设计教学方案的时候也是如此，与其设计那么多活动方案，每一个都只是点到为止，还不如实实在在选一两个点深挖下去，这一两个点要么与学生生活联系紧密，要么最能解决重点难点，再引领学生探究研讨，一步步抽丝剥茧，层层深入，提升学生的核心素养。如笔者在开头所提到的那种情况，上一节有关"人格尊严不受侵犯"的复习课，有必要设计那么多个活动方案吗？对于一堂复习课来说，学生已经了解了所学的知识点，也掌握了一定的学习方法，再次复习时我们就应该深化法律知识，提高其道德修养，增强他们的法治观念，提升责任意识。引导学生内化知识，让其不仅懂得相关理论知识，还要能在平时的生活中正确地运用所学的法律知识保护自己的人格尊严，同时有责任意识，能自觉地去维护他人的人格尊严。与其我们再去设计热闹的活动方案，漫无边际地挖"井"，还不如就其中一个有代表性的案例展开讨论，层层深入，用一个案例来解决所有的问题，让学生将所学的知识自觉地转化为自己的行动，挖掘知识内在的因素，使其在态度上认同，情感中共鸣，价值观上升华。如此，学生就不会课后再出现"行"与"知"不协调的现象。

(二)教师的课堂提问要注重核心素养的达成

在课堂上，我们要"积极探索议题式、体验式、项目式等多种教学方法，引导学生参与体验，促进感悟与建构。要采取热点分析、角色扮演、情境体验、模拟活动等方式，引导学生开展自主探究与合作探究，让学生认识社会"[①]。不管是哪种教学方法，教师的提问都很重要，要循循善诱，引导学生一步步紧跟着问题思考、内化、共鸣，最终达成培养其核心素养的目标。课堂上，教师大多按"三W"原则进行提问，即"是什么""为什么""怎么做"。"是什么"侧重知识目标的求知，"为什么"侧重知识价值的探索，"怎么做"则更侧重于行为的落实，知行的统一，三者应有机地结合在一起。但提问不是按部就班简单地抛出问题，而是要讲究技巧，不能问得过于直白，否则学生会简单地生搬硬套书本知识，只会当知识的搬运工。更不能过于复杂，否则学生答不出来，问题既无效也挫伤了学生学习的积极性。在思政课堂上，提问是一种重要的教学技巧，可以帮助教师了

[①] 中华人民共和国教育部.义务教育道德与法治课程标准(2022年版)[S].北京:北京师范大学出版社,2022:49.

解学生的理解程度,激发学生的学习兴趣,培养学生的思考能力。教师可以创设生活情境,结合学生生活实际,多设置开放性问题,尽量避免只有一个答案的封闭性问题,引导学生从不同角度思考问题,培养学生的发散性思维。还可以多问一些引导性问题,帮助学生梳理思路。问题要有层次性,由易及难;要有具有挑战性的问题。通过个人认真思考,或者小组合作探究可以完成的问题,能真正激发学生的思维能力,提高学生解决问题的能力。除了教师单向提问学生,还可以增强师生问答交流的互动性,甚至生生互问。引导学生能根据教师所教内容,积极进行提问、质疑、反问,培养学生的逻辑思维能力与实践验证意识,促进学生个性化学习与成长,推动学生德育、智育融合发展。如上面所举的"人格尊严不受侵犯"复习课的案例,我们最常用的问法就是"某某人的这种行为对不对,为什么",这种问法问的是别人,所以学生可以直接拿书本理论知识给予评价。但问题改成"你有没有遇到过类似问题?你是怎么处理的?",或者就学生学习生活中的实际行为做"某某同学,上次遇到××的情况你是怎样做的?怎么想的?现在你又是怎么想的?"等等提问,学习了本课以后,学生就要结合自己的实际进行反思,不能简单地生搬硬套书本知识,更不好说假话。在提问时教师要持续发力,打破砂锅问到底,根据学生的回答一个问题接一个地继续追问,最终在润物细无声中达到"灵魂拷问"的效果。当然要做到这一点,就要求教师在日常工作中要多走进学生的生活,多了解学生情况,活讲活用教材。

有了在教学实践中的思考,我们不能让它昙花一现,而是要及时记录下来,整理下来。作为教师我们往往困于各种琐碎的教育教学任务,但不管如何忙碌,一旦有了这种思考,我们最好运用备忘录等工具及时记录,并查阅相关文献,反思内化提升,利用碎片化时间整理笔记,大胆投稿。不管最终能不能发表,投稿中编辑的意见建议肯定能提升自己的研究能力。

四 活学活用,德育秘诀巧提炼——德育工作大转变,鲜活思政打根基

教育,即教书育人。教书育人是一个整体,不能简单地把两者分开。陶行知先生曾说过:"千教万教,教人求真;千学万学,学做真人。"教书是为了育人,而育人也反过来影响教书。思政学科本身就是德育课程,做优秀的思政教师,除了要教好书,还得做好德育工作。

从毕业当教师开始,笔者便没有离开过德育队伍。有人说,世界上最难做的就是人的工作,最难搞的就是以人为载体的"实验"。而在德育工作中,教育者做的都是人的"实验"——学生的思想教育工作。德育工作既艰辛又复杂,很多教师避之不及。笔者曾经也是"且看且做",麻木地做德育工作。可是有经验的教师却以能跟学生打交道为乐。还记得在湖里区骨干教师学习班上,教授问,当班主任很幸福吗?笔者身边的一个同事游老师立马自豪地举起了手。她在工作生活中,天天都很快乐,学生的捣蛋在她看来都是好笑的逗乐。她每次讲她是如何跟学生见招拆招、斗智斗勇的时候,都眉飞色舞、得意扬扬,像是在讲一件令人愉快的事情,能让人感到她是发自内心地觉得当老师特别自豪。人的感情是相互的,她的这种积极阳光的心态赢得了所有学生对她的喜欢,把她当成了一颗"明星"对待。她今天穿了什么衣服,说了什么话,都会迅速在学生那儿传开来。而她所带的班级也屡创教育教学的奇迹。在她身上,生动地诠释了"鲜活"的含义,让人觉得德育工作是那么的生动有趣,新鲜有滋味。这让笔者对德育工作有了一个全新的认识。笔者努力向游老师学习看齐。在这种乐观积极的心态下,笔者的德育工作越做越有趣,越做越快乐,德育成效有目共睹。这个转变提升了笔者对德育工作的信心。在"鲜活"德育中,笔者不断摸索,掌握了一些德育的技巧。

(一)做好学生思想工作,疏通德育工作梗阻

现在很多老师在学生管理工作方面很喜欢采用制度管理的方法,运用量化的方法对学生进行评价和奖惩。这种量化的管理方法在一定程度上保证了管理的公平性。但久而久之这种单一的管理方法容易引起正处于青春叛逆期的学生不满,给我们的教育教学工作带来不便。比如,我们学校是一所新学校,在学生管理上相对比较严格。拿仪容仪表来说,我们除了有学生头发不能过长等常规要求之外,更在细节上有具体要求。如男生的头发不能理成现在流行的圆头,而只能理平头。女生的刘海不能过眉,耳朵处不留赘发。这些要求都白纸黑字明明白白地写在了校规校纪上。德育处的教师负责监督和检查,对不能遵守的学生进行批评教育。其后果就是部分学生对德育老师的极度不满以及暗地里的疯狂报复,如把宣传栏里德育老师照片中的眼睛用刀抠掉,在厕所写骂德育老师的污言秽语。为什么对学生的正当要求却得不到学生的理解?我们要求学生遵守制度,可为什么要这么规定?这种规定对学生健康成长到底有什

么意义？这些关键问题教师却没有说清楚，甚至根本就没有说，导致学生心生怨恨。所以，在德育工作中一定要重视做好学生的思想工作，让他们不仅知其然，还要知其所以然，知道老师所做的工作都是为了他们的健康发展，否则就得不到学生对教师工作的理解和支持。像对学生仪容仪表的严格要求，我们要让学生理解学校之所以这么做，主要是为了塑造良好的校风、学风，不把时间花在外表的打扮上，而注重内涵的修养，最终的受益者还是他们自己。相信学生也会支持我们老师的工作。重视做好学生的思想工作是德育工作的关键点。

(二)掌握沟通技巧，与学生斗智斗勇

教师在跟学生沟通交流时要注意技巧。虽然我们都曾经经历过青少年儿童阶段，但时代不同，各自生活经历也不相同。在与学生沟通时，首先要尊重学生，试着从学生的视野看待世界，从对学生健康成长负责的初心出发。因此在沟通时我们要目光有神，敢于直视学生，说话要有底气，这就是斗智斗勇的"勇"。至于"智"，则是具体情况具体分析，根据不同的生情采取有效的方法。最基本的一点就是教师要懂得"留白"，留给学生说话和思考的时间，切忌喋喋不休，一直对学生输出自己的看法。如，学生犯了错，被叫到办公室，我们应如何处理呢？是不断地对学生动之以情、晓之以理，还是教师引导，让学生自己给自己清清账呢？显然后者更有效。现代社会学生所能接收的信息量越来越大，"大道理"学生都懂，并不需要师长的"说教"。所以，跟学生打交道我们不能直来直往，不妨也运用些战术，这就是"智"。

(三)开展点赞式家访，拉近家校关系

教师再忙再累，也应多到学生家里走访，特别是那些让教师觉得"好奇"的学生，教师一定要及时对其进行家访。一走进学生的家里，你就可以直观地看到学生的成长环境，感受到学生的一些行为习惯养成的原因。教师主动到学生家里，家长就会从情感上认同你，认为教师很关心他们的孩子，会很支持你的工作。在与家长沟通交谈的时候，也可以多用一些"我们"这样的主语，建设家校共同联盟，引导家长清楚教师与家长始终是站在一条战线上的，不管学校和教师做什么，其出发点都是为"我们"的孩子好的。每个家长都希望能以自己的孩子为豪，所以家访时不妨多为孩子点赞，先谈孩子的优点，找到与家长的共同话题，再谈如何改进孩子存在的问题，从而让孩子成长得更茁壮。如此，家长才会

与教师有共鸣,愿意接受教师的意见。否则等到学生爆发出问题的时候,教师再气呼呼地请家长到校,家长是带着防备的心理来的,很难在情感上与教师产生共鸣,更不用说让家长配合教师的工作了。

(四)善于观察思考,及时反馈提升自我

一个优秀教师的成长离不开教育反思,教育反思可以进一步激发教师终身学习的自觉性,不断地反思会不断地发现问题,促使其求教进取,与时俱进。教学反思可以激活教师的智慧,是教师成长的"催化剂",是教师发展的重要基础。"反思"并不是闭门造车,教师应该走进学生的学习生活,在学生的学习生活中反思。学生的学习生活是我们德育工作的根本。在日常工作中,我们不妨多出来走一走,靠近学生,观察学生的学习生活实际,了解学生,看看我们所采取的措施所获得的效果和我们预想的结果是否一致。如果一致,是哪些做得好?为什么做得好?如果与预想不一致,又有哪些问题?为什么会有这些问题的产生?是我们的制度不严密,还是我们落实得不到位,抑或是个人的理解不同导致的误差?解决这些问题,我们可以采取什么样的方法?这就是在观察思考了。比如,我们学校中午实行半封闭式管理,学生中午都在学校食堂吃饭。食堂不大,所以就得分两批吃饭。为了培养学生的独立性、责任感,弘扬互帮互助的优良品德,我们让每个班级先派四个值日生到食堂打汤端饭,其他同学在位置上"坐享其成"。原本以为这样的午餐管理会比较有序、安静。可是到食堂一看,打餐窗口既混乱又嘈杂。究其原因,是有部分学生为了求快,自己跑到窗口端饭打菜,造成了混乱。接下来解决问题就简单了,我们为每个班级配备四张值日胸卡,值日生戴证上岗,否则打不到饭菜。如果教师没有走进食堂,走进学生生活,那就不可能发现问题,更不可能引起反思,从而解决问题。所以,教师要跟学生多在一起,在培养感情的过程中自然而然地发现问题、思考问题和解决问题,自然而然地反思。反思的灵感来源于学生,反思的目标也是为了更好地教育学生。我们要多走进学生生活,在学生的学习生活中反思。

德育工作千头万绪,德育的对象不同,我们采取的方法也就不同。世界上没有千篇一律的德育方法,关键是教师在工作中要善于观察,用心思考,摸索出一套行之有效的适合自己的德育诀窍。

五 旗帜鲜明,尝鲜课改找风格——第一个课改活动,鲜活思政初提炼

厦门市湖里区的"先学后教,反馈矫正"课改已于2013年12月顺利结题。这是笔者从教以来参加的第一个大型课改活动。时间虽然已经过去了十多年,它对笔者的影响依然深远。对笔者来说,能找到自己的教学风格,形成自己的教学主张,这场活动功不可没在这场课改活动中,笔者懂得了如何在教育教学中及时反思提高,及时归纳总结,及时找到适合自己的风格!课改无关乎对错,重点在于敢于质疑!敢于试错!正是在不断地质疑和探究中我们才能找到最适合的教育。在这场课改活动的探索中,笔者发现教育教学工作要结合学生的生活,让学生真正动起来,在各种新鲜有趣的活动中增长见识,认同价值,培育坚定的政治信念。

(一)发挥"兵教兵"的作用,落实学生主体地位

课堂要鲜活,要充分发挥小组合作"兵教兵"的作用。通过这种小组间的互助,学生可以取长补短,以他们喜闻乐见的方式进行学习。在小组探究中,要鼓励学生养成质疑习惯,真正开展小组讨论。问题设问要具备层次性和开放性,鼓励学生多角度深入思考。只有学生敢质疑、能质疑,我们的小组讨论才不会流于形式;只有学生养成敢质疑、能质疑的习惯,才能解决优生无事可做"喂不饱"的难题;也只有学生养成敢质疑、能质疑的习惯,优生才能真正发挥"好帮差"的辐射作用。因此,培养学生敢质疑、能质疑的习惯是落实小组合作"兵教兵"的前提条件。要使"兵教兵"真正发挥作用,还要保证小组成员中有强有弱,能够互帮互助。而且要通过一系列刺激手段,促进小组中的优生自觉帮助后进生,保证基础知识人人过关。如,可以采取小组竞争机制,向每个小组中最弱的学生提问基础知识,凡是能答上来的就给小组加分,鼓励小组合作互帮互助。当然,只靠小组加分是不够的,每隔一段时间(如半个月或一个月)我们就要将这些分数折算成小礼物,或直接折算成学生的平时表现成绩。这些平时表现成绩,应该成为学生评价体系中的组成部分。通过这种坚持不懈的激励刺激,小组合作才有动力,学生才会养成互帮互助的意识和习惯,保证平时学习人人都过基础关。学生的小组合作到底有没有成效,成效如何,我们可以通过查看表格反馈及时给予评价。评价要具体点评到个人,这样做既可以培养学生敢质疑的能力,又能激发学生的组内竞争,调动学生的积极性,锻炼每个学生的能力,避免有些学生产生"事不关己高高挂起"的心态或偷懒。

(二)发挥教师主导作用,提高"后教"的有效性

1.明确"教"的内容是提高教学实效性的前提

现在很多老师很容易低估学生的学习能力,生怕什么东西自己不讲学生就不懂,担心自己会误人子弟。教师在教学中一定要转变观念,相信学生,大胆放手。真正落实"三不教原则":学生看书能懂的不教,看书看不懂但想想能懂的不教,想了还不懂但讨论后能懂的不教。教师除了根据教材的重点来进行教学之外,还要根据生情实际来确定教学的难点。课堂时间是有限的,教师要精选教学内容,精心设计教学环节,环环相扣,提高教学效率。如教学部编版《道德与法治》七年级上册第七课《亲情之爱》"爱的碰撞"知识点时,笔者将教学重点确定为学生在现实生活中能自觉化解与父母的"爱的冲突"。经过生情分析,笔者发现学生对书本的知识点都能看懂并理解,但对于青春期学生来说,父母偷看偷听孩子的隐私,他们虽能理解,但还是难以忍受。因此,笔者特地精选了一幅关于"父母偷听子女电话"的漫画让学生小组合作探究。事实上,父母偷看偷听孩子的隐私可以设置很多情境,每种情境都是经典的画面。可是课堂时间有限,设置多种情境肯定讲不完,而且教师讲多了,他们听了也会烦,课堂效率就不高。所以笔者精选了其中最有代表性的场景让学生分析产生冲突的原因,以及应如何对待此类问题,并举一反三,让学生举例分析,活学活用书本知识。这样的教学设计既解决了重难点,又充分发挥了学生的主体地位。因此,明确教学内容是提高教学实效性的前提。

2.选择"教"的方式是提高教学实效性的基础

正如世界上没有两片一模一样的叶子,世界上也不可能有一模一样的班级。不同学生个体的学习基础和个性特点必然导致每个班级的班风、学风、气质不同。每个班级都是一道独特的风景线。教师不是为了教而教,而是为了学生学而教,只有针对学生的不同个性"对症下药",教师的教学才能取得事半功倍的效果。因此,教师在教学时要根据班情选择"教"的方式。如笔者任教的两个平行班,一班学生思维敏捷,上课发言热烈,但两极分化严重;二班学生稳重内敛,上课不喜欢发言,但学生听课率高,基础知识扎实。两个班的班情、气质截然不同。因此,笔者在一班上课时经常会创造机会让学生多发言,让学生自己设置问题并通过小组活动和同学一起探究解决问题,通过小组互助来解决两极分化问题,并多准备习题让学生练习,夯实学生基础;而在二班,笔者则经常

开展竞赛活动,调动班级气氛,针对二班学生不爱发言的情况,笔者就多创设一些情境,设置趣味题目让学生多参与到活动中来,锻炼学生的思维能力和应变能力。根据班情确定"教"的方式是提高"后教"实效性的基础。

3.加强学法指导是提高教学实效性的保证

对学生"授之以鱼"还不如"授之以渔"。直接塞给学生知识,不如教给学生学习的方法,培养学习能力。在教学中,教师要注重学生学习能力的培养及答题技巧的指导,注重引导学生通过具体问题的解决找到解决这一问题的规律,不仅"知其然"而且还能"知其所以然"。如学生上台展示作业后,教师可以提问:这个题目有什么特点?是什么题型?在解答这类题型的时候要注意哪些事项?或者提问学生:这个题目他答得好不好?好在哪里?哪个地方还可以答得更完善?要让学生自己找到答题方法,发现规律,不仅能"学会"而且还"会学",提高学生的学习能力。

4.挖掘学科德育属性是提高教学实效性的关键

思政课既有智育属性,又有德育属性。前者为知识性,后者为教育性。教育性即思想道德教育,是思政课的灵魂。这一特性决定了思政课是学校道德教育工作的主要渠道。因此,教师在教学时要注意挖掘本学科的德育因素,将书本知识与学生的学习生活实际结合起来,进行拓展提升。如在部编版《道德与法治》七年级上册第七课《亲情之爱》这堂课的尾声,我们可以设计一个"课后拓展——送给妈妈一份神秘的礼物",这份礼物可以是一份买的礼物,可以是一个理解,可以是一次成绩,可以是一个改变……无论如何,一定要让妈妈感受到孩子对母亲的爱。教师要注意将课堂知识延伸到学生生活的点滴,拓宽"小课堂,大社会",使学生真正内化,能理论联系实际,形成良好的思想品德,升华所学知识。

教育教学是一条不断探索、不断超越的道路。在这条路上,结论或许不那么重要,重要的是过程。在过程中我们学会思考,学会质疑,学会归纳,学会推理,学会提升……慢慢地我们开始有自己的主张,有值得推广的教学理论与方法。对于这样的主张,我们希望能有更多的人一起分享,一起讨论,一起验证,一起完善。课改活动值得参与,是一个教师提炼教学方法,凝练主张的好平台。走上这一条求索之路,我们需要脚踏实地,需要不断思考,需要不断实践,更需要坚持和创新。没有最好,只有更好。课改活动召唤我们携手走上高效教学的构建之路。一分耕耘，一分收获，成功的那日定会收获"待到山花烂漫时，她在丛中笑"的喜悦。

六　鲜花着锦，反思内化见成效——专业化成长阶梯，鲜活思政有深化

叶澜教授说：没有教师的发展，难有学生的发展，没有教师的解放，难有学生的解放；没有教师的创造，难有学生的创造，没有教师的转型，难有学生的转变。教师的价值取向、精神面貌和知识技能的发展水平关系教育质量。只有发展每一个教师，才能成就每一个孩子。为适应素质教育发展的要求，教师必须提高思想文化修养，最大限度地提升自己的专业能力，提升自己各方面的素养，成为专业发展型教师。

教师不仅仅是一种职业，而且也是一种专业。这是时代对教师提出的要求。从毕业之初到2009年，整整十年，笔者一直都埋首于日常烦琐的备课及日复一日、年复一年的育人工作中。笔者的教育教学实践很多，但缺乏理论的提升。平时虽然进行了一定的理论学习，但不系统，而且由于要分心于工作，虽有感悟，但大多一闪而过，没有真正总结提升为理论，很难做到将理论与教育教学实践结合起来。参加专业化的培训，促使笔者从专业型教师向专家型教师转化及成长。

2009年，厦门市湖里区第二批骨干教师培训，开启了笔者专业化成长的第一步。2010年，笔者获得厦门市湖里区第二批中学政治骨干教师称号，2011年获得厦门市中学政治骨干教师称号。2012年参加专家型教师培训，则是笔者专业化成长的关键一步。专家型教师培训中各种类型的作业，逼着笔者远离生活的浮躁，滤净心灵，把读书变成习惯，把研究当成乐趣。成长的同时，也要经受住"专家型教师"所带来的压力。顶着这顶帽子，笔者对自己的要求不禁高了几分。不管是教学，还是其他工作，都尽全力做得更好，发挥专家型教师的辐射作用。笔者一直牢记自己是在许多前辈及同事的帮助下，在他们"众星拱月"的奉献精神下才有了今天的成长。因此，在"传帮带"年轻教师时笔者会要求自己多花心思，以帮助年轻教师，希望他们能像当年的自己一样，少走弯路，顺利成长。在带教过程中，笔者坚定了"鲜活思政"的教学主张。"鲜活思政"不但能调动学生的学习积极性，还能帮助教师发现教育教学的乐趣，热心于教育教学，并找到做好教育教学工作的突破口，促使我们不但"会做"教师，还"乐做"教师，做快乐的优秀教师。

第二节 鲜活主张,且行且思

时间转瞬即逝,转眼来到了2020年。这一年对笔者来说,不管是行政工作还是专业发展,都到了一个新的阶段。在行政工作中,笔者调到厦门湖里区东部创办一所九年一贯制新校;在专业发展上,笔者有幸参加了厦门市专业化培训的天团——厦门市首届卓越型教师培训。两个平台都使笔者对"鲜活思政"的思考越来越深入,越来越坚定。

一、新起点,新目标——专业培训的鲜活思政

(一)卓越培训坚定了"鲜活思政"教学主张

2020年3月11日,厦门市首届卓越型教师培训开班。感谢厦门市教育局、厦门市教科院和西南大学的精心安排,学习一开始并没有立马对学员进行填充式的头脑风暴,而是给时间和空间让学员先自我反思,归纳自己一段时间来的专业发展,以及规划未来的发展道路。跟一群厦门教育界的"天花板"们在一起,笔者一下子体会了后进生的学习心情!几年来,随着自己行政工作的增多,笔者在专业发展上竟然已经落后了这么多!

回顾自己的专业成长之路,在专家型教师培训期间的收获最大,不管是教学方式的探讨,还是论文课题等教研,或是带教徒弟等方面,笔者都获得了长足的发展。但随着笔者在行政管理岗位的不断调整,笔者专业发展的脚步却是越来越慢了。行政工作忙和累是外在的因素,最主要的原因是笔者对自己的要求低了。每当夜深人静剖析自己的时候,给足了自己偷懒的理由。在卓越班级里,与优秀的老师们聚在一起,逼得笔者不得不正视自己的问题。卓越班级中有这么多的校长,他们比笔者更忙碌,为什么可以专业、行政管理两不误?为什么人家都已经是正高级教师,还要参加培训不断提升自己?为什么笔者的同学已经写出300多篇CN论文,申请到全国规划办公室的课题,却还继续参加专业化培训?为什么这些优秀的教师都能如此明确地规划道路,而自己却茫然不

前？无数个自我追问让笔者明白，自己不能再为自己的"躺平"找理由，不能再甩锅给行政管理工作，而应该多向这群优秀的同学学习。他山之石可以攻玉，同伴可以给笔者带来动力，使笔者学习到更多技能，收获更多的武器装备。

事实上，虽然行政管理工作与专业发展在时间分配中会有冲突，行政管理工作使人无法静下心来搞教研。但笔者也可以结合新学校发展需要，将个人成长与学校发展结合起来，发现并探索发展的共同课题。笔者虽然到了新学校，要花更多的时间进行管理，但新学校的"鲜活校园"办学目标，与笔者在专业上所追求的"鲜活思政"的理念不谋而合。在专家型教师培训期间所做的关于"鲜活思政"的资源研究，已经为"鲜活思政"主张奠定了资源基础。现在有了行政力量的加持、名师工作室领衔人的平台，研究的平台更大，研究人员更有保障，研究范围更广泛了。

(二)2022年版《道德与法治课程标准》的颁布明确了"鲜活思政"研究方向

2022年4月，教育部颁布2022年版《道德与法治课程标准》。课程标准是一门学科的指导性文件，是教材编写、教学、评价和考试命题的依据，具有直接的指导意义。通过对课标不同版本的对比研究，我们发现"鲜活思政"的研究方向是正确的，而且是有价值的。下面我们就先分析2022年版《道德与法治课程标准》对比《义务教育思想品德课程标准(2011年版)》(以下简称"2011年版《思想品德课程标准》")变化在哪里？再说说这种变化对"鲜活思政"的影响。

1.2022年版《道德与法治课程标准》的新意
(1)课程性质的变化。

一个事物的性质，是决定该事物区别于其他事物的依据。"一个复杂的事物往往具有多种属性，只有从多角度、多侧面去认识，才能把握该事物在其所属系统中的地位。"[1]课程性质犹如"脸谱"，彩绘出了一门课程不同于另一门课程的鲜明形象。认识事物性质要从事物的本来面貌出发，通过分析，找出其隐含于现象背后的本质属性。同理，对道德与法治课程而言，首先要把握课程性质。2022年版《道德与法治课程标准》指出："课程具有政治性、思想性和综合性、实

---

[1] 陈光全.谈道德与法治课的根本性质与相关属性[J].中学政治教学参考,2018(23):13.

践性。"①政治性、思想性是对道德与法治课程内容的规定,综合性、实践性是对课程组织和实施的要求。政治性、思想性凸显道德与法治作为思政课程的性质和要求,综合性、实践性体现道德与法治作为综合性、活动性课程的特点。对照2011年版《思想品德课程标准》,思想品德课程性质主要有以下特性:思想性、人文性、实践性、综合性。对比分析可见,2022年版《道德与法治课程标准》增添了"政治性"、删去了"人文性",体现新时代人才培养的新要求,凸显道德与法治课程的政治性,更加体现党和国家的意志。从2011年版《思想品德课程标准》"以引导和促进初中学生思想品德发展为根本目的"到2022年版《道德与法治课程标准》"旨在提升学生思想政治素质、道德修养、法治素养和人格修养等",增设思想政治素质、法治素养和人格修养的培育目标,并把思想政治素质放在第一位,强调道德与法治课程是义务教育阶段的思政课。思政课的关键在"政",政治性是道德与法治课程的首要特性。道德与法治教育要基于社会发展和学生成长的需要,以正确的政治思想、道德规范和法治观念对学生进行循序渐进的系统化教育,培养学生成为担当民族复兴大任的时代新人。2022年版《道德与法治课程标准》强调以学生为中心,构建学生主动学习的课堂,提倡探究式学习、情境教学、合作学习等新的教学方法,注重培养学生的创新能力和实践能力。

(2)课程理念的变化。

课程理念是对课程设计的顶层思考,它不是具体的操作,而是说明为什么这样设计,以及设计背后的依据和遵循。素养本位是义务教育道德与法治课程设计的基本遵循。2022年版《道德与法治课程标准》从课程性质、课程理念、课程目标、课程内容、学业质量、课程实施等方面进行阐述。以立德树人为根本任务,以"成长中的我"为原点。在时间上,从学生身心成长规律出发,构建了义务教育阶段思政课"一体化"的课程体系。在空间上,把学生的生活从课堂、校园扩展到社会、国家、世界的更大领域,让学生的视野更广阔。在方式上,以主题教育为呈现方式,让学生在真实的生活情境中找准关注点,以问题为驱动,去探索、发现、分析和解决问题,提升道德理解力和判断力。在评价上,提出用综合的评价方式,为学生的成长把脉。在效果上,以习近平总书记对思政课提出的

---

① 中华人民共和国教育部.义务教育道德与法治课程标准(2022年版)[S].北京:北京师范大学出版社,2022:1.

"八个相统一"教学要求为落脚点,实现课程理念与课程整体性的有机统一。(图3-1)与2011年版《思想品德课程标准》相比较,2022年版《道德与法治课程标准》站在"立德树人、为党育人、为国育才"的高度,强调以学生为中心,构建学生主动学习的课堂,提倡探究式学习、情境教学、合作学习等新的教学方法,注重培养学生的创新能力和实践能力,全面落实习近平新时代中国特色社会主义思想,将社会主义先进文化、革命文化、中华优秀传统文化、国家安全、生命安全与健康等重大主题教育有机融入课程,增强课程思想性,与时俱进地反映社会发展的新要求和学生的新需求。

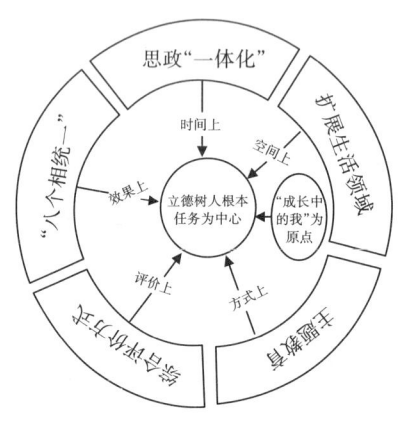

图3-1 课程理念架构图

(3)课程名称的变化。

自2016年起,义务教育阶段小学一、二年级的"品德与生活",三、四、五、六年级的"品德与社会",初中的"思想品德"课程的名称统一更改为"道德与法治"。教材先行,课标未改,对应的课程标准分别为《义务教育品德与生活课程标准(2011年版)》《义务教育品德与社会课程标准(2011年版)》《义务教育思想品德课程标准(2011年版)》。直到2022年课程标准修订,将以上三个课程标准整合为2022年版《道德与法治课程标准》,课程标准与课程名称终于一致了,强化了德育的整合性。从课程名称的变化不难看出,与之前相比,2022年版《道德与法治课程标准》更加注重法治教育,这无疑是教育主管部门对依法治国战略的响应,课程标准、新版教材内化了党的十八届四中全会提出的"在中小学设立法治知识课程"的要求,同时也体现出了"德法并重"的思想。2011年版的"品德与生活""品德与社会""思想品德"三个课程标准,内容难易的梯度设计不够,协同育人功能不全,针对性不强。而2022年版《道德与法治课程标准》站在"立德树人、为党育人、为国育才"的高度,对2011年版三个课程标准进行整合、提升。

(4)课程目标的变化。

与2011年版的"品德与生活""品德与社会""思想品德"三个课程标准相比,2022年版《道德与法治课程标准》强化课程一体化设计的整体性。2022年版《道德与法治课程标准》先统一确定义务教育道德与法治课程的总目标及其要培养的学生核心素养,然后再按照第一学段(1~2年级),第二学段(3~4年级),第三学段(5~6年级),第四学段(7~9年级)分阶段细化课程目标、核心素养,落实为各学段的课程内容、学业要求和学业质量标准。这种设计方式既体现了一体化的整体理念,也把握了学生成长的阶段性和不同特点,确保育人目标、课程内容、呈现方式等适应不同阶段学生发展的需要,实现了义务教育学段的有机衔接和有效进阶。

(5)课程内容的变化。

2022年版《道德与法治课程标准》整合初中和小学整个义务教育阶段的内容,形成学段纵向衔接,各学科横向配合,教育内容逐层递进、螺旋上升的一致性连贯体系,统称为"道德与法治"。主题包括入学教育、道德教育、生命安全与健康教育、法治教育、中华优秀传统文化与革命传统教育、国情教育等。按照四个学段学生发展的不同特点,分段选择适合某个主题的内容。"道德与法治"课程以学生生活中必须处理的关系为主线,组织相关课程内容。2011年版三个课程标准处理的主要有"成长中的我""我与他人和集体""我与国家和社会"三对关系,2022年版《道德与法治课程标准》则将之分解为五对关系,多了"我与自然""我与国家和人类文明"两对关系,分解更加细致,也更加贴近学生生活实际。

(6)学业质量的变化。

2022年版《道德与法治课程标准》研制了学业质量标准,增强了指导性,这意味着在"教什么"的基础上,更加注重"教到什么程度"和"怎么教"的问题。在"双减"政策中,"不提高难度、不加快进度"的原则被明确提出来,2022年版《道德与法治课程标准》中新增了"学业质量"一章,便是为了明确"教到什么程度",引导和帮助一线教师把握教学深度与广度,为教材编写、教学实施和考试评价等提供依据,引导教师关注学生内在的核心素养及其发展水平,对教学实施过程进行监控和指导,从而提高教育教学质量。

(7)课程实施的变化。

在教学建议上,2022年版《道德与法治课程标准》关于教学建议的内容比2011年版课标更加凝练,高度概括、提纲挈领地提出方向:"立足核心素养,制订彰显铸魂育人的教学目标""及时丰富和充实教学内容,反映党和国家重大实践和理论创新成果""把握思想教育基本特征,实现说理教育与启发引导有机结合""丰富学生实践体验,促进知行合一"。[①]

在评价建议上,2022年版《道德与法治课程标准》增加了"学业水平考试"内容,具体阐述并给予样题示例。在学业评价方面给予具体的指导,增强学生对"道德与法治"课程的重视,反馈学生在道德与法治方面的收获与成长,有助于发现学生的优点和不足,为他们的未来发展提供更多支持。

在课程资源开发与利用上,2022年版《道德与法治课程标准》在课程资源形式上增加了"数字化资源"的内容。数字化资源具有很多优势,例如易于存储、传输和搜索,同时也提高了信息的可访问性和可重复使用性。数字化资源可以为教师提供更多的教育资源和教学方法,可以为学生提供更加多元化、个性化的学习资源和方法,有助于培养学生的创新精神和创造力,让学生在学习中获得更多的知识和技能,提高学习效率,促进教师教育理念变革,推动教育教学模式的改革和创新,适应未来教育发展的趋势。

2022年版《道德与法治课程标准》相比2011年版三个课程标准有了很大的变化,更加注重学生的中心地位,强化了德育的整合性,更新了课程内容,明确了核心素养培养目标,更加注重学生发展和个体差异,为"鲜活思政"的研究赋予更丰富的内涵。

2.2022年版《道德与法治课程标准》对鲜活思政的影响

在2022年版《道德与法治课程标准》的变化下,鲜活思政有了更明确的方向和更深刻的含义。

(1)鲜活思政是与时俱进的教育。

根据2022年版《道德与法治课程标准》性质的变化,鲜活思政在保证课程内容鲜明的政治性和思想性的前提下,更注重课程组织和实施的"鲜活"性。也就是要与时俱进,保持"鲜"味,反映社会发展的新要求和学生的新需求。保证

[①] 中华人民共和国教育部.义务教育道德与法治课程标准(2022年版)[S].北京:北京师范大学出版社,2022:47-49.

学生的课堂主体地位,遵循学生身心发展规律,选择适合的教学策略与方法,调动学生学习积极性,贴近学生生活实际,让学生真正"活"起来。这种"鲜活"不能一成不变,要跟着时代发展和学生成长而不断更新。

(2)鲜活思政是全学科的教育。

由于2022年版《道德与法治课程标准》课程理念、目标、内容的变化,"鲜活思政"需要将"鲜活的理念"贯穿于全学科中,构建全员、全程、全方位育人格局,将各类课程与思想政治理论课同向同行,形成协同效应,把"立德树人"作为教育的根本任务。将思想政治教育元素,包括思想政治教育的理论知识、价值理念以及精神追求等融入各门课程,潜移默化地对学生的思想意识、行为举止产生影响。各学科教师必须深刻理解马克思主义基本原理,认真学习习近平总书记系列重要讲话精神,关注社会焦点和热点问题,将思想政治教育渗透在各学科内容中,达到师生思维共振的效果。教学节奏要合理,根据学生的具体实际情况进行调整,做到张弛有度。学科融合要润物无声,正确对待学生之间的差异,灵活巧妙地进行思想政治教育。

(3)鲜活思政是一体化的教育。

2022年版《道德与法治课程标准》强化课程一体化设计的整体性。2022年版《道德与法治课程标准》先统一确定义务教育"道德与法治"课程的总目标及其要培养的学生核心素养,然后再按照学段分阶段细化课程目标、核心素养,落实各学段的课程内容、学业要求和学业质量标准。学段纵向衔接,教育内容逐层递进、螺旋上升,呈现一致性连贯体系。在不同学段中,通过鲜活的方式将思政教育的内容有机地融合进去,实现思政教育的连续性和一体化。在小学阶段,可以通过故事、游戏、绘画等方式,让学生了解社会公德、家庭美德等基本道德规范,培养良好的行为习惯。在初中阶段,可以通过社会实践、志愿服务、团队活动等方式,让学生了解社会现实,培养社会责任感和团队协作精神。在高中阶段,可以通过专题研究、社会调查等方式,让学生深入了解社会热点问题,培养思考能力和解决问题的能力。在大学阶段,可以通过学术研究、社会活动、志愿服务等方式,让学生进一步深化对社会现象的理解,培养责任感和担当精神。要注意的是,所谓"鲜活思政",不能只停留在义务教育阶段来进行"鲜活"教育,要注意面向高中,甚至是大学的学段衔接,要用"未来""发展"的眼光进行向下生根、向上发展的一体化的思想政治教育。

(4)鲜活思政是开放评价的教育。

鲜活思政不仅关注学生的课堂表现和考试成绩,还注重学生的综合素质和个性发展,从课堂表现、作业和练习、实践活动、综合素质、个性发展等多个方面对学生进行全面、客观、科学的评价。在鲜活思政的评价体系中,评价的方式和方法是多种多样的,可以根据学科特点和具体实际情况进行选择和调整。通过这种开放性的评价方式的评价反馈,教师可以了解每位学生的思想政治教育需求和问题所在,为他们提供个性化的发展指导和辅导,促进他们全面成长,提高思政教育的针对性和有效性。学生成为评价的主体,通过参与评价过程,可以激发他们思考,培养他们的表达能力和责任意识。

二、新学校,新征程——面向未来的鲜活校园

(一)新学校的鲜活底色

2020年8月,笔者接到调令到厦门市湖里区东部创办新学校。一切都来得那么突然,笔者没时间做学校的整体发展规划,只能每天加班加点,在半个月内做好各项开学准备工作,让新学校能够正常开学。起步艰难,时间不足导致一开始就很忙乱,无法静心思考学校长期的发展规划,走好开篇稳定发展的步伐。开办新学校这种紧张的工作压力压得人喘不过气来,生活好像是灰色的。但就是在这些困难重重"压力山大"的日子里,学校行政团队迅速拧成一股绳,大家互相鼓励,互相帮助,互相补台。累到不行时,一杯温暖的奶茶,一块温馨的网红茶点,一句"你先休息一下,我来"都能令人马上"满血复活",精神抖擞,仿佛又有使不完的劲,生活又变得绚丽多彩,鲜活起来了。笔者对新学校进行了优劣势分析,在综合分析中,自己的办学理念也更加清晰和成熟,"鲜活"学校大有可为。具体分析如下。

1.学校发展的优势

第一,学校地处快速发展的厦门市湖里东片区,环境优美。新校校舍总建筑面积4万多平方米,有42间标准教室和18间专用教室,可容纳2000多名学生。新校教学仪器按国家一类标准配备,每间教室均配备86英寸的一体机和互动多媒体互联黑板,班级、专用教室配置授课宝等先进设备。学校的体育设

施非常完备,包括室内篮球馆、室外篮球场、小型足球场等。学校硬件设施配备高端,无线Wi-Fi全校覆盖,红领巾电视台直通班级,达到国内先进水平。这为以后学校的智慧校园创建奠定了坚实的物质基础。

第二,学校刚创办,没有老校的历史包袱,无须考虑历史遗留问题,可以打造独属学校特色的精神文化,凝练师生积极向上的精气神。来自各个学校的管理层及教师有着不同学校的工作经验,为学校开放式、多元化办学提供了先天的条件。新办校属创业阶段,虽比较辛苦,但教师队伍年轻化,教师学历水平和整体素质较高,进取心、积极性强,对学校发展充满信心。

第三,从学校的办学规模来看,九年一贯制模式及班级数少则是学校进行精细化管理及开展扎实教育教学工作的重要保障。新办校可以科学规范地做好各学段衔接,根据每个学段的生情随时调整教育教学工作。每个年级班级数少,有利于做精细化管理,可以关注每个学生,了解他们的发展和进步,因材施教,针对生情制定独属的教学方案。

第四,拥有广泛的支持力度,具有社会资源优势。厦门市湖里区委、区政府高度重视新校创办,区教育局给予具体工作指导。学校所处的金山街道、社区以及当地乡贤热心学校教育,大力支持学校工作。学校的安睦书阁阅览室就是由当地乡贤捐资创建。

2.学校发展的劣势

新办学校除了前期准备工作不足,学校规划欠缺之外,还有以下几点要着力克服。

第一,从教师队伍建设来看。现有的编制内教师约有2/5来自区域内各中学,2/5来自区域内各小学,1/5是新毕业教师。教师队伍构成复杂,带有各校原有的文化特点,教师融合的问题日益突出。学校刚创办,虽然只有两个年级,但麻雀虽小,五脏俱全,每个岗位都亟须人手,一个教师可能要承担两个以上岗位,教师工作任务繁重。学校刚创办就有一个教师请病假,一个教师请产假,更是给学校工作雪上加霜。学校行政团队也来自不同中小学,各处室岗位之间的协调经验不足,缺乏全盘意识,有时会出现工作拖沓、落实不到位、成效不高等问题。其中,有两个主持工作的处室领导没有相应工作经验,需要带领他们加强学习。

第二,从学生生源和家长素质来看。小学生源来自片区内商品房、拆迁房、保障房住户,每个班级有12人左右是积分入学,他们的生活学习习惯不同、知识储备参差不齐,需要一个适应的过程;初中生源来自区域内各公/民办小学,学生学习能力、知识水平差异大,各班均存在问题生。家长素质参差不齐,对学校的认可度有待提高,家长学校任重道远。

第三,从德育工作来看。小学德育队伍经验丰富,但理念不一,思想不够统一。初中德育队伍较年轻,缺乏经验,缺少领头羊。德育干部较少,事务繁杂,尚无足够精力进行精细化建设和管理。段长责任制所安排的段长们对于段长工作职责还不够熟悉,责任意识不够,德育工作无法及时上传下达,出现"肠梗阻",导致德育工作无法落实到位。

第四,从教务教研工作来看。常规教研组、备课组组建先天条件不足,集体备课等教研工作落实困难。各年级班级数少导致大部分学科组教师人数少,个别学科无法成立备课组。合并文理综合组存在专业学习氛围不浓厚、备课效率低下的问题。教科研训工作缺少系统的运转机制及明确的方向,还处在"看一步走一步"的状态,对教师教学能力及教学需求的调研工作开展不足,仅凭职称及经验判断,未能准确定位教师队伍建设方向。虽然骨干教师比例高,教师队伍处在黄金发展阶段,但是教师整体科研能力不强,"经验型""苦力型"教师还占有一定的比例,缺乏"学者型"与"专家型"教师。

3.学校发展的机会分析

第一,外部环境。学校创办于国家第十四个五年规划发展的第一个年头,处于厦门市湖里区教育大发展的大好时机。学校地处快速发展的厦门市湖里区东部,教师队伍整体风貌积极向上,家长和社区高度关注学校教育。充分发挥家长与社会的教育资源,形成有效的教育合力,打开校门办教育,会同社会力量谋求教育的发展已经成为可能。"天时地利人和",学校发展迎来最佳时期。

第二,内部环境。学校每个年级只有四个班,船小好调头,有利于学校大胆实施教育教学改革,同时也能用较短的时间看出成效或问题,从而加快学校寻找最佳教育教学路径的进度。教师队伍体量小,有利于各项教科研训工作的监督与落实。班级数少,教师有足够力量因材施教,确保教育生态良性发展。新教师比例逐年增加,新鲜血液注入快,能确保教师队伍的积极性和战斗力。

4.学校发展的挑战分析

第一,发展规模过于迅速。开办前期各项工作规划不足、先天条件差的状况是学校面临的首要挑战。从发展规划来看,学校第二年要配齐七个年级,第三年要全部配齐九个年级,无论从教师队伍建设还是学校规章制度的完善来说,时间都很紧张,时机尚未成熟。生源来源无法确定,开办班级数量不能精准确定,学校工作存在许多不确定性,都给学校发展带来了极大的挑战。

第二,年轻干部与老教师的融合。是否拥有健康向上的教风是学校能否稳定且持续发展所面临的重要挑战。来自不同学校的教师带来的价值观冲突与管理冲突影响着学校管理建设,通过思想建设工作让教师达成一致的目标及形成共同意识还需要一段时间。

第三,缺乏可完全借鉴的成功经验。每年学生来自不同学校的生情,使得独特的办学规模下的九年一贯制学校发展之路"迷雾重重",没有经验可借鉴,只有摸着石头过河。是否"摸得到",能否"摸得准",只能从跌倒中寻求经验,于反思中改进方法。

通过对学校发展的优劣势分析,我们开始思考以下问题:面对一所硬件设施先进、师生具有充分新鲜活力的新学校,如何迅速把整个学校团结在一起,干出特色、干出活力、干出成绩呢?干出特色就是要"鲜",与众不同,独属一份;具有活力就是要紧密结合师生生活,活出精彩。因此我们定出目标,借助学校现代化的智能硬件设施,践行鲜活理念和思想,创办一所面向未来的"鲜活校园",满足人民对优质教育的需求,办家门口人民满意的教育。

(二)新学校的鲜活管理

党的二十大报告指出:办好人民满意的教育。教育是国之大计、党之大计。培养什么人、怎样培养人、为谁培养人是教育的根本问题。为实现"鲜活校园"目标要做到三个明确:一是明确培养什么人——为党育人、为国育才,培养"有理想、有本领、有担当"的鲜活新人。培养新时代的好少年,成就五育融合、全面发展的人。二是明确怎样培养人——坚持以人民为中心的教育理念,让每个人都享有人生出彩的机会,以"鲜活校园"为目标,智融教育为特色,构建智融"3C"能量场,创设智融课程,浸润智融课堂,开展五育融合多维社团课程。三是明确为谁培养人——为家庭培养创造幸福的成员,为社会培养奉献智慧和才华的社会主义建设者和接班人。以培养鲜活新人为要求,在"鲜活校园"开展的鲜活学习和活动中,使每个学生都实现鲜活人生。

1.鲜活校园——创设智融"3C"能量场

"3"指的是习惯场(图书馆、操场、教室、心理室:学习、锻炼、品德);生长场(家校中心、智慧农场、游戏场:劳动、社会实践、沟通);智创场(科技实践室、创客中心:创新、科技、灵性鲜活)。三生万物,共融、共容、共荣。

"C"——指cloud,是云上空间,是链接,是储能,是生态。

"场"指的是通过塑造场所(即校园空间)精神引发学生对学习求知创造的兴趣,空间(实体空间及虚拟空间)赋能让学生感知学校教育的"心情",以教育的"场"带动整个校园育人环境的提升。

"3C"即校内与社会联动链接、知识与实践联动链接、线上与线下联动链接,形成"3C"的教育能量场。智慧赋能盘活打通融合学习空间资源,采用联通的方式,创设智融"3C"能量场,将独立运作的空间联结融通,变成支持师生"灵性生长""无限可能"的"3C"能量场的鲜活校园。通过智融"3C"能量场,打造具有空间多样性、智慧人文性、场所文化性、环境生态性、细节关怀性、氛围趣味性的鲜活的校园育人场。(图3-2)

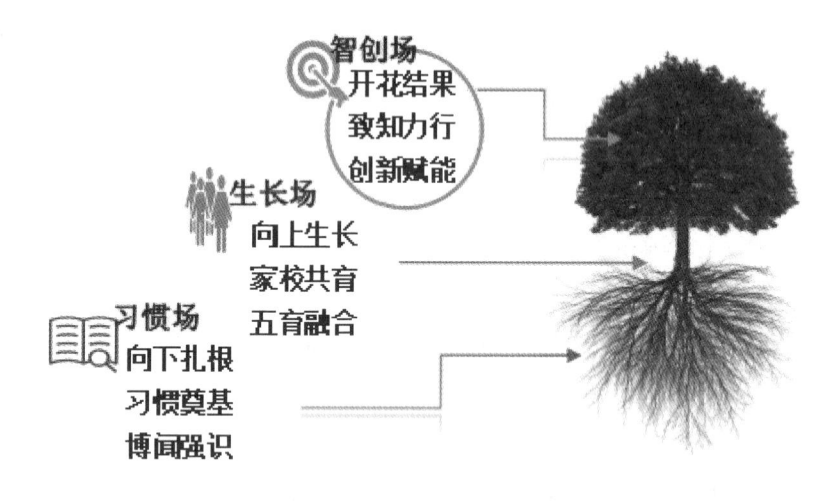

图3-2 构建智融"3C"能量场

2.鲜活校园——创办特色管理中心

学校在智融教育的引领下,打造鲜活校园六大特色管理中心。

(1)"智融"文化品牌中心:负责办学理念梳理,品牌价值传播。

(2)"智享"课程发展中心:负责特色课程、共享共建、课程课题研讨。
(3)"智汇"学生发展中心:负责学生评价、主题活动、五育融合。
(4)"融达"教师发展中心:负责教师发展规划、专业成长。
(5)"融和"学校服务中心:负责后勤保障,协调服务,承上启下。
(6)"融育"家校社发展中心:负责共育新生态,三方合力,资源整合。
各中心智融浸润、资源共享、管理共进、教学共研、文化共生、鲜活相生。(图3-3)

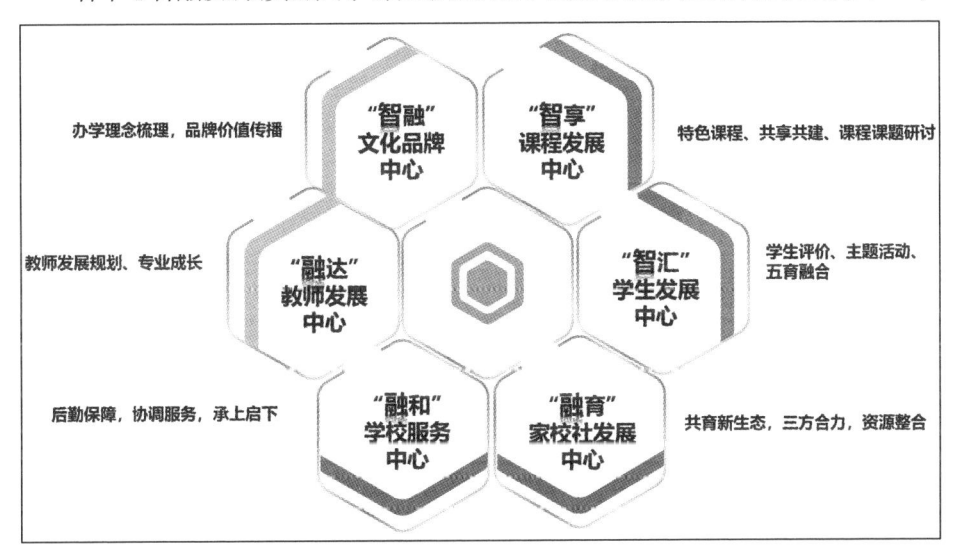

图3-3 鲜活校园六大特色管理中心

3.鲜活校园——创设智融课程

以"立德树人"为根本任务,以培养有理想、有本领、有担当的时代新人为总目标,秉持"办一所面向未来的鲜活学校"的办学目标,发扬"智融"的文化精神,将"智融"定位为全校课程,开展实施。"智融"指向启智润心,也意味着多元融合,给予学生文化启蒙和精神认同,推动师生智慧引领,融合共生。在课程理念上,学校将"启智润心、多元融合、星辉闪耀"的主旨贯穿教育的全过程,培养全面发展的人,作为教育活动相互包含和转化的内外关系表达。

创设智融课程体系:第一,"融通"·基础普适性课程(根深固本课)——启智润心,通才达识,主要包含国家及地方基础性课程。第二,"融牛"·兴趣性课程(枝荣叶茂课)——多维融合,多元共生,主要包含以拓展及兴趣为导向的选修课程。第三,"融创"·特色性课程(盛果绽放课)——融会贯通,合力创生,主要包含以天赋特长专业为方向的校本课程,进行有针对性的培养,使兴趣爱好发展成一种特长,成为校园的特色。(图3-4)

课程目标　有理想、有本领、有担当的时代智融型新人

"融创"盛果绽放课　　融会贯通，合力创生

劳　健　智　社　生　培　学

办出特色　全面育人

"融生"枝荣叶茂课
中小　幼小
健体实践类（彩带龙）
艺术美育　语言表达
科技创新　人文拓展类

顺木之天　以致其性　　多维融合　多元共生

"融通"根深固本课
语文　数学　外语　科学　劳动　艺术　道德与法治

启智润心　通才达识

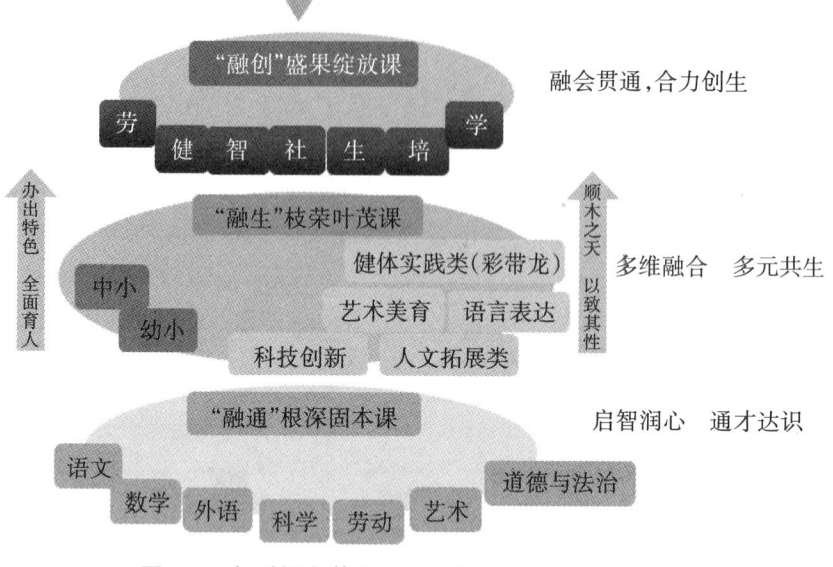

图3-4　智融课程体系——"智融"智慧树课程体系

4. 鲜活校园——浸润智融课堂

智融课堂拥有以启智润心、培根融达为特色的教学范式。"启智"即在课堂教学中，充分应用信息技术资源开展课堂教学，启迪学生共同探究，形成能力；"润心"即充分调动学生学习积极性，满足学生求知欲望，提升其精神品质，使其心灵受到文化熏陶和滋养；"培根"即课前设计，将本课的重、难点内容予以呈现，让学生了解知识点的"根"或"基础"，引导学生进行自学，初步感知，引发思考，激发兴趣；"融达"即在课堂练习中或课后进一步有梯度、有针对性地深入学习，巩固内化，提升能力，让知识浸润到学生的内心，融汇通达。

5. 鲜活校园——学生智融评价

鲜活，不止一面。借助智慧信息技术，搭建学生智融型发展框架模型，通过智融评价，搭设五育融合维度，将育人目标转化为可量化的评标指标；通过数据采集、录入，形成可视化雷达图，形成融创型时代新人成长模型，以动态数据呈现，精准地描绘出每个学生在五育融合的综合素养方面的数字画像，通过可视化数据展示全校学生整体的发展画像。（图3-5）

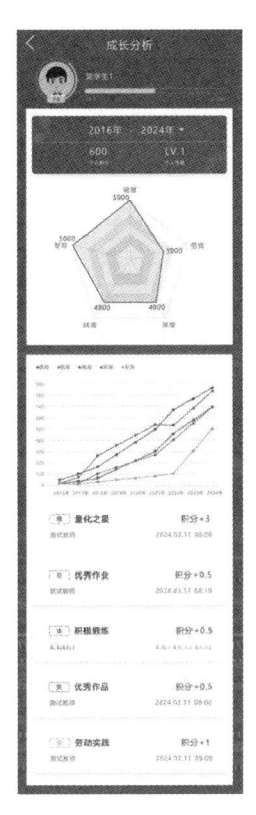

图3-5　学生智融评价

6.鲜活校园——促进智慧教师长远发展

在打造鲜活校园的过程中,教师的发展要与时俱进,慎思笃行,勇立潮头,勇毅前行,心心相融,爱达未来。构建教师发展共同体,以五级阶梯式评价进阶性考核促进、激励共同体动态发展,从小到大,从积累到成就,止于至善,臻于至善。(图3-6)

从小到大　　　智慧型教师
从积累到成就　　永攀高峰
止于至善　　　专家型教师
臻于至善　　　　博闻远见
　　　　　　　骨干型教师
　　　　　　　　勇立潮头
　　　　　　　经验型教帅
　　　　　　　　汗河善讷
　　　　　　　新晋型教师
　　　　　　　　跬步千里

图3-6　智慧型教师发展

鲜活校园,智融共生,照亮未来。围绕鲜活校园的办学主张,秉持一个路径、坚持两大办学理念、创设智融"3C"能量场、践行四个智融维度、推动五个发展维度、打造六大特色中心,相生相长,智融共生,聚势赋能。在探索与实践中获取鲜活的源泉和生长空间,从核心素养培育中创造适合的教育,成就每一个孩子,重塑教育新生态,照亮无限新未来。(图3-7)

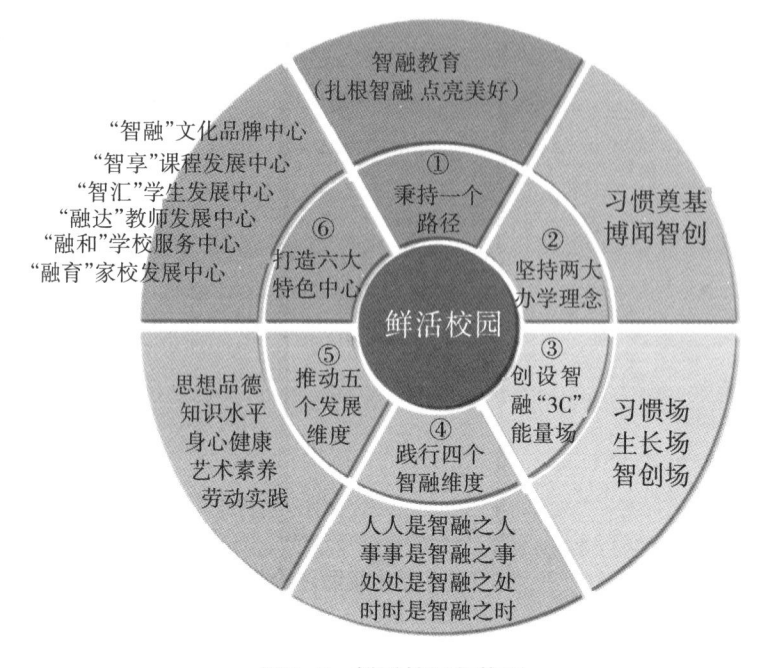

图3-7 鲜活校园架构图

三、新时代,新文化——基于校情的鲜活文化

校园文化是学校所具有的特定的精神环境和文化氛围,涵盖理念文化和环境文化。它包括校园建筑设计、校园景观、视觉识别、绿化美化等物化形态的内容,也包括学校的传统、校风、学风、人际关系、集体舆论、心理氛围以及学校的各种规章制度和学校成员在共同交往活动中形成的非明文规范的行为准则。[1]

优秀健康的校园文化应该由理念文化和环境文化相互融合而成,起到陶冶学生情操、启迪学生心智,促进学生全面发展的作用。一所学校所形成的校园文化要以德育为先,以思政引领为准。要让一所学校的校园文化深入人心,影

---

[1] 杨宏.和谐校园文化与教师职业认同[J].教学与管理,2007(21):20.

响每一位师生,就需要鲜活的思维,需要鲜活的思政渗透,让校园文化以文化人,让鲜活思维从心出发。

校园文化如何做到"鲜"呢？校园文化的顶层设计、理念文化的构建、三风一训的确定,都要做到立场鲜明、主题鲜亮、与时俱进,符合时代发展的需要,符合育人特点的需要。我们在创思厦门市龙湫亭实验学校的办学理念时,从"鲜"的维度出发：厦门市龙湫亭实验学校建设于2020年,是厦门市湖里区的九年一贯制学校。学校位于湖边水库东侧,毗邻拥有千年历史的龙湫亭,悠久的历史孕育了深厚的文化,学校办学理念在丰富历史文化底蕴的滋养下根深蒂固,在传承中创新和突破。这一方,是湖里的东边,这里紫气东来,智慧引领,融合共生,千年古刹,承龙之志,择善而行,止于至善。

(一)寻找文化底蕴,夯实鲜活底色

1.从地域文化和龙文化寻根

学校毗邻千年古刹,文化底蕴深厚。龙湫亭,始建于宋,亭旁有榕,郁郁葱葱。亭下有"龙洞",传说早年有龙受困于此,某日雷声大作,龙趁机穿土而出,飞身远去,留下这个洞。洞中有泉喷涌而出,穿土而成桥,人们称其为"龙湫涂桥"。此桥纯为土制,别无砌柱架撑,历年行人行走,毫无破损或陷塌成窟,为厦门小八景之一。这一胜景吸引了许多文人墨客,清代同治年间,有识之士曾在这里开办安睦书院。学校将图书馆命名为"安睦书院"以传承龙湫亭文脉。学校延续着地域文脉,博古通今,博闻强识,坚忍不拔,灵性鲜活。(图3-8)

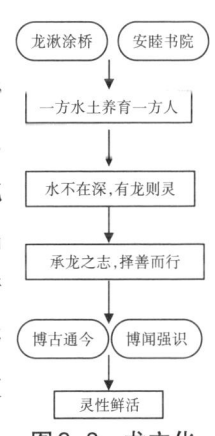

图3-8 龙文化

中华民族是龙的传人,龙图腾是生生不息的华夏精神,是团结凝聚的中国精神。龙是中华民族大融合的参与者和见证物。龙为先民想象中的神物,乃综合数种动物的形状,并以想象增饰而成,"驼头"象征聪明,"鹿角"象征健康长寿,"蛇颈"象征灵活多变,"龟眼"象征富有灵气,"鱼鳞"象征融合守护,"虎掌"象征英勇不屈,"鹰爪"象征勇敢果断,"牛耳"象征勤劳善良。龙文化的传承也启迪师生与人为善,灵性生长,善与人同,融合共生,止于至善。

2.从办学条件寻根

在厦门市湖里区委、区政府的重视下,在区教育局的谋划下,学校硬件设施

配备先进。学校充分利用这一先天优势,运用新一代信息技术打造新型教育环境,通过智慧数字化赋能教育高质量发展。为推进信息技术与教育教学的深度融合,借助信息技术实现对学生的因材施教,贴近学生需求,凸显学科特点,学校与第三方服务公司合力开发专门以学校硬件设施为基础的智慧校园系统。以"一平台+多应用+三服务"的设计理念,构建了家、校、社"三位一体"服务体系,并利用"AI人脸识别+微信推送+大数据分析"等技术,在"智慧管理""智慧教学""智慧评价"等方面助力智慧校园建设,这是学校得天独厚的优势,成为"鲜活教育"的物质基础。

(二)构建现代校园,丰富鲜活内涵

学校开办之初,我们从学校的校名出发,在"数智赋能"的时代背景下,借助学校智慧校园建设平台,结合独特的地理位置、地域文化、龙文化、办学条件、时代背景,确认以"创办一所面向未来的鲜活校园"为办学目标,提炼出"智融教育"的教学路径,在此基础上确定学校的三风一训。(图3-9)

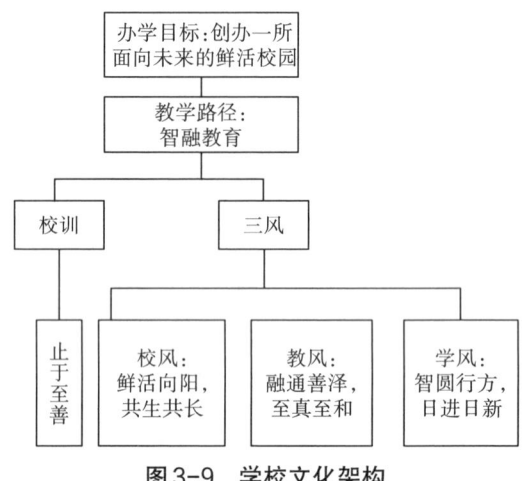

图3-9 学校文化架构

1.校训:止于至善

学习生活一直都处在鲜活的奋斗路上,没有最好,只有更好。

2.校风:鲜活向阳,共生共长

第一,鲜活向阳。让校园"鲜活"起来,从课堂到实践,让学生到老师到家长都成为鲜活的人。"鲜活校园"指的是一个充满生命力、活力和创意的校园环境。学生积极参与到各种活动中去,发挥创造力,发掘潜力。鲜活校园鼓励学生自主探索,发现问题并解决问题,同时也注重学生的个性和多元发展。此外,鲜活

校园也强调与社会的连接,强调学生不仅要在课堂进行知识学习,也要注重实践和应用,让学生能将所学知识应用到实际生活中去。向阳校园拥有阳光、积极、正面的氛围。这不仅包括学生的积极向上、教师的热情投入,也包括校园环境的宜人、设施的完善、课程的丰富多彩以及人际关系的和谐等。

第二,共生共长。共生共长即生态共生共长、文化共生共长、环境共生共长、发展共生共长、家校社协同共生共长。共生共长是学校以"止于至善"的精神创办鲜活校园至善至美的美好愿景。它表达了学校追求与师生共同发展、共同成长的理念和目标,彰显了学校智慧引领、融合共生的文化特色,又明确了多元活络的发展思路。

3.教风:融通善泽,至真至和

第一,融通善泽。"融通"意为融会贯通,即教师应当具备广博的知识储备和深厚的专业素养,能将不同领域的知识有机地融合在一起,为学生提供全面、系统的教育。"善泽"意为既善于启迪润泽,也择善而行。即教师应当具备启发式教学的能力,通过引导学生思考、质疑和探索,激发他们的学习兴趣和潜力,用善之心润泽学生心理,启智润心。融通善泽一方面指才智融通,意为教师的专业素养的融通;另一方面指人人融通,意为师师、师生、师家之间的人人融通。意味整合教育资源,聚合多方力量,促进教师专业成长。教师通过多种方式开展交流、合作、研讨等活动,共同营造一个齐心协力、互帮互助的教师团队氛围。教师应当具备融会贯通、善于启迪、真诚和蔼的教风。

第二,至真至和。"至真"来源于陶行知"捧着一颗心来,不带半根草去"的情怀,他"千教万教,教人求真;千学万学,学做真人"。"千教万教,教人求真"强调了教育的核心任务是引导学生追求真理、发现事实、培养真实的人格。教育不仅仅是传授知识和技能,更重要的是培养学生独立思考、判断是非、追求真理的能力。教师应通过真实的教育内容和方法,引导学生探索知识的本质和真谛,培养他们的批判性思维和求真精神。"千学万学,学做真人"则强调了学习的最终目标是成为一个真实的人。学习不仅仅是为了获取知识和技能,更重要的是通过学习的过程塑造自己的品格和价值观。学生应该在学习过程中坚持真实、正直、诚实的原则,不断提高自己的道德素质和社会责任感。同时,学生也应该学会关注社会、关注他人、关注自己,成为一个具备人文关怀和社会责任感的真实的人。"至和"则强调的是教育的和谐性和协作精神。在教育过程中,教师应注重与学生的和谐相处,营造积极向上的教育氛围。同时,教师之间也应相互协作、相互支持,形成教育合力。这种和谐的教育环境有助于激发学生的学习兴趣和积极性,促进他们的全面发展。

4.学风:智圆行方,日进日新

第一,智圆行方。"智圆行方"出自《文子·微明》。"老子曰:凡人之道,心欲小,志欲大;智欲圆,行欲方。"意为知识要广博周备,行事要方正不苟。智圆行方指向内在外在的统一,可引申为知行合一,意为每位学子都要做到知识与实践并重、学识与兴趣相长,做到学以致用、用以促学、学用相长。通过跨学科的学习方式,培养学生知识圆通的能力,不断地更新自己,从而达到"智"。

第二,日进日新。"日进日新"出自《礼记》。"苟日新,日日新,又日新。"《二程遗书》将之延伸为"君子之学必日新。日新者,日进也。不日新者必日退,未有不进而不退者"。启示我们要有不断学习、不断进步、不断挑战自我、不断追求卓越的态度,鼓励我们要时刻保持积极进取和开拓创新的精神。

学校致力于创办一所面向未来的鲜活校园。这一办学目标,既凸显了学校智慧引领、融合共生的文化特色,又明确了多元开放的发展思路。"鲜活"即灵性生长的、新鲜的、与时俱进的、活力的、连接生活的特色教育。"面向未来"即为未来而学,为未知而教,打通过去、现在与未来,融合教育资源,汲取优秀教育理念,运用智能数字化先进技术,同步改革潮流。在鲜活校园里,智融教育赋能发展,启智润心融合共生,学生灵性生长,胜任未来;教师与时俱进,格局开阔。智趣相生溢书香,学科融合共生长。鲜活校园浸润绽放,扎根智融,点亮美好,鲜活不止一面。创建融合型、生态型、探究型校园,实现真正的学科共融、关系共容、发展共荣,为师生的成长赋能,为学校的未来发展引航。

(三)聚焦鲜活主题,设计校园文化

在明确学校的顶层理念之后,我们将这种理念融入学校环境文化设计,做到以文化人,有道可为,让环境文化活起来,让每个空间都有故事。如,我们在学校的图书馆设计中,将龙湫亭的"两棵大树"引入图书馆的设计。龙湫亭有两棵古树,一棵是菩提树,一棵是榕树,都拥有百年树龄,是吉祥的宝树。我们将百年大树的形象移植进学校的图书馆。树和书又是谐音,代表着立德树人的书香氛围,树上放满了书,学生从树形书架里拿书看书,寓意着学生从树上摘取知

识的果实,汲取知识的营养。(图3-10)

图3-10　学校图书馆

又如,我们学校有五层楼高,爬楼梯是一件很枯燥无趣的事情,如何让楼梯"活"起来,让爬楼梯运动变成有趣而健康的活动呢?基于鲜活校园创建理念,我们把楼梯台阶计数,在台阶的立面设计上做文章,发动师生一起为学校的台阶立面设计标语,并将运动消耗的卡路里可视化。让师生在爬楼梯的时候,既能在标语的鼓劲下坚持运动,保持活力,又能扩展知识,时刻补充新鲜知识,爬楼梯变成了龙湫亭实验学校师生一道鲜活的风景线。

再如,学校用鲜活思维设计学校吉祥物。"龙的精神"是中国五千年伟大历史的象征,是崛起的中国人民勤劳、勇敢、不屈不挠、大胆创造的象征。因此,我校吉祥物竖拇指的造型,代表我校学子自信、勇敢,不断超越的精神追求。同时,"龙的形象"是伟大的中华民族的象征,吉祥物头戴龙帽,寓意我校培养"国之栋梁""民族之未来"的教育期许。吉祥物衣服上印制有我校校园布局图,寓意我校学子"扎根厦门,筑梦中华,展望世界"。吉祥物手臂上的龙鳞,寓意龙之精神将助学生的成长一臂之力。同时,龙鳞就是铠甲,象征爱和呵护。学校吉祥物整体造型活泼,配色明快,视觉冲击力强,寓意积极向上。在设计完静态的吉祥物之后,我们又让"龙龙"和"婷婷"鲜活起来,设计了两只吉祥物的表情包、动态视频等,让吉祥物的立体形象,走进师生中。(图3-11、图3-12)

图3-11　学校吉祥物"龙龙"与"婷婷"

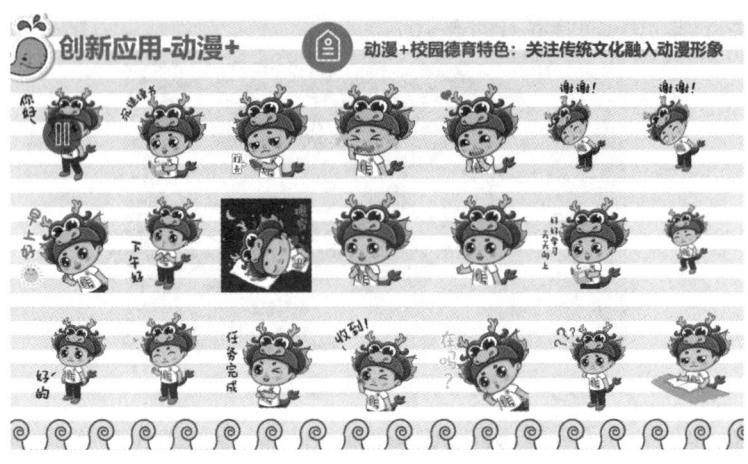

图3-12 学校吉祥物"龙龙"表情包

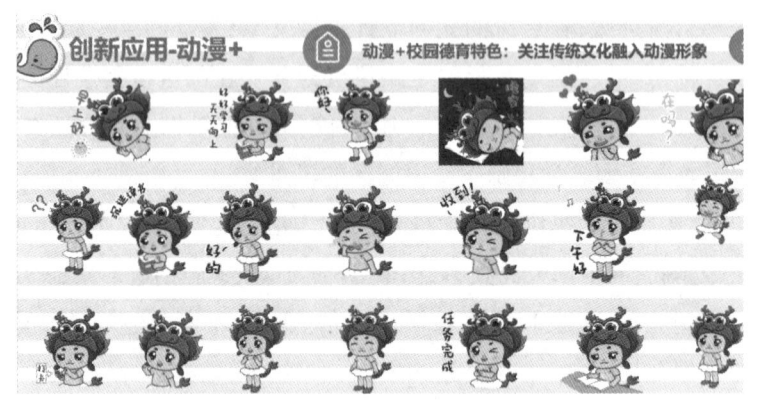

图3-13 学校吉祥物"婷婷"表情包

学校的吉祥物是鲜活的,它们不仅广泛运用在微信表情包,出现在各动漫视频中,还经常作为形象代言人出现在学校各大教育教学情境中,成为学生的"发言人"。(图3-13)

(四)构建智慧农场,拓展鲜活劳动

鲜活力量将"劳动基因"融入学生发展中。2022年,教育部印发了义务教育课程方案和课程标准(2022年版),劳动教育正式纳入国家课程。新时代中小学劳动教育工作,立足教育实际,以课程建设为抓手,以融合推进为支

图3-14 智慧农场

撑,以家校社协同育人为依托,将劳动教育有机融入学生核心素养培育全过程。加强科学教育,不仅是2022年版课程标准给学校的任务,也是新一轮课程改革的要求。而科学教育,也不仅仅是一门课程,更是对人才培养的总体要求。我们在建设学校的劳动基地时,借助现代科学技术的力量,建设鲜活的智慧农场。我校的智慧农场是一个利用无土栽培技术,电脑全程监控农作物生长状态、智能供给营养液的高科技农场。智慧农场是一种新型教育模式的活动载体,它通过现代科技手段,将农业生产与教育相结合,让学生在实践中学习农业知识,体验农业生产过程。"纸上得来终觉浅,绝知此事要躬行。"若致知,而不力行,与不知同。学校通过智慧农场,扩展学生的农业知识,增设学生实践平台,整合各学科与劳动融合的特色教育。为了让全校师生都参与农业实践活动,我们根据学生的年龄生长特征,将农场划分成9个区域,小学部以劳动课和科学课为载体,中学部以生物课和化学课为媒介,引导学生在种植的过程中感受劳作的不易与收获的乐趣。结合校园科技节开展为期2个月的种植观察活动,促使学生亲自水培一种植物并长时间坚持观察,完成观察记录的绘制任务,最后以自然笔记的形式展现。在为期2个月的种植观察记录活动中,学生用自然笔记的方式推开亲近自然的大门,用纸笔记录对大自然的热爱与尊重。学校也将不同年级的作品汇总进行评选,评出一、二、三等奖并进行嘉奖。自然笔记,就是以画作、文字、照片等形式,把大自然中让我们感到好奇和认为美丽的事物记录下来,记录下的不仅仅是眼前的景物和科学知识,更是自己的观察和思考,同时也培养学生细致观察、积极探索、相互协助、大胆表达等多方面的能力。智慧农场给了学生一个参与种植、观察与发现、付出与收获的自由空间与平台。在这里,学生分工、合作、交流、分享,达到了人与人、人与自然的和谐共处,在种植中体验劳动的艰辛与乐趣,在种植过程中培养初步的管理能力,在种植活动中增加农业知识、培养环保意识并体验生命的珍贵,形成良好的探索习惯,为其终身发展奠定基础,让劳动教育鲜活起来,让劳动文化融入学生的基因。(图3-14)

在学校智融文化特色空间打造上,我们将"鲜活"设为目标,将"智融"的文化融入特色空间建设,让学科融会贯通,以文化人,让学生在学科学习间互融互容,培养有理想、有本领、有担当的智融型时代新人。在这样的环境里,启智润心融合共生,学生灵性生长,胜任未来;教师与时俱进,格局开阔;空间鲜活向阳,多元赋能。(3-15)

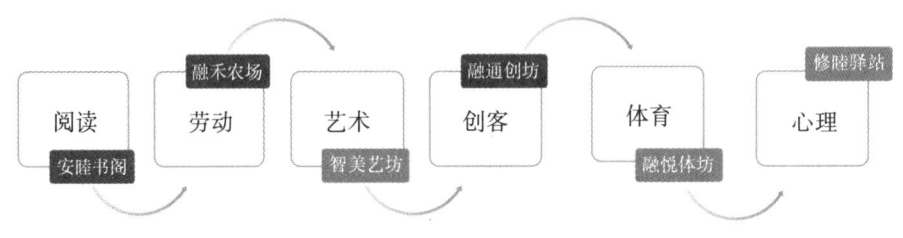

鲜活校园——智融文化塑造特色空间

阅读（安睦书阁）→ 劳动（融禾农场）→ 艺术（智美艺坊）→ 创客（融通创坊）→ 体育（融悦体坊）→ 心理（修睦驿站）

图3-15　智融文化特色空间

第四章

鲜活课程，
资源开发

第一节 概论

2020年笔者指导新教师苏老师进行考核课磨课。苏老师备课认真充分,一堂课使用了5个视频、6个图表,还有若干张图片,材料非常丰富,围绕不同角度对教材内容进行了全面的补充。上完课笔者问她:"上完这堂课,你感觉顺畅舒服吗?"苏老师思考了一下,说:"材料太多了,我都讲不完!""为什么要找这么多的素材?""因为这些素材都很好,我觉得学生很喜欢,看完也会有感触!""你觉得这些素材的使用达到效果了吗?""时间根本来不及!为了能全部呈现这些素材,我不断地展示材料,根本没有时间让学生思考,更不可能让学生讨论问题,回答问题!整堂课都是我在讲,学生只能坐着听。我讲得累,学生听得也累!"这其实是很多新教师上课的误区,他们总觉得上课时课程资源使用得越多越好。但事实真是如此吗?是不是应该先以生情为前提,考虑学生能否消化得了?还有些教师看到好的资源,不管三七二十一,直接就在课堂上使用,没有经过二次编辑,不管时间多少,挤压课堂其他环节,导致课堂还得反过来为素材服务,本末倒置。那么,什么是课程?什么是课程资源?课程资源有哪几类?要如何开发?如何筛选?如何利用呢?

一 什么是课程

不同的教育主张对课程的理解不同,因此到现在还没有一个关于课程概念的定论。美国教育家杜威认为,课程就是学生在教师指导下或自发获得的经验或体验。其突出特点是把学生的直接经验置于课程的中心位置,而忽略了系统知识的重要性。[1]国内对课程的认识主要有两种观点,一种是把课程作为知识来理解,认为课程就是师生一起研习并在一定时限内研习完毕的一定范围的知识。另一种则是把课程作为文化来理解,认为"课程是学生在学校里可以习得

---

[1] 徐影.333教育综合应试解析 教育学原理[M].北京:北京理工大学出版社,2021:66.

的各种文化的总称"。在这个概念里,学校的学风、校风,学校主流观念中的信仰乃至校园环境中所能渗透出来的种种信息或气息,这些文化都包含在课程之列。它们常常是看不见、摸不着的,被称为隐性课程。[1]课程在教育过程中具有重要的作用,它不仅是实现学校教育目标的基本保证,也是学生全面发展的保障。一方面,课程是教师和学生之间联系和交往的纽带,教师通过课程传递知识和价值观,学生通过课程学习并反馈,在良好的教与学互动中达成教育目标;另一方面,它通过设定特定的内容和标准,引导学生掌握知识和技能,培养良好的兴趣和习惯,形成良好的学习态度和价值观,促进全面发展。本章中的课程,特指初中道德与法治课程,也就是初中阶段的思政课程。

二 课程资源的研究

对课程资源的研究最先起源于国外,国外课程资源研究的历史渊源可以追溯到20世纪初的教育改革运动,美国学者对课程资源的研究起步较早。受进步主义运动理论影响,主要集中在学校体育课程研究,在满足学生的健身和娱乐的基础上开发体育课程资源。而英国则在1999年的体育教学大纲中把增进学生健康作为体育教学的目标。布鲁纳的构建主义学习理论,将学习视为个体与环境之间的互动,充分考虑学生的知识和理解水平,强调教学过程中的学生资源。英国的斯坦豪斯提出了情境教学理论,提倡课程资源要重视学生在课程实施过程中的参与和反思。他们都提出了著名的学习理论,认为课程资源的获取要符合学生需要。而杜威重视社会生活的资源利用,他主张学校所设置的课程,应来源于社会生活,并将社会生活分为不同的领域,组成学校不同的课程。泰勒是现代课程理论的重要奠基者,他认为课程资源是寻求目标、选用教学活动、组织教学及在制定评估方案过程中的可利用的资源。美国学者博比特在工业分析法思维的影响下,认为课程是可以分析为若干领域的人类经验。他们三人都重视社会资源的挖掘,扩大了课程资源利用的范围。乔纳森是教育技术和教育心理学领域的学者,他强调教育技术的运用,但他担心教育技术领域变成一个技术驱动的领域而不是学习驱动的领域,因此他认为以分析学习为出发点是重中之重,而并不是对新技术趋之若鹜。促进有意义学习是教育技术领域一直追求的目标和方向。(图4-1)

---

[1] 张楚廷.课程是什么[J].当代教育论坛(教学研究),2011(02):1.

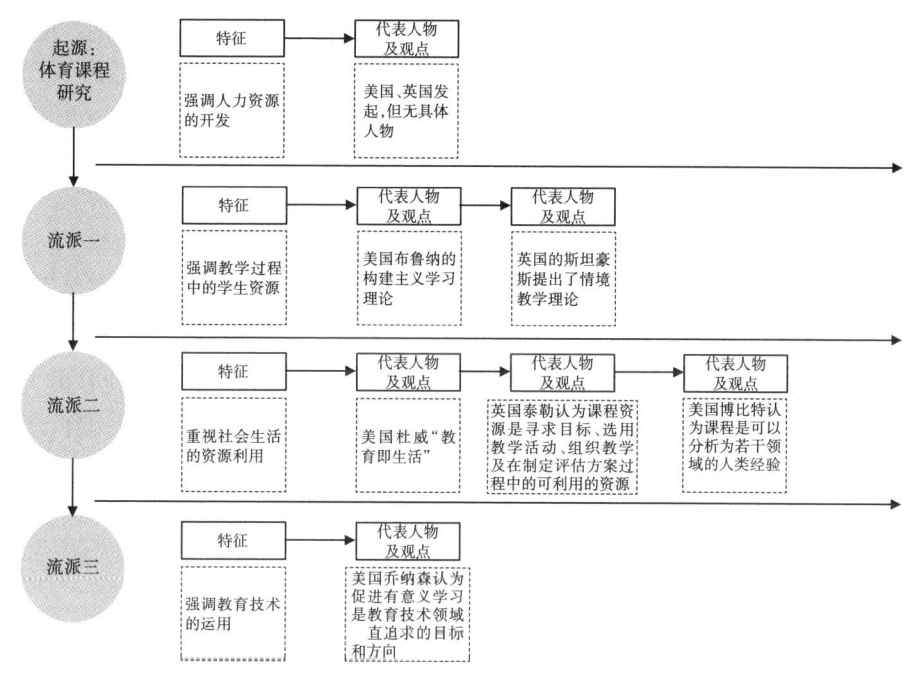

图 4-1 课程资源的研究

起源：体育课程研究
- 特征：强调人力资源的开发
- 代表人物及观点：美国、英国发起，但无具体人物

流派一
- 特征：强调教学过程中的学生资源
- 代表人物及观点：美国布鲁纳的构建主义学习理论
- 代表人物及观点：英国的斯坦豪斯提出了情境教学理论

流派二
- 特征：重视社会生活的资源利用
- 代表人物及观点：美国杜威"教育即生活"
- 代表人物及观点：英国泰勒认为课程资源是寻求目标、选用教学活动、组织教学及在制定评估方案过程中的可利用的资源
- 代表人物及观点：美国博比特认为课程是可以分析为若干领域的人类经验

流派三
- 特征：强调教育技术的运用
- 代表人物及观点：美国乔纳森认为促进有意义学习是教育技术领域一直追求的目标和方向

我国教育界的理论专家、相关学者以及一线教师在 2001 年左右开始对课程资源进行专门的研究。随着教育部 2001 年 6 月《基础教育课程改革纲要》的颁布，对课程资源的研究成为一种研究的热潮，不管是理论方面还是实践教学方面，教育界都做了许多相关的探索。如今对课程资源开发与利用的研究已有很多年的历史，已经形成较为成熟的理论体系，研究成果着实丰厚。如分类更加清晰，吴刚平教授把课程资源分为素材性课程资源和条件性课程资源。任长松按空间的维度进行分类，将课程资源分为学校资源、家庭资源和社区资源。徐继存等按照资源存在的形态将课程资源分为显性资源和隐性资源。

通过对课程资源研究结果的梳理，我们发现有效开发利用课程资源是课程实施的前提和基础。有效开发利用课程资源是有效教学的基础，它可以提供更广泛的学习材料和经验，丰富课程的内容和形式，使学生获得更全面的知识和技能；可以提供多种学习方式，如实物观察、实地考察、实践操作等，使学习更加多样化和生动化；可以根据社会和学生的需求进行更新和调整，提高课程的适应性和灵活性；可以促进课程不断发展和完善，提高课程的质量和效果。有效开发利用课程资源对课程的开发、实施和效果具有重要的作用，是实现教育目

的、促进学生全面发展的必要条件。道德与法治课程资源开发与利用的广度与深度,将在很大程度上决定学科教育的教学效果。

三 道德与法治课程资源的研究

国外没有设置专门的思想政治教育课程。对公民的道德教育通常是以宗教、公民课或通过其他学科之间的渗透融合而展开。美国用"政治社会化教育"来指道德教育,美国教育部认为学校的任务是培养学生的政治社会化技能,因此在教育过程中除了利用历史、地理、文学等综合资源,还会充分利用社会资源,例如通过组织学生参观当地博物馆、历史遗迹,成立学生政府、参与社区活动以及开展角色扮演等活动来达到道德教育的目的。在英国中小学阶段的道德教育中,学校通过历史课、地理课、英语课等传授广泛的知识和技能,并在其中渗透公民教育,学校通过其他学科的课程资源来提高学生的道德素质。法国也同样注重课外活动对学生的影响,如体育活动为学生实践公民道德提供了良好的机会。日本同样也是要求学校在各科教学过程中渗透道德教育,使学生具备一定的道德素养,在生活中广泛利用各种社会资源帮助中小学生提升公民素质。新加坡道德教育对国家意识有极高的关注度,学校德育从国情出发,运用不同民族所认可的方式,"推行'共同价值观'教育,提倡国家至上和社会为先"。综上,国外很注重对学生的思想道德教育,重视多门学科、知识资源的综合利用,广泛利用各种资源开展教学。注重实践教学,倡导学生亲自参与实践;不拘泥于课堂教学、不拘泥于校园,主张家庭、社会都是可以进行公民教育的场所。这对我们国家开展道德与法治课程资源的开发和利用具有借鉴意义。

国内对于道德与法治课程资源的研究从成果发表时间来看,均集中于2022年版课标颁布之前。学段涉及小学和初中,内容涉及校内资源、生活资源、乡土资源、家国情怀、校本资源、农村学校资源、优秀传统文化、家教家风、时政资源等资源的开发和利用。学者黄梅以时政资源为例,主张以合作素养为目标,在搜集资料中利用时政资源;以爱心素养为目标,在展示和体验中利用时政资源;以责任素养为目标,在辨析中利用时政资源。林英祥、谢宜静立足乡土资源,力求立足课堂,优化多样性的有效资源;拓展场域,探寻广阔性的育人途径。阙初桥强调要强化教师的主体地位,充分发挥主观能动性,首先开发利用好教材资源,然后是开发贴近学生实际的生活化资源、经过历史洗礼的传统文化资源、新时代背景下蓬勃发展的互联网信息资源……国内研究还剖析了道德与法治课程资源开发利用存在的问题,如道德与法治学科教师开发与利用课程资源的意识不强,学校缺乏课程资源开发的激励监管机制,学生对课程资源开发的参与度不高等。剖析其原因,主要是教师责任心与敬业精神不足,学生功利心强,开发难度大与保障机制不健全,缺乏有效的资源整合与共享机制等。并指出了道德与法治课程资源开发利用的原则与对策,主要集中在科学性与实效性。如吴刚平教授指出,对课程资源的开发与利用,必须持有一个科学的态度。一方面,对课程资源,特别是对那些涉及客观知识的素材性资源的选择,要注意它们的真实性和可靠性,要对资源的真伪进行鉴别,切勿将一些虚假的资源传输给学生。另一方面,要打破对包括教科书在内的课程资源的迷信,培养学生对课程资源的质疑精神。范蔚强调对课程资源的开发要讲究因地制宜,要遵循实效性的原则。从教师层面来说,段兆兵强调教师要夯实课程资源的相关理论,不断提高课程资源开发利用的能力,在实际的教学中要形成自我反思的习惯,在认识和开发课程资源时彰显地方特色。董雅勤提出要增强教师课程资源开发意识。于云荣认为教师要克服资源开发的惰性习惯,强调要深入挖掘课本,对课本进行二度开发,对学生资源要进行深度挖掘。从学生层面来说,徐继存等注重学生全身心的参与,注重学生在课程资源开发利用中的重要作用。从校外资源层面看,谈俊倡导教师应积极使用网络教学资源,为学生搜集更多的更为丰富的校外资源,要积极引导学生进行课外实践。周永霞认为要以信息技术为手段,围绕教材和课堂,开发与利用学习资源;要以学生需求为起点,以社会发展为导向,开发与利用时政资源;以教学实情为基点,开发与利用家长资源。

综上所述,我们不难发现,国内对课程资源的开发的认识是多角度的。资源开发对鲜活思政来说是必备前提,只有资源开发充分,思政课程才能鲜活。首先,鲜活思政需要一定的课程资源来实施教育、培养人才和开展社会实践活动等,资源开发为鲜活思政提供有力的保障,也为鲜活思政提供了广阔的发展空间和机遇。通过开发资源,可以吸引更多的优秀人才、专家学者参与鲜活思政的教学、研究和管理工作,推动鲜活思政的改革和发展。其次,资源开发还可以提供更多的学习和实践机会,丰富鲜活思政的内容和形式。通过资源开发,可以共建各种实践基地等,为学生提供丰富多样的实践机会,加强其学以致用能力。

本章将结合课例,重点分析时政资源、本土资源、文化资源、网络资源的选择、获取和合理利用。要注意的是,本土资源包括校本资源、生活实践、乡土资源、家社资源等,文化资源包括中国优秀文化和家教家风。

四 资源的选择

资源的选择可以从课标要求、教学对象及教学条件等方面进行综合选择。2022年版《道德与法治课程标准》将义务教育阶段的学习分为四个学段,即小学低、中、高三个学段和初中一个学段,使课程标准既是一个有机的统一整体,又体现不同学段的特殊性和适切性,充分考虑不同学段学生随着年龄增长由感性到理性、逐步深入、逐渐提升的认知发展特点,渐次确定各个学段的主题内容、载体形式及学习要求,贴近学生生活与成长实际。根据2022年版《道德与法治课程标准》的四个学段及学习主题,可以大致地考虑主要使用的课程资源。表4-1为各学段课程资源的选择建议,这只是初步的粗框架的划分,具体课时安排还得具体情况具体分析。

表4-1 各学段课程资源的选择建议

学段	年级	主题	资源建议
第一学段	1—2年级	入学教育	本土资源
		道德教育	本土资源、时政资源
		生命安全与健康教育	本土资源、时政资源
		法治教育	本土资源
		中华优秀传统文化与革命传统教育	本土资源、文化资源
第二学段	3—4年级	道德教育	本土资源、时政资源
		生命安全与健康教育	本土资源、时政资源
		法治教育	本土资源、时政资源
		中华优秀传统文化与革命传统教育	本土资源
		国情教育	本土资源、时政资源
第三学段	5—6年级	道德教育	时政资源、本土资源
		生命安全与健康教育	时政资源、本土资源
		法治教育	时政资源
		中华优秀传统文化与革命传统教育	文化资源、本土资源
		国情教育	时政资源、本土资源

续表

学段	年级	主题	资源建议
第四学段	7—9年级	生命安全与健康教育	时政资源、本土资源
		法治教育	时政资源、本土资源
		中华优秀传统文化教育	文化资源、本土资源
		革命传统教育	文化资源、本土资源
		国情教育	时政资源、本土资源

从表4-1我们不难发现,教学资源的选用要考虑教学对象的特征。不同的学生,尤其是不同年龄阶段的学生对事物的认知能力不一样,教师在选用教学资源时必须考虑学生的认知能力。在学生的认知能力体系中,思维能力是核心。对于年龄小、形象思维能力强的学生,教师要尽可能地多选择贴近学生生活的本土资源,诱发学生的学习兴趣,获取较好的教学效果。而随着年龄增长,学生抽象思维能力越来越强,这个时候教师就可以多选择一些时政热点和文化资源进行教学,更加深入地挖掘这些课程资源的表现力,促使学生对课程内容进行分析、比较、抽象、概括,让学生深刻地认识事物或活动的内在规律。要注意的是,对于网络资源,现代化的智慧资源,不管哪个学段都是适合的,表格就没有再赘写进去。

第二节 资源使用分析

为了研究和探寻社会政治经济不断发展、信息化时代下的"道德与法治"课程中,教师采用何种资源丰富教学内容、学生喜爱何种资源和课堂效果,笔者于2021年底开展了问卷调查。

一 分析思路与方法

本次问卷调查面向厦门市中小学生收集了1052份有效数据结果。以七、八、九年级的学生为本次调查的主要对象,以课程、教材、资源、效果等方面的数据结果为支撑进行比较分析,深入讨论课程资源在教师教学中的实际应用与学生的喜好之间的关系。(图4-2)

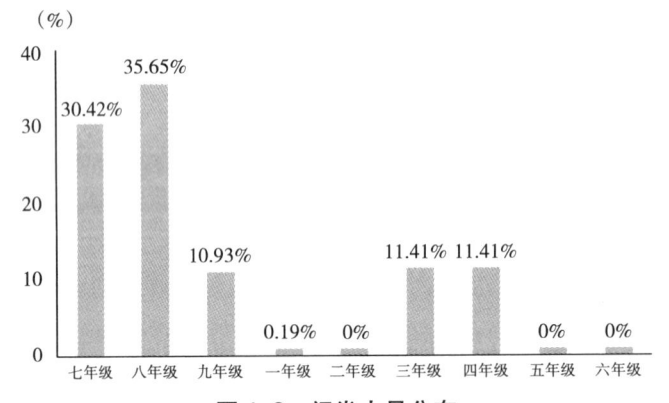

图4-2 问卷人员分布

二 分析指标与论证

在调查的学生中,96.1%的学生对"道德与法治"课程持"比较喜欢"及以上的态度,仅有3.9%的学生"不喜欢",甚至"讨厌"这门课程。96.48%的学生对教材上的素材持"比较喜欢"及以上的态度,3.52%的学生"不喜欢"甚至"讨厌"。这说明"道德与

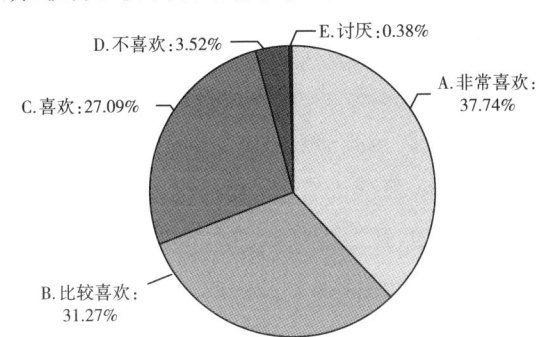

法治"课程的开展,在教材和教学方面都受到了学生的广泛认可。(图4-3、图4-4)

图4-3　学生对课程的喜爱程度

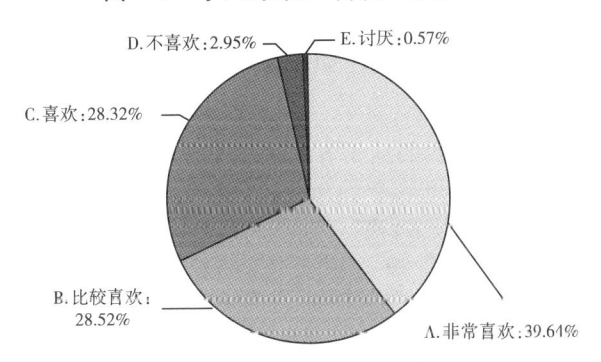

图4-4　学生对教材素材的喜爱程度

学生对教材中的"相关链接"的喜爱程度达到了35.08%,远高于教材中其他模块。"探究与分享"紧随其后,占比为20.34%,而"阅读感悟"、"拓展空间"和"运用你的经验"这三个模块的受喜爱程度不相上下。在"道德与法治"课程的学习中,学生不再只满足于对教材中基础内容的学习,他们需要更多的相关的多样化的课外知识来拓宽认知面。同时,探讨类型的教材内容对学生来说,也更能启发思维、促进思考以及获得表达的机会,符合他们的需求。(图4-5)

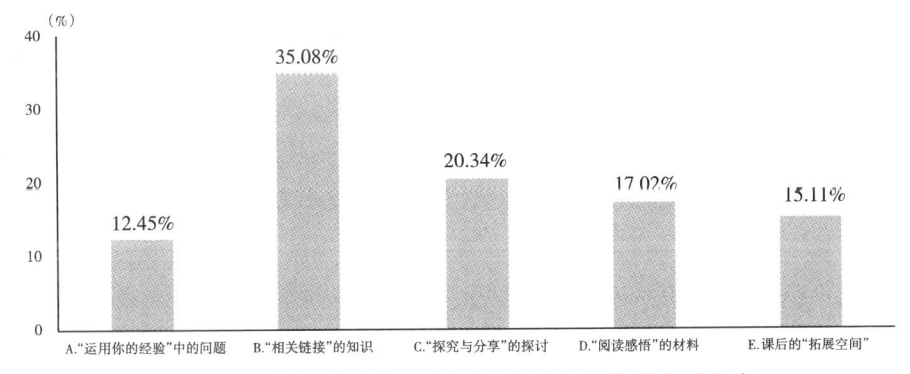

图4-5　学生对"道德与法治"教材中各模块的喜爱程度

(一)教师采用的课程资源以及学生喜欢的资源分析

"道德与法治"课程主要涉及五个方面的资源：书本教材、时政新闻、学校活动、社区活动和家庭活动。在实际教学中，教师对资源的使用程度也依此顺序由多到少，书本教材的应用甚至高达92.40%。在教学过程中，几乎所有的教师都会将书本教材作为自己的授课内容，从教材出发，本着夯实学生的学科基础知识的目的，再辅以时政新闻及课外活动，但这和学生的喜好不同。54.75%的学生最喜爱的资源是时政新闻，这类资源能将理论知识应用到实际中，同时还能培养学生的思辨能力。其次是书本教材和学校活动，分别占24.43%和15.78%，而学生对家庭活动和社区活动的喜爱程度仅占3.04%和2.00%。通过对数据的分析，教师在教学过程中可以根据学生的喜好适当调整各类资源的运用占比，多运用时政新闻和学校活动的资源，并将不同类型的资源进行结合运用到课堂中，或是调整资源的运用方式来提高学生的兴趣。（图4-6）

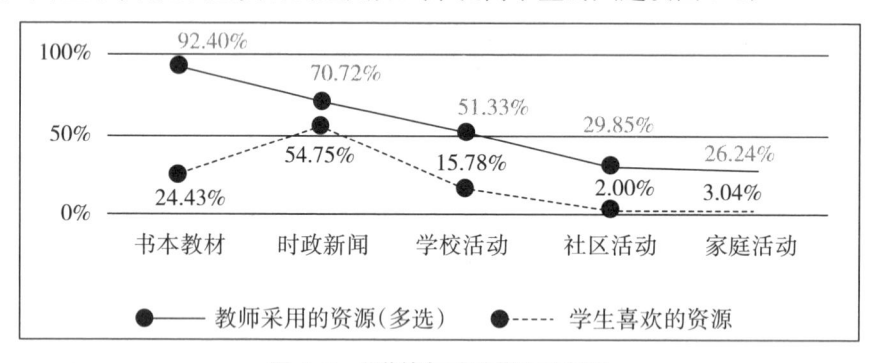

图4-6 "道德与法治"课程资源

(二)课程资源呈现形式与方法

"道德与法治"课程资源的呈现形式主要分为文字、图片、音频、下载的视频片段、教师录制剪辑的视频等五种。教学中最主要的呈现形式是文字形式，占比为35.27%，超过了三分之一。其次是24.90%的图片形式和20.53%的下载的视频片段形式。最不常用的是音频形式，占比仅为4.85%。学生对音频形式也是最不感兴趣的，在这一点上，师生喜好是一致的。但教师最常采用的文字形式，却是学生不感兴趣的资源呈现形式之一。学生最喜欢的资源呈现形式是下载的视频片段，占比为41.44%；其次是教师录制剪辑的视频，占比为22.53%；再次是图片形式，占比为18.63%。在信息化时代下，短视频的盛行为教学提供了一定程度的便利，教师可以充分利用网络资源，在符合学生喜好的同时，也丰富自己的课堂,调节课堂氛围。同时,需要适当减少文字的呈现方式,改用图片、自制视频等形式代替,更能吸引学生的兴趣和注意力,以便在课堂中达到更好的成效。(图4-7)

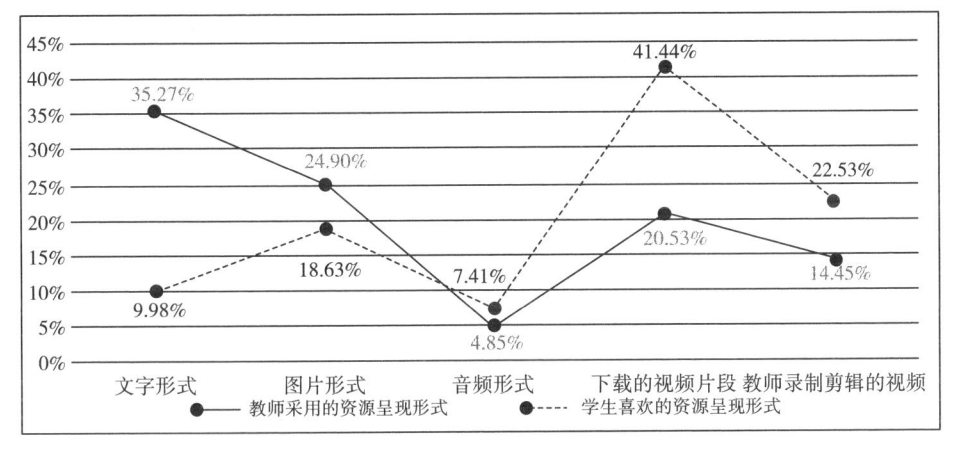

图4-7 "道德与法治"课程资源呈现形式

半数以上的学生喜欢师生共同讲授的资源呈现方法,远超其他方法。最不受学生欢迎的是通过音频播放和全部由学生讲授的方法,可能这两种资源呈现方法比较枯燥,听音频和全部由学生讲授可能存在听不明白、讲不清楚的问题。教师在资源的呈现方法上可多以师生共同讲授的方法为主,在资源的安排上由简单到复杂循序渐进地引导学生一步步思考,和教师共同研究资源、理解资源,达到能够共同讲授的程度。(图4-8)

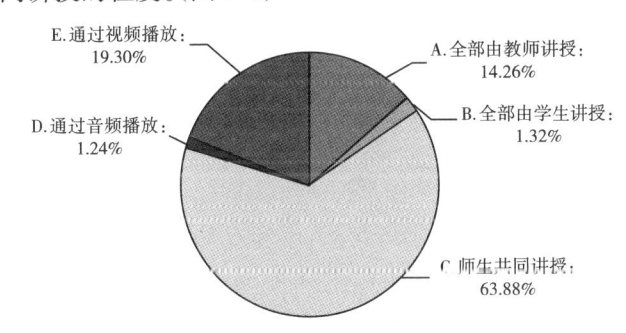

图4-8 学生喜爱的课程资源呈现方法

(三)课堂资源素材数量

在课堂中,大多数教师会应用两个、三个或四个以上的课堂资源素材作为课堂知识的论证或补充,只有少数教师会应用一个或四个资源素材。而将近半数的学生喜欢教师在课上尽可能多地使用资源素材。根据调查结果,教师可以在课堂中利用多元丰富的资源素材作为补充,优化学生学习过程,促进学生发展。在运用、思考的过程中,也有利于提高教师的教学水平和综合素质,提高教学效率,使教学达到最优化。但数量并非越多越好,教师应根据生情实际,科学确定课堂资源应使用的数量,一般来说不超过三个。(图4-9、图4-10)

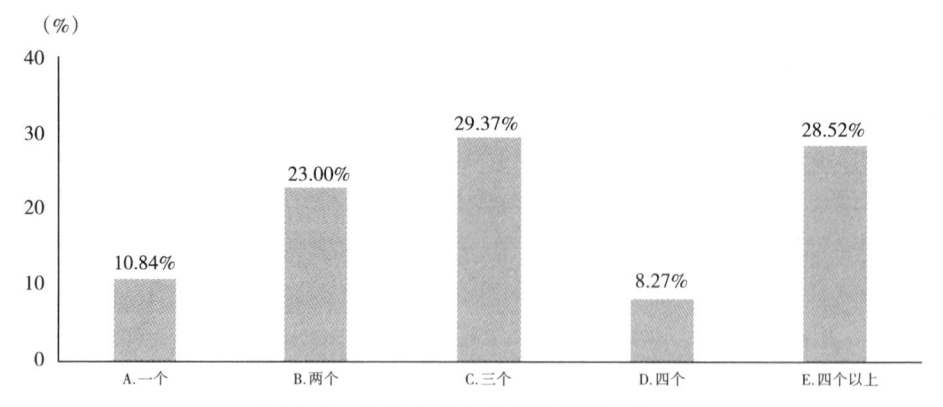

图4-9 教师应用的课堂资源素材数量

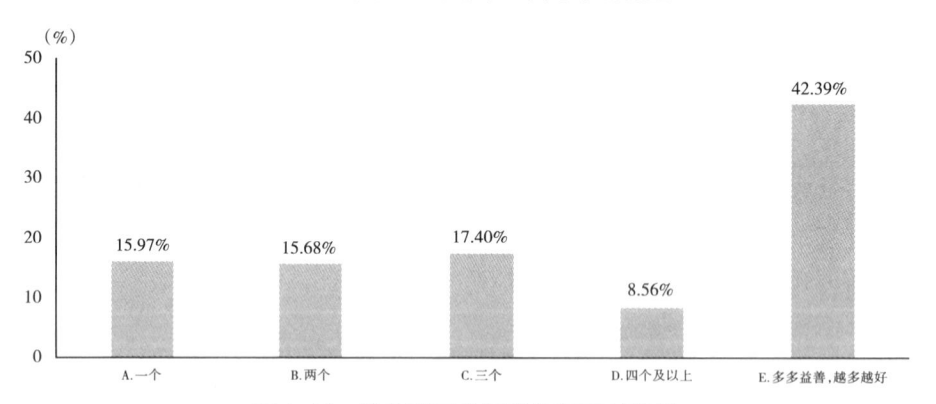

图4-10 学生喜爱的课堂资源素材数量

(四)课堂资源的教学方式

教师采用的主要教学方式是讲授法,占比为38.78%,其次是情境探究法、小组合作法、讲练结合法,用得最少的是任务驱动法,只有6.27%。31.08%的学生喜欢的是情境探究法,28.90%的学生喜欢小组合作法,喜欢两种方法的学生占比超过半数,仅有6.08%的学生喜欢任务驱动法。教师在教学方式的选择上,可以适当降低讲授法的使用频率,增加小组合作法和情境探究法的应用,提高学生的主观能动性,促使他们积极思考,在探索中对课堂知识有更深入的理解。(图4-11)

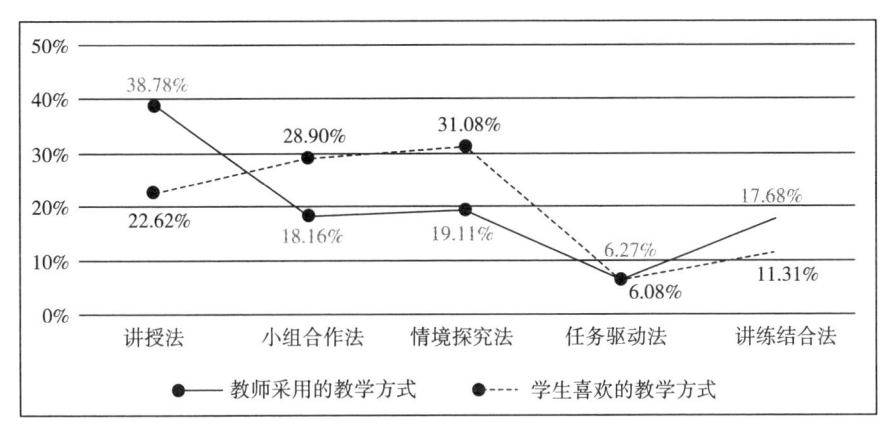

图 4-11 "道德与法治"课堂资源的教学方式

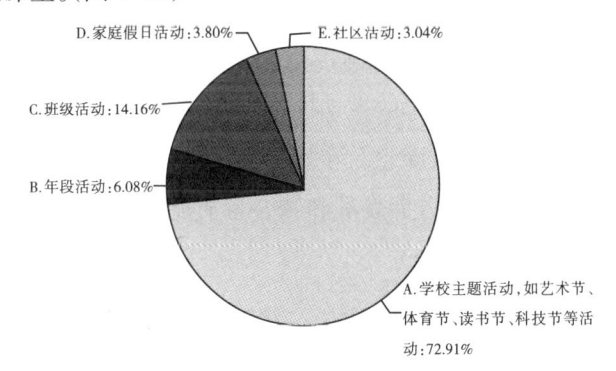

(五)学生喜爱的校本资源

在学生喜爱的校本资源中,"学校主题活动"占比为72.91%,远远大于其他资源。在其他活动中,"班级活动"占了较大的份额,占比为14.16%。在校本资源的应用中,教师可以充分利用学校的主题活动作为课堂素材。其他校本资源的受喜爱程度较低也可能是因为教师应用较少,教师可以尝试多样化运用方式,灵活展现课堂。(图4-12)

图 4-12 学生喜爱的校本资源

(六)喜爱的资源来源分析

超过半数的学生喜欢由学科教师为他们搜集资源,但他们也喜欢以学生分组合作的方式来搜集资源。说明学生在学习上还存在被动、懈怠的情况。教师在进行课堂资源的整理时,可以自己搜集整理的资料为主,再以学生分组合作的任务方式搜集资料为补充,这样既能实现教师在课堂中主导的作用,也能提高学生对课堂的参与度、踊跃度和积极性。(图4-13)

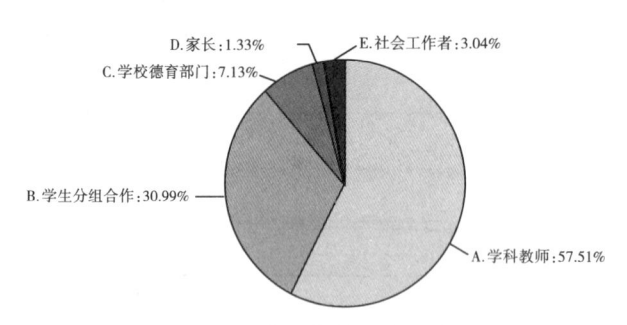

图4-13　学生喜爱的资源来源

饼图数据：
- A.学科教师：57.51%
- B.学生分组合作：30.99%
- C.学校德育部门：7.13%
- D.家长：1.33%
- E.社会工作者：3.04%

三、分析总结与反思

通过上述分析，我们对道德与法治课程资源的使用有了初步的了解，这对我们如何更好地利用课程资源，从而达到最佳课堂效果有很大的帮助。

作为一门受学生喜爱的课程，更应精益求精。首先，教师应善用教材模块知识，并适当地用丰富的课外内容作为补充。在资源的运用方面可以多参考学生的喜好，对各类资源在课堂中的占比以及呈现形式加以调整、优化，循序渐进地带领学生参与到课堂中。其次，教师应尽可能多地运用资源素材，使课堂变得多样化，而不是枯燥乏味地进行纯理论知识的传输。最后，在教师主导的前提下，应最大化地调动学生学习的主动性，促使他们积极思考，激发他们的学习欲望，从而使他们更好地融入课堂。在教学过程中，教师运用学生喜爱的资源，对学生来说既有利于他们全方面发展和综合素质的提升，也能推动课堂达到师生双方最理想的效果。（图4-14）

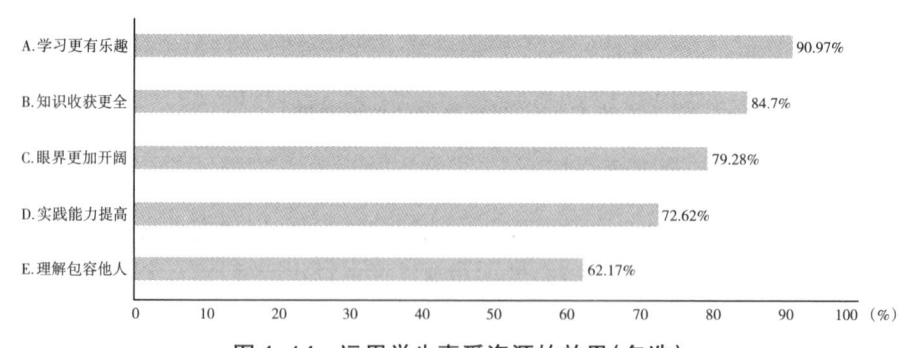

条形图数据：
- A.学习更有乐趣：90.97%
- B.知识收获更全：84.7%
- C.眼界更加开阔：79.28%
- D.实践能力提高：72.62%
- E.理解包容他人：62.17%

图4-14　运用学生喜爱资源的效果（多选）

第三节 时政资源

在问卷调查中,教师所运用资源由多到少,依次为书本教材、时政新闻、学校活动、社区活动和家庭活动,排名第二的时政新闻却是学生最喜爱的课程资源。半数以上的学生更喜欢理论联系实际,用所学知识来评析生活中的时政新闻,培养思辨能力。这一结果表明,教师在教学过程中不能只是备教材,还要根据生情备学生感兴趣的时政资源,将时政资源整合到课堂教学中。

一、时政资源的含义

"时政"二字拆开看,"时"顾名思义是时间,"政"是国家的政策、制度等。在《现代汉语词典》(第7版)中,时政指的是当前的政治情况。时政在"道德与法治"学科语境中,指的是在特定的时间范围内所发生的国内外大事,如政策变化、经济发展、文化更迭以及社会热点事件等。时政资源内容广泛,从地域来说分为国内资源和国际资源;从所涉及的领域可划分为经济型、政治型、文化型和复合型时政资源;从具体呈现形式可划分为文字型、图片型、图表型和视频型。

二、开发利用时政资源的意义

( )2022年版《道德与法治课程标准》的需要

2022年版《道德与法治课程标准》在课程实施的教学建议中指出,要及时丰富和充实教学内容,反映党和国家重大实践和理论创新成果。教学要围绕课程内容体系,及时跟讲社会发展讲程,结合国内外影响较大的时事进行讲解。要将党和国家重大实践和理论创新成果引入课堂,充分体现马克思主义中国化最新成果。要密切联系社会生活和学生生活实际,用富有时代气息的鲜活内容,以学生喜闻乐见的方式，增强道德与法治教育的时效性、生动性、新颖性，让道德与法治课成为有现实关怀和人文温度的课堂。[①]

时政热点是小学高段及初中思政课程教学内容的重要组成部分，不仅时代性强，而且贴近初中生的生活，契合2022年版《道德与法治课程标准》的要求。充分发挥时政资源的"鲜活性"可以弥补教材的"静态性"。时政资源可以帮助学生了解当前社会的发展情况，探究各种现象和事件的背后原因及其影响，有助于学生在道德与法治的学习中更好地理解和思考各种问题，深入体会思政学科的思想性和政治性，增强其政治认同感和社会责任感。时政热点还是中考的必考点，把时政资源融入初中思政课程教学中既可以弥补教材部分内容滞后的问题，也能进一步丰富教学内容，引导学生从多元角度认知和理解课本中的理论知识和观点，产生情感共鸣，塑造学生的世界观、人生观和价值观。

(二)学生鲜活生活的需要

时政材料丰富多样，学生需要对时政信息进行分析和判断，理性认识党的方针政策，客观分析社会现状和社会热点，树立主体意识、批判和反思意识，从而提高批判性思维能力。时政涵盖政治、经济、文化等方面的问题，可以拓宽学生的知识视野，更好地认识国家未来的发展方向，了解国际发展趋势和各类新兴技术等方面的信息。面对时政材料背后的问题，学生需要创新性地提出自己的见解和解决方案，有助于培养其实践能力和创新能力，提高社会适应能力和未来的竞争力。教师应以社会发展为导向开发与利用时政资源，将充满时效性的时政资源融入道德与法治课堂，提高学生学习兴趣，提升学生综合素质，使其乐于真正将所学知识运用于社会实际，落实核心素养培育，打破"两耳不闻窗外事，一心只读圣贤书"的境况。

三 开发利用时政资源的原则

(一)政治性原则

时政资源所具有的最大特点之一就是有鲜明的政治导向性。结合思政课程，就是为培养具备热爱伟大祖国、中华民族、中华文化、中国共产党、中国特色

[①] 中华人民共和国教育部.义务教育道德与法治课程标准(2022年版)[S].北京:北京师范大学出版社,2022:48.

社会主义的情感,以及为中华民族伟大复兴而奋斗的志向,能够自觉践行和弘扬社会主义核心价值观的建设者和接班人而开发利用。选择时政素材时,要以是否有利于坚定理想信念,是否有利于增强政治认同作为出发点,去粗取精、去伪存真,保留具有探究价值的时政热点素材。素材以正面材料为主,精选具有正能量和高尚道德导向的时政素材,反面素材只是作为辅助材料,当学生存在难点、痛点时使用,引导他们在正反两面的价值冲突中深化理解,在比较、鉴别中提高认识,真正做到政治认同,培养学生的辩证思维。

(二)真实性原则

在信息时代,网络的开放性注定了信息来源的不确定性。教师需要有能力辨别真伪,守住"七条底线":法律法规底线、社会主义制度底线、国家利益底线、公民合法权益底线、社会公共秩序底线、道德风尚底线和信息真实性底线。[①]要到政府官网全面了解信息,守住底线,避免受到不良媒体的误导和影响。教师可多选择贴近群众、生活味重、接地气的百姓生活等素材;养成坚持收看《新闻联播》的习惯;浏览我国主流媒体,如《人民日报》《参考消息》各大官媒的微信公众号和官方微博以及官方抖音账号资讯来获取最新最快的时政信息;下载并借助专门的APP,如学习强国等,迅速筛选出适当的文字类、音频类及视频类新闻来增强思政课的趣味性和时效性。

(三)服务性原则

运用时政素材不是教学的目的,时政素材只是服务教学的资源。教师应根据学生的知识背景、年龄、兴趣和学习需要,根据课程需要,适度选择时政材料并对其进行归类整理和裁剪,服务于教学目标。为了在课堂教学中达成目标,一方面,教师要根据不同教学任务,将时政素材设计成对应简单情境、一般情境、复杂情境和挑战情境的不同内容,切忌只是照抄照搬素材,不做任何处理就直接把素材搬上课堂;另一方面,教师要精选适合学生及课程的素材,同一个素材可以进行不同的剪辑,从不同角度适应不同的课程、不同的学生。在探究活动中,提高学生描述与阐释、论证与探究、预测与选择、辨析与评价的能力。

---

① 王锟.关于大学生文明上网的探讨[J].新校园(上旬刊),2014(05):15.

(四)时效性原则

在信息高速更迭的今天,时政资源也在不断更新,甚至达到了日新月异的地步。时政资源具有时效性。时政素材在时间范围上要求必须是近期发生的事件,正常是一年内能够反映国内外"最新"动态的事件。所以说思政课教师永远在备课的路上,没有哪一个时政材料是来年可以重复使用的,都要再经过二次加工,要不断更新。对于思政教师来说,备课从来不是一劳永逸的。

四 开发利用时政资源的路径

(一)收集整理时政资源

1.关注网站,分类搜集

时政资源的种类多且具有时效性,更新速度快,要想在一定时间内从包罗万象的时政资源中筛选出合适的素材,并且要在时政热点尚未"冷却"时对其进行合理的加工和运用,同时还要与学生当前所学教材知识中的理论紧密结合,这对教师的时政敏锐度和信息分析能力来说是一大挑战。时政资源往往呈现出多学科交叉性。要想对时政信息解读到位,能从高站位、多层次和多角度来为学生进行解读,需要思政课教师不断充实自身的学识,广泛涉猎多学科知识。因此,思政教师在平常的生活中,就要养成搜集时政资源的习惯,不能只把时政资源收藏或者下载,还要分门分类,甄别和筛选出适配思政课教学目标、教学内容和教学方法的时政资源,并把相关的跨学科知识以其他文档形式作为附录一并归档。

2.根据主题,精心剪辑

同一个视频材料从不同的角度挖掘,可以得出不同主题。思政教师需要根据课程标准的要求,依据每个学段的主题,如初中阶段的生命安全与健康教育、法治教育、中华优秀传统文化教育、革命传统教育、国情教育五个主题,进行精简、剪辑。从笔者二十多年教学一线的实践来看,文字资源根据不同主题进行编辑,最好控制在200字以内,能说清楚事件,并突出其中要重点探究的内容就可以了。图表数据要简单明了,无关的、不能一目了然的数据一概删除。视频的清晰度要高,要保证音画同步,最长不超过4分钟。

(二)恰当呈现时政资源

1.时政播报,关注认同

从教二十多年,笔者一直坚持每周利用上课的前五分钟让学生进行时政播报。具体实施方法是:提前安排学生以两人小组合作的方式进行时政材料的收集,一人制作幻灯片,一人进行播报。在合作收集时政材料的过程中,要求两人先各自整理出自己所关注的时政要闻至少一则,以提高学生对时政资源的关注度,再让他们二人讨论筛选出最好的一则进行全班性的分享。二人既有分工又有协作,能保证时政素材的合理性和价值性。同时,上台展示的学生也在分享时政要闻的过程中锻炼了自身的思维能力和表达能力。当然,为保证时政播报的质量,教师要提出具体要求,并制定评分标准:(1)制作PPT新闻课件。20分。(2)新闻题材主题突出、反映社会热点。内容积极(国内、国外或者本地新闻)。20分。(3)图文并茂、字体清晰,每页字数控制在150字以内。20分。(4)介绍新闻时声音响亮、语速正常。20分。(5)时间控制在3分钟之内。20分。(6)能说出自己的看法,酌情加分。所有时政播报课件保存在班级电脑文件夹内,文件名设为学生学号+姓名。

进行时政播报,不仅可以激发学生的学习兴趣,提高学生的课堂参与度,还可以使抽象的理论知识具体化、生动化,便于学生理解,引起学生共鸣,使知识点"入脑又入心"。学生播报后要请其他同学点评播报的亮点和不足,给予分数并说明理由。最后教师总结,对时政播报的材料进行问题设置,这就要求教师提高整合素材和科学设置问题的能力,将时政热点问题化,结合时政素材的情境展开提问,且所提问题要有价值、有深度,引导学生树立正确的价值观。

2.导入新课,创设情境

导入是一节课的开端,是激发学生学习兴趣的重要法宝。一个好的导入能让学生对课堂产生浓厚的兴趣并迅速活跃课堂教学气氛,为一节好课的产生奠定基石。虽然导入形式多种多样,但时政热点导入凭借其顺应时代发展,贴近学生生活实际的优势,已成为思政课教师常用的导入形式之一。结合中小学生的心理特点,用时政资源导入新课时,要将时政资源进行筛选编辑,材料要简短,信息量不要太多。比如政治方面的内容可以引用学习强国APP的"平'语'近人",引用习近平总书记的金句导入新课,可以迅速带领学生进入所学知识的情境;涉及国家根本政治制度、全过程人民民主知识点的教学导入,可以用当年召开的人民代表大会简短的新闻报道创设情境；经济方面的内容则可以运用国家统计局官网的数据导入新课；文化内容则可以用国家各大盛会的开幕式片段导入新课。用时政资源导入新课的目的是创设情境，启疑导思，吸引学生的注意力。因此，这些时政资源要么有趣，要么有悬念，要么气势磅礴，令人精神抖擞，切不可平铺直叙，冗长无趣。如在进行部编版《道德与法治》七年级上册第八课《探问生命》第二节《敬畏生命》的教学设计时，笔者有意识地结合当时发生的时政热点进行教学导入，即结合2022年10月29日晚发生在韩国首尔梨泰院的踩踏事件(该事件造成154人遇难，轰动世界)导入。面对这一重大事件，笔者在导入部分将踩踏事件相关素材整理成短视频，创设情境，与学生共同探讨：(1)发生此次大规模踩踏事件的原因可能有哪些？(2)认真观察视频，此次踩踏事件中，有哪些人的做法是值得借鉴的？为什么？(3)如果你是活动组织者或者是政府部门的工作人员，该如何更好地策划此次活动，避免踩踏等危险事件的发生？第一个问题具有开放性，鼓励学生从多角度回答，学会追根溯源，并懂得生命的脆弱，懂得珍惜生命。同时，引导学生学会尊重生命，树立安全意识，敬畏生命。第二个问题，引导学生将理论与实践进行关联，通过消防疏散演练的情景再现，寻找正确的防止踩踏事件发生的方式方法，让学生对照自己，反思自己在现实生活中对待生命的态度，将理论知识的光照进生活，引导学生顺着这道光找到生命的价值。而第三个问题，则让学生学会反观生命历程，思考如何做好预防，避免此类事件的发生，防患于未然，做到居安思危，关照生命。这3个问题的设置，可以在导课部分迅速将学生引入主题探究。

3.攻克新知，提高效率

把时政资源与教材中相对抽象的表述结合起来，引导学生主动分析，探讨现象产生的原因、发展趋势、启示等，既可以提高教学效率，又可以培养学生在相关情境下灵活运用所学知识解决新问题的能力，增强政治认同，涵养品德，增加自信和责任感。

运用时政资源教授新知时，要将素材进行整理，充分挖掘内在的教育因素，最好能一案到底，即将一个案例运用到底，解决所有的重难点。还要根据不同年级学生的年龄特征，选择不同的教学方法。但不管是哪个年级，建议运用可视化叙事性的教学方法，即根据课程标准的要求和教材中的逻辑关系，针对时政材料设计问题，营造"沉浸式"时政情境，一步步引导学生"卷入"事件里，在情境中运用知识解锁关卡。叙事法分为介入式叙事和互动式叙事。介入式叙事是指时政资源的供给要从学生的角度出发,满足学生对时政的多样需求——无论是对时政材料的体验式接收,还是在教学中实现学生与时政事件的"共同在场",抑或通过时政呈现将学生从旁观者变为参与者等等,通过提高学生的时政卷入度,实现学生对时政信息的"介入"是其核心要义。介入式叙事的本质是调动学生"卷入"时政叙事,以受众的参与和影响为依托,反向促进时政介入学生的生活。简而化之,就是学生以介入者的身份参与时政分析,最常见的模式是一次性呈现时政材料,通过议题或者问题形式,以"你在……,你会……"的句式带领学生介入时政情境。如在教学部编版《道德与法治》八年级上册第四课《社会生活讲道德》第三节《诚实守信》时,我们可以2022年"中国好人榜"诚实守信类"中国好人"——朴实的农民陈廷海的事迹展开教学,具体介绍他17年践信守诺还债百万的事迹,同时以学校要开展诚信宣传周的情境,引导学生介入时政情境,分析陈廷海在生活中是如何诠释诚信、践行诚信,并从周围人对他的态度感受到诚信的价值。如果说介入式叙事中学生是以旁观者的身份参与其中的话,那么在互动式叙事中,学生则是以当事人的身份参与其中。互动式叙事,顾名思义,就是让学生置身于时政材料中,通过学生与时政材料的互动,可以是对话,也可以是辩论、表演、投票等活动,引导学生以"当事人"的身份随着事物发展,分析背后隐藏的理论知识。常见的做法是将时政材料根据知识的某种逻辑关系分解为多段,层层深入,一段探究完后再继续第二段,以闯关式的模式将学生引入时政内,引导学生一步步沉浸其中。如在学习"我对谁负责 谁对我负责"知识点时,可以运用"感动中国人物"樊锦诗扎根沙漠半生,守护敦煌石窟的时政材料。通过视频剪辑,将樊锦诗的人生经历分成不同阶段,引导学生参与其中,扮成樊锦诗进行责任选择,发现责任的含义和来源,得出角色与责任的关系。

4.总结提升,情感共鸣

思政教师要利用时政热点进行总结提升。思政课程具有极强的思想性和教育性,其效果不是通过简单的说教就能实现的,需要引发学生的情感共鸣,也就是通过"事实说话"的方式使学生感受到学习内容的思想引领价值,而时政资源则能满足这种需要。为了提升学生的认同感,最好能运用一些令人荡气回肠、激情磅礴的主旋律的文字或者视频材料。如在"做负责任的人"的课堂中,以2023年杭州亚运会为例,最后课堂小结时以《孤勇者》为背景音乐,呈现杭州亚运会运动员、志愿者、厨师等各人物工作剪影,犹如勇士呐喊般的音乐,配以普通却不平凡的角色工作照片,整个课堂的气氛达到一个小高潮,学生认识到负责任并不是一句口号,在我们现实生活中正是因为每人都各司其职,才有岁月静好,太平盛世。

5.作业设计,知行合一

作业设计是巩固教学内容、强化教学效果的不可或缺的环节,其作用是使学生进一步消化和运用学习到的新知识,其形式可以是书面练习题、社会实践作业、小论文、社会调查、心得体会或行为要求作业。融合时政资源进行作业设计,不仅能检测学生对课堂知识的掌握情况,还能及时获悉学生理论联系实际的分析能力。如在"做负责任的人"的课堂小结中,用杭州亚运会各人物工作剪影作总结提升,并布置作业:厦门马拉松比赛即将拉开帷幕,为办好具有国际化、时尚化、多元化的厦门马拉松比赛,请你结合实际做一件力所能及的事情,并做好过程记录。通过为即将到来的厦门马拉松比赛做准备这一时政作业的布置,引导学生回归生活实际,知行合一,切实做一名负责任的人。

综上所述,运用时政资源具体路径图可归纳如下。(图4-15)

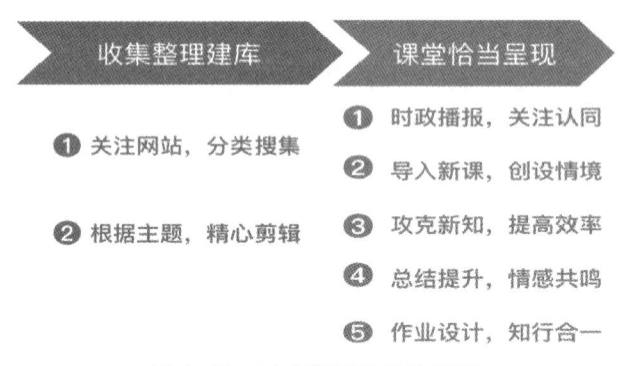

收集整理建库	课堂恰当呈现
① 关注网站,分类搜集	① 时政播报,关注认同
② 根据主题,精心剪辑	② 导入新课,创设情境
	③ 攻克新知,提高效率
	④ 总结提升,情感共鸣
	⑤ 作业设计,知行合一

图4-15 时政资源具体路径图

思政课堂教学中,时政资源能为高效开展学科教学提供有力的帮助,也有利于提升教学效果,从而培养学生的学科核心素养。因此,教师要重视研究时政热点与学科教学的有效整合,不断提升教学的实效。

第四节 本土资源

在问卷调查中,本土资源是仅次于时政资源受学生喜欢的资源。本土资源包括校本资源、生活实践、乡土资源、家社资源等。本土资源以本土化、生活化、直观化等特点在教学过程中发挥重要的价值和作用。实践表明,将学生熟悉亲切的本土资源应用于教学,更易引发学生情感共鸣,激发学生的学习兴趣和探究热情,提高其认识社会、参与社会,以及应对现实生活挑战的能力。

一、使用本土资源的意义

(一)调动兴趣,知行合一

在教学过程中,教师可以适时引入本土化的教学案例和材料,增强课堂的亲和力,满足学生的心理和情感需要。学生想听、教师想讲,课堂就充满了好奇和灵动,更能引导学生理论联系实际,有助于学生深入浅出地理解思政课相关理论知识,激发学生学习兴趣,提高学生立足生活、观察世界、分析问题、解决问题的能力。诚如2022年版《道德与法治课程标准》所强调:"以学生的真实生活为基础,增强内容的针对性和现实性,突出问题导向,正视关注度高、涉及面广的问题,引导学生发现问题、分析问题、解决问题,提升道德理解力和判断力,强化规则、纪律、秩序、诚信、团结合作、冲突解决等教育。"[1]

(二)补充知识,拓宽视野

教材中的理论知识的呈现方式都是单调的文字、图表和图案,虽然也有类似"探究与分享"这类活动试图向学生的生活实际靠拢,但始终跳不出原有教材结构的框架。运用立体的鲜活的本土资源,可以生活作为本色,丰富润泽教材

---

[1] 中华人民共和国教育部.义务教育道德与法治课程标准(2022年版)[S].北京:北京师范大学出版社,2022:3.

知识,跳出原有知识结构框架。在本土资源的交流与沟通中,学生可以扩宽视野,发现问题,思考问题,并能结合所学理论解决问题。

(三)情感共鸣,教学相长

本土资源中蕴含的历史厚重感、现场关怀感以及文化感染力,可以让学生感受思政课的深度和温度。学生群体对本土资源有着天然的亲切感、归属感和认同感。本土资源中无处不包裹着浓郁的人文关怀,散发着情感的温度。在体验中产生的情感交融点可以作为思政课实践教学的契机。我们学校地处厦门岛内新兴发展的东部区域,临近软件园,经济科技高速发展,学校周边现代化气息浓厚。同时学校又比邻拥有千年历史的龙湫亭寺,龙湫亭寺是文人志士谈书论道的场所,学术气息浓厚,有历经千年而不倒的"龙湫涂桥",凝聚着本地龙湫亭人艰苦奋斗、百折不挠的精神。挖掘这些资源,不但能让学生感受到悠久的文化历史底蕴,感悟浓浓的奋斗精神,还可以通过古今的对比,让学生深刻体会知识就是力量的内在含义,激发学生激昂向上的进取精神。

(四)教师成长,学校发展

挖掘本土资源,不但能促进学生发展,也有利于教师专业发展。在挖掘本土资源的过程中,教师需要比学生提早备课,只有深入了解本土资源,思考这些资源背后的教育因素,才能充分挖掘、合理利用本土化课程资源。将本土资源融入思政课教学中,有利于转变思政课教师的课程资源理念,提升思政课教师的课程资源选择能力、整合能力和运用能力,从而促进教师专业化成长。在挖掘本土资源的过程中,学校也能找到更多学校的历史底蕴以及社会资源,寻得更多的社会力量,支持学校的发展,获得更多的外部资源,助力学校发展。

二、开发利用本土资源途径

(一)以"标"为准,以"本"为基

"标"指的是课程标准,"本"指的是教材。开发本土资源,目的是充实教学内容,使教学内容更加形象生动,激活学生思维,加深学生对教材知识的理解。资源利用一定要与教材紧密契合,而不能舍本逐末,更不能片面迎合学生。在

实际教学中,教师一定要依据课程标准,围绕教材,结合中小学生的特点和发展要求开发本土资源。

(二)校本资源,多方合力

学校的一切资源都可以作为思政课的校本资源,小到学生在课堂上的每一次举手,大到学校开展的大型活动;既可以包括学生,也可以包括教师、家长、校友;既可以是学校各种硬件的表现,还可以是各种精气神的软实力的体现。因此开发校本资源时,一定要与学校各行政部门形成合力,各方配合,才会取得事半功倍的效果。如跟德育部门配合,评选各类榜样人物,并对这些榜样人物的事迹进行深入挖掘,在课堂上探究榜样人物背后的成长力量。榜样人物其实也是平凡人,只不过在关键时刻,他们更有担当,更有取舍,要引导学生在现实生活中向这些榜样人物看齐!还可以根据课程标准的需要,与德育部门合力开展主题活动,如开展学雷锋月活动,引导学生真正在生活中践行公益,关爱他人,服务社会,理解规则,以礼待人,尊重他人,养成亲社会行为。开展植树节活动,让学生体验生命的力量,增强敬畏生命意识,提高自我保护能力等。与总务部门合作践行公物财物的保护,节约资源,落实环保行动。与教务部门开展考风考纪教育,践行诚实守信规则等。开发校本资源,肯定不能只靠思政教师单枪匹马、势孤力单地独干,而要团结一切可以团结的力量,除了学校行政力量的合力之外,家长资源的配合,校友资源的回哺也是极好的助力。

(三)区域资源,多维挖掘

地方性的历史文化遗存是"活"的思政课实践教学教材,人们的生产生活社会实践是引导中小学生把握地方社会建设发展的实际需求的"活"的实践课程。[1]我们学校地处福建省厦门市湖里区,这里地域性的资源,包括人、事、物都可以成为思政课要开发的本土资源。教师要多关注省内各类新闻,特别是那些被中央媒体平台报道的新闻。比如2024年最热门的两大本土资源,就是"一人""一地"。"一人"指的是出生于福建省龙岩市,毕业于福建农学院的林占熺。林占熺是一名科学家,被称为"菌草之父",他在2023年3月被评为感动中国2022年度人物。他长期从事菌草科学的研究、菌草技术推广、扶贫、援外和国际

---

[1] 廖雅琴.供给侧视域下高校思想政治教育创新研究[M].北京:新华出版社,2020:89.

合作等工作,开辟了菌草科学研究与应用新领域,创建了菌草食用和菌草生态治理技术体系。这样的人物肯定值得我们深入挖掘,他有奉献祖国、认真负责的责任品质,关爱他人、服务社会的道德品质,还有卓越进取、创新求实的科学精神,以及"实现共同富裕"等知识点,从不同角度挖掘,就能为不同的知识点服务。"一地"指的是厦门市同安区莲花镇军营村。军营村与安溪县大坪乡接壤,对于厦门来说属于较偏远落后地区。明末清初时,此地是郑成功驻军练兵的一个军营,所以军营二字就一直作为村名流传下来。1986年和1997年,习近平同志曾两度到军营村访贫问苦,为高山乡村的发展方向作了明确指示,提出了"山上戴帽山下开发""既要金山银山也要绿水青山"等绿色生态发展的重要理念,这些可以跟党的领导、环保、改革开放、人民服务等知识点联系在一起。这几年,军营村迅速发展,全面实施乡村振兴战略,经济发展进入快车道,这些又与社会主义新农村建设、共同富裕的知识点相契合。军营村结合文化历史,引进企业打造旅游服务平台,又可以为文化知识板块服务,也可以用来剖析经济板块的性质与作用……可见,开发利用本土资源不在于量多,而在于具有代表性、典型性。深入挖掘,多维剖析,一案走遍天下,运用一个典型案例打通知识的任督二脉,理清其中的脉络逻辑关系,形成整个知识体系的闭环结构。

(四)共建合作,实践基地

可以用"请进来"的方式邀请行业榜样等典型人物开论坛、办讲座、做宣讲,从而使思政课更有亲和力、感染力,更有针对性、实效性,打造学生真心喜爱、终身受益的鲜活课程。还可以推进馆、校合作,共建实践教学基地,为学生提供实践经验。在课堂上学习的理论知识只有在实践中得到验证和应用,学生才能真正理解和掌握。实践教学基地为学生提供了实践学习的机会,让学生在实践中发现问题、解决问题,从而更好地掌握所学知识。对于思政课程来说,道德品质与法治意识需要在社会实践中锻炼、巩固和提升,缺乏社会实践的思政课是没有生命力的。作为一名思政教师,要用开放的心态和理念打破课堂内外、校内校外资源的壁垒,多开辟校外实践教育、立德树人、爱国主义教育、法治教育基地。如我们学校与社区共建,每周末以小组为单位开展周末假日小分队活动,直接拓展校门口的资源;与属地派出所、消防部门共建,联合开展反恐演练、消防演练、地震演练,增强生命教育、安全教育、规则教育、法治教育、爱国主义教育;与本地国企"厦门国贸集团股份有限公司"共建,拓展学生职业体验,践行勇于负责、诚实守信等道德品质,培养积极向上的健康心理品质;等等。引导学生将所学所思与本土资源结合起来,提升学生发现问题、分析问题、解决问题的能力。此外,思政教师还可以通过布置实践作业,如社会调查、本地研学活动、本土道德榜样访谈、寻找本地重大历史印记等实践作业,调动学生学习活动主体性,引导学生一起搜集本土资源,分享本土资源,从学生视野选择本土资源并筛选、提升,将其汇编成可循环使用的本土资源教材。

三 利用本土资源提升思政课教学实效的路径

(一)以生为本精挑细选,"活"用本土资源

自媒体时代,本土资源开发速度加快,数量庞大,内容新颖,形式多样,题材广泛,为思政课教学提供了丰富的素材。但并非所有的本土资源都是合适的资源,要以学生为根本,挑选符合学生身心发展规律,正面积极向上的典型资源,最大限度发挥本土资源的说服力、渗透力和辐射力,使本土资源成为教学过程中的活跃因素,既服务于理论教学、理论指导和理论拓展,又服务于社会实践、生活实践和能力培养。即便是在同一个典型本土资源里面,也不是所有的因素都会对思政教学起积极的引导作用。需要教师"去粗取精",对本土资源大胆取舍,去除无关信息,精简本土资源,使本土资源边界清楚,逻辑体系清晰。同一个典型本土资源放在不同的教学主题,呈现的资源角度也不尽相同。教师切勿求简单方便,将同一个素材不加修饰地放在不同教学主题,应根据教学主题进行编辑,突出重点,合理布局。如前面所说过的军营村素材,虽然是同样一个地点,但放在不同教学主题,它所涉及的知识点肯定不同,侧重点也不同。教师要根据核心素养目标,结合学生实际,精选里面的材料并加以呈现。关于经济制度的,就重点介绍参与军营村建设的几个企业性质,以及它们所发挥的作用;关于环保的,就重点介绍军营村植树造林建设及带来的经济效益和环境效益;关于党的建设的,就重点介绍军营村的高山党校;关于共同富裕内容的,就重点介绍军营村乡村振兴战略的具体做法;关于文化的,就重点介绍军营村旅游业发展的文化根基。不同教学主题,同一则本土资源所呈现的侧重点肯定不同。

(二)策略选择贴近生活,提"鲜"本土资源

关于本土资源使用的教学策略,要基于生情,积极探索议题式、体验式、采访调查等方式,引导学生参与体验,促进感悟反思。要采取热点分析、角色扮演、模拟活动等方式,创设生活情境,开展自主探究与合作探究。部编版《道德与法治》八年级下册的知识点"国家行政机关"主要讲述国家行政机关的性质、组成,各部门之间的关系;行政机关必须全心全意为人民服务;我国县级以上人民政府及其工作部门的职权范围;行政机关层级不同,职权不同,国务院统一领导地方各级人民政府;行政机关必须依法行政,切实做到有权必有责,用权受监督,权责要对等,失责要追究,侵权要赔偿。本课是部编版《道德与法治》八年级下册第六课《我国国家机构》的一个知识点,八年级下学期是学生道德与法治意识和行为形成的重要时期,学生开始关注社会,渴望了解社会,希望走进社会。但对于学生而言,政府距离他们的学习生活确实太遥远了。学生对于政府机关的职责职权认识不足,无法理性分析。因此本节课的教学,要引导学生从法律的视角走近政府,增强对政府的亲近感,理性认识政府,增强公民的法治意识。选择一个贴近学生生活的资源非常重要,是突破难点的切入口。

还记得教学此知识点前与学生聊天时,学生告诉笔者,政府最近特地为他们开设了一条定制公交线路317,给他们的生活带来了极大的便利,厦门电视台还特地采访了他们。笔者追问学生是哪一个政府机关为他们创设了生活上的便利,学生回答"公交公司"。很明显,他们对国家行政机关的了解不够。刚好厦门三中刘夏丹老师到我们学校借班上课。于是我们备课组与刘老师一起备课,确定就以学生身边的这条定制公交线路为切入点,通过议题式的教学方法引导学生层层深入进行思辨探究。编创总议题"从317路定制公交看政府建设",并设置三个子议题:

【议题一:定制公交谁来设】通过探究问题"317路定制公交是由哪些部门定制出来的?",初识国家行政机关。

【议题二:定制公交为谁设】学生通过观看厦门电视台的采访视频《公交新增夜间灵活接驳线守护师生回家路》,理解行政机关与人民的关系这一教学重点,促进法治观念在其情感中扎根,促进政治认同的形成。

【议题三:定制公交如何设】学生通过"厦门市交通运输局网站",了解该国家机关的运行模式,了解行政机关如何依法行政,增强小组合作能力、分析探究

能力、参与社会生活的基本能力,提高服务社会、奉献社会的意识和运用能力的责任意识,促进法治观念核心素养的生成和深化。

【议学小结和议题延伸】撰写"本次课堂总结词",完成基础作业《课时练习》和拓展作业,强化法治观念、政治认同。

通过分析三个子议题和议学小结及议题延伸,环环相扣,引导学生一步步了解国家行政机关的性质、职权,体会现实生活中行政机关工作的法律规范,增强法治意识。定制公交线路这个课程资源来自学生生活中的真实情境,因此学生在探究过程中有话可说,而且通过小组合作,可以将一些学生平时容易混淆的知识点辨一辨、理一理,澄清概念,不仅能有效突破政府职能教学这一重难点,还能充分发挥学生的主体地位。学生发言热烈,分享真实,代入感强,不仅实现了教学目标,而且增强了对政府的亲近感,收获了满满的幸福感。

(三)精选深挖德育素材,激"活"课堂张力

思政教师要精选德育素材,素材在精不在多。重点在于学生主动参与,而不在于教师预设;在于纵向挖深挖细,而不在于横向浅尝辄止;在于共同的道德体验,而不在于单向的道德输入;在于从不同角度挖掘资源潜在的德育因素,达成道德认同,提升道德情感,优化学习过程,激"活"课堂张力。

如教学部编版《道德与法治》七年级上册第八课《探问生命》第二节《敬畏生命》时,笔者精选"高殿社区义务消防队"这个素材,一案到底,深入挖掘,从回忆体验,再到榜样引领、情感升华,由浅入深,层层递进,环环相扣。先从"高殿社区义务消防队"与学校保卫科的"消防演练"德育活动入手,再到熟练使用灭火器,再介绍身边优秀的消防队——高殿社区义务消防队。这支在背后默默守护社区安全的队伍,牺牲个人休息时间,认真排查消防隐患,每天按时演练……这群烈火英雄初心不改,浴火前行,创造了无数佳绩,先后获评第二届全国119消防奖先进集体、2016年度"福建省青年突击队"、区级抗击"莫兰蒂"台风灾后重建工作先进单位、2017年感动厦门十大人物(集体)、2018年福建省好人榜敬业奉献好人(集体)、2018年中国好人榜敬业奉献好人(集体)。其队长张俊强,也是我们学校的学生家长,曾获评2017年感动厦门十大人物,2019年第七届厦门道德楷模,2019年度厦门市岗位学雷锋标兵。教学从身边寻常的消防演练的素材讲解入手,层层深入,抽丝剥茧,最后致敬身边平凡的烈火英雄。师生平等对话,共同探讨,揭开最后的精神内核——敬畏生命,不但要珍惜自己的生命,还

要尊重、关注和善待身边的每一个人。对生命的敬畏并不是谁的命令和强制性要求，而是内心的自愿选择。在学科教学中，教师要多关注学校各种主题活动，关心班级活动，充分利用学校的主题活动及班级活动作为课堂素材，引导学生充分体验，热烈讨论，主动反思，提高道德认知，升华道德情感。

（四）创设情境运用技术，"活"现培根铸魂

教育只有在生活情境中，才能真正走进学生心灵；脱离了学生生活的思政课，就变成了索然无味的照本宣科。由此可见，学生自身及生活其中的精彩世界，给思政课提供了丰富的生活化课程资源，而学生生活的不同方面、不同领域，又给生活化的课程资源提供了不同角度、不同侧面的选择。

比如在教学"敬畏生命"时，不管是导课的德育活动视频，还是引进学生身边的榜样人物，笔者都是通过创设学生生活场景来引导学生思考。特别是学生身边的榜样人物——高殿社区义务消防队，虽然他们中有人是学校某个学生家长，与学生的距离感觉近了一点儿，但事实上对于绝大多数的学生来说，别人家的家长距离他们还是比较遥远的。为了贴近学生生活实际，笔者在课程教学中首先出示一张高殿社区的实景图，学生一眼就认出来了，这是他们生活的高殿社区。这时笔者再让学生根据所学过的地理学科等知识，概括出这个社区的地理特点——建筑物林立、人口密集、道路窄小、汽车不易通行……而后利用希沃平板的绘画功能随机选取其中一座建筑物并画出火苗，提问学生假如你居住的楼层着火了，火苗越来越大，浓烟越来越黑……模拟出一种人困在火场中的紧张场景。通过场景模拟，学生可以感受到人在火灾前的无助和渺小，以及自我保护技能在灾难面前的重要，生命的宝贵。困在火场中的人们是多么希望有人能救他们于水火，自然而然地让高殿社区义务消防队有如"天神"出场，无形之中衬托出消防队员的无私奉献。通过贴近学生生活情境的创设，根本就不需要教师进行过多的语言组织，学生就能自发地思考、自发地探索、自发地学习，真正发挥思政课培根铸魂、启智润心的作用。

思政课的实践性要求始终坚持理论与实践相统一。利用本土教育资源，可以促进思政课实践教学更为生动，贴近学生的"小"生活，因材施教，针对学生个性特点，构建培根铸魂的大思政，引导学生要自觉将个人理想融入共同理想，将个人力量融入集体力量，立鸿鹄志，做奋斗者，做时代新人。

第五节 文化资源

文化资源是一个国家在长期发展过程中积淀下来的关于社会价值标准、伦理道德、社会制度等方面的精神文化成果,是一个民族思想观念、社会心理、理论形态的集中体现。[①]文化资源包括艺术作品、文学作品、历史文物、传统技艺、语言等,它不仅是人们对过去的记忆和认同,也是人们对自身身份与认同的重要组成部分。通过保护和传承文化资源,可以维护和弘扬民族文化,促进文化交流与多元发展。在 2022 年版《道德与法治课程标准》中,文化也是中小学道德与法治课程的内容之一,道德与法治课有机整合社会主义先进文化教育、革命文化教育、中华优秀传统文化教育等相关主题。课程以学生的真实生活为基础,突出问题导向,正视关注度高、涉及面广的问题,引导学生发现问题、分析问题、解决问题。

一、文化资源的分类及特点

(一)文化资源的分类

文化资源从形式上可以被划分为物质性与非物质性两大类。物质性文化资源,包括古老的遗址、独特的民居建筑、五彩斑斓的民族服饰以及手工艺人倾心制作的民间工艺品。这些有形的文化瑰宝,不仅是智慧的人民群众匠心独运的产物,更是历史的见证者,携带着过往时代的印记与故事。非物质性文化资源,包括语言的音律、文字的艺术、音乐的和鸣、舞蹈的律动、习俗的传承与节庆的欢腾。这些无形的文化元素,是民族灵魂的回响,是一代代人口耳相传、心手相授的精神财富,它们以一种超越物质存在的形态,传递着人类文化的精髓。

从时空的维度来探索,文化资源可以划分为古代、近代、现代到当代等不同时期。每一个时段都孕育了独特的文化景观,像是时光的层层叠叠,构筑了丰

---

① 冯静.转换文化资源 提升文化自信[J].学术探索,2017(05):114.

富多彩的文化图谱。

从类别的角度审视,文化资源呈现出民族性的独特风貌、地域性的特色差异,以及功能性的实际用途,如军事策略的智慧、服饰时尚的变迁、农业发展的足迹等。这些类别化的文化资源,如同文明之树的枝叶,各自展开,各自精彩。

在内容层面,文化资源的划分更是繁复而精细,涵盖了历史文化资源、民族文化资源、宗教文化资源、艺术文化资源以及地域文化资源等多个领域。每一类资源都是人类智慧和文化创造力的结晶,它们相互交织,共同构成了人类文明的辉煌宝库。

(二)文化资源的特性

文化资源,作为人类文明的珍贵遗产,呈现出四大鲜明特性。

1.独特性

文化资源犹如地理的印记,每一处都刻着特定族群和地域的烙印。它们是由特定民族在特定土地上创造出来的瑰宝,无论是波希米亚的水晶工艺,还是中国江南的古典园林,无不散发着独一无二的族群魅力与地域风情。

2.多样性

全球各民族的文化成就汇聚成一幅巨大的文化万花筒,其色彩斑斓、形态各异。随着信息交流的日益加速和全球化的步伐不断迈进,新兴文化资源的发掘与创造亦在不断演进,使得文化资源的海洋更加辽阔,内容更加丰富。

3.精神性

文化资源不仅有着物质的形体,更蕴含着深邃的精神内涵。无论是古老的文物,还是活生生的民间艺术,它们都是人类思想与情感的投影,承载着历史的记忆和时代的情怀。

4.可再生性

尽管物质资源会随时间而耗损,但文化却能跨越时空,不断推陈出新。人类的创造力是无限的,新的文化形式与思想观念源源不断地涌现,特别是精神资源,随着社会的进步,其内涵也在不断充实和丰富。

文化资源的这些特质,不但构成了它们的基本框架,也为我们认识、保护和利用这些资源提供了重要的视角,让我们更加珍惜并传承这份来之不易的人类智慧结晶。

二、开发利用中华文化资源的意义

(一)增强民族文化自觉,培育文化自信

中华优秀传统文化是孕育中国文化自信的历史源泉,对于增强民族文化身份认同,培育文化自信具有极其重要的意义。优秀传统文化,犹如润物细无声的甘霖,为在现代社会快速发展所带来的冲击中的人们提供了精神的慰藉,有助于有效地调和社会矛盾,促进社会的健康发展,维护社会和谐稳定。革命文化是对优秀传统文化的升华,其核心精神是把中国变为政治自由、经济繁荣、文化先进的国家,生动体现了中国共产党和中国人民的奋斗精神与民族独立精神。保护传承社会主义先进文化,对于中国文化建设具有凝神聚气、强基固本的作用,是民族文化自信的重要标识。培育和弘扬中华优秀传统文化和社会主义先进文化能有效整合社会意识,提升国家治理能力,能培育民族精神和时代精神,解决现实问题,助推社会发展,为坚定民族文化自信提供强大的精神动力和思想文化保证。

(二)塑造学生价值观念,丰富课程资源

中小学阶段是学生"三观"养成的黄金时期。部分中小学生缺乏独立意识,心理承受力不足,在遇到挫折或困难时容易退缩。文化资源是一种特殊资源,其中包括历史资源、民俗资源、知识资源、信息资源等。它蕴藏在历史文化传统之中,存在于社会文化状态之中,弥漫在整个物质生产、精神生产的创造过程之中。它既以一种可感的物质化、符号化形式存在,又以一种思想化、智力化、想象性形式而存在。文化资源功能独特,具有很强的民族性、地域性和时代性,具有亲切感和现场感,蕴含着许多有关道德规范、理想信念等方面的内容,包含着一些日常生活问题的解决方法等,可以为学生学习为人处世之道提供必要的参考依据。比如:"天下兴亡,匹夫有责"的爱国精神,"三省吾身"的独处慎思精神,这些都可以成为新时代思政课程教学的重要素材,提高思政课程教学的实效性。开发利用优秀文化资源,不仅能丰富教学内容,还能增加教育教学的趣

味性,调动学生的学习热情,增强思政教育教学吸引力,有效提升教育教学效率。优秀的文化资源可以扩展思政教育教学内容,加深学生对问题的理解,帮助学生构建系统的思政知识体系,其中所蕴含的文化精髓还能为新时代中小学生树立科学的世界观、人生观和价值观提供指导。优秀文化资源的开发与利用,可以引导学生理论联系实际,达到知识认同,将所学知识运用于实际生活中,内化于思,外化于行,帮助学生养成良好的行为习惯,提升学生综合素养。许多中国优秀传统文化资源与思想政治教育内容具有同源性和一致性,二者相互融合开展育人工作,不仅丰富了课程思政的教育素材,也让优秀传统文化有机会进入课堂、进入教材,继而塑造当代学生正确"三观"与健全人格,实现学生全面发展。

(三)丰富思政教育领域,提升文化底蕴

文化资源可以补充和丰富思政课的教学资源,文化资源融入思政课教育教学中,有利于思政课改革创新,形成思政教育与文化传承的良性循环。学生通过对文化资源的学习,了解历史,尊重风俗习惯,认识地方特色,从而继承和创新中华优秀传统文化、革命文化,发扬社会主义优秀文化,提升知识学习与整合创新等多方面的能力。开发利用文化资源,有益于丰富思政课的实践方式,文化资源不局限于学校,更多地融于社会生活中,学校可以深入研究当地的文化资源,如历史遗迹、博物馆、传统艺术等,鼓励师生走出学校,走向社会,将理论运用于实践,拓宽思政教育的途径,推动思政课改革创新。如可以组织学生参与中华民族传统文化活动,如春节民俗活动、端午节民俗活动,举办文化专题讲座等,让学生在实践中感受中华民族传统文化的魅力,增强对文化的认同感和自豪感。校园文化是文化教育与思想政治教育结合的重要场所。通过综合性地整合地域、文化、人文资源,可以有效拓展校内思政教育资源的深度和广度。

三 开发利用文化资源的途径

(一)强化校园文化建设,营造浓厚的思政教育氛围

强化校园文化建设,打造具有文化育人特色的品牌,营造浓厚的校园文化氛围和思政教育氛围,为文化育人理念融入思政教育创造良好的环境。一方面,学校可以通过官方网站、校园宣传栏等线上线下途径,宣传特色文化。另一方面,学校可以通过社团活动、高雅文化进校园、歌舞表演、传统文化艺术比赛

等形式,创建校园文化活动品牌,鼓励学生积极参与,凝聚文化育人的正能量。通过加强校园文化设施和阵地建设,深入挖掘学校精神、校训等校园文化核心标识,构建具有核心标识特征的校园文化景观。巩固校园文化阵地建设,整合图书馆、广播电视台等文化媒介,培育和发展校园文化特色,塑造独特的学校文化形象,为学校思政教育布置良好的文化氛围。注重文化引领,通过讲座、技能竞赛、演讲比赛、主题班会、板报、图片展等形式,开展优秀文化资源教育,传播优秀文化的基本知识和精神。拓展优秀文化校外宣传教育阵地,广泛开展优秀文化进社区、进乡村、进学校、进企业、进机关、进家庭等志愿服务活动,利用多维空间,做到以文化人。

(二)善用优秀传统文化,讲述精彩的中华民族故事

习近平总书记在党的二十大报告中强调,中华优秀传统文化源远流长、博大精深,是中华文明的智慧结晶,其中蕴含的天下为公、民为邦本、为政以德、革故鼎新、任人唯贤、天人合一、自强不息、厚德载物、讲信修睦、亲仁善邻等,是中国人民在长期生产生活中积累的宇宙观、天下观、社会观、道德观的重要体现,同科学社会主义价值观主张具有高度契合性。我们必须坚定历史自信、文化自信,坚持古为今用、推陈出新,把马克思主义思想精髓同中华优秀传统文化精华贯通起来、同人民群众日用而不觉的共同价值观念融通起来,不断赋予科学理论鲜明的中国特色,不断夯实马克思主义中国化时代化的历史基础和群众基础,让马克思主义在中国牢牢扎根。在思政课堂中,我们应善用优秀传统文化,讲述精彩的中华民族故事,根据教学主题和学情实际,将其有针对性地融入思政课教学,夯实文化育人的内容基础。运用文化资源教学时,要渗透这些资源的内涵特征、发展历程以及制作技艺,以此提升思政课教学的生动性。通过将古圣先贤的思想和事迹转化为思政素材,植入专业课堂,如儒家的"修身、齐家、治国、平天下",孟子的"以民为本"、老子的"无为而治"等思想,记录孔子及其弟子言行的论语故事等,引导学生树立文化自信,培养学生高尚的道德情操,见证和理解强大的中国力量,树立民族自信心和民族自豪感。

如"增强生命的韧性"是部编版《道德与法治》七年级上册第九课《珍视生命》的第二框题。本框题由"生活难免有挫折"和"发掘生命的力量"两目组成。第一目"生活难免有挫折"主要包括挫折的含义及挫折的双重影响。第二目"发掘生命的力量"主要学习战胜挫折的方法,从而挖掘自己生命中的力量,增强战

胜挫折、迎接挑战的能力。本课时在第四单元中起到了承上启下的作用,承接上一节课"守护生命"的内容,并为第十课《绽放生命之花》的学习奠定基础,旨在引导学生正确看待生活中的挫折,找到有效战胜挫折的方法,形成坚忍乐观的心理素质和积极向上的人生态度,具有迎接挑战的能力。教师在进行本节课的教学设计时,就可以运用中华民族传统文化素材,一案到底,如介绍著名诗人苏东坡的诗句与人生经历,引导学生在欣赏中华优秀诗词的同时,进一步感受诗人坚强乐观的品质。根据核心素养目标,分解本课时的目标为:通过探析苏东坡的"黄州人生",学生能认识挫折的两面性,提高辩证分析问题的能力,在活动中体验、探究,提升思维品质和实践能力。通过了解苏东坡先生跌宕起伏的一生,以及他面对挫折不屈不挠的态度和行为,学生能养成适应变化、不怕挫折、坚忍不拔的意志品质,做到自尊自信、友爱互助,促进健全人格的形成。利用AI,通过"我"与苏东坡先生的对话,学习他发掘生命力量的方法,勇于在挫折中创造生命的价值,树立对自己负责的责任意识。通过"'东坡'解惑小剧场",运用发掘生命力量的方法,解决生活中遇到的问题,增强抗挫折能力,在润物细无声之中加强学生的思想政治教育。[1]具体教学设计见表4-2。

表4-2 《增强生命的韧性——与苏东坡跨越千年的相遇》教学设计

教学环节	教师活动	学生活动	设计意图
导入	【创设情境】 出示一盘"红油发亮、酱香浓郁"的诱人美味红烧肉。 【任务驱动】 请两位学生品尝,并猜猜最初制作者。 【导入课题】 《增强生命的韧性——与苏东坡跨越千年的相遇》	【活动一:尝"食"识"挫"】 尝一尝:品尝美食"红烧肉"。 猜一猜:这一道美食的最初制作者是历史上非常有名的大文豪,也是一位值得我们学习的战胜挫折的典范,他是谁?(苏东坡) 达成共识:生活恰如"一碗东坡肉",一半是烟火,一半是生命的清欢。	用传统美食"东坡肉"导入课堂,以"传统文化"气息注入课程活水,既活跃课堂气氛,又强化课程内容与中华优秀传统文化的关系,激发学生的学科学习兴趣。

---

[1] 参见厦门市五缘第二实验学校苏园园老师的教学设计《增强生命的韧性——与苏东坡跨越千年的相遇》。

续表

教学环节	教师活动	学生活动	设计意图
第一环节:穿越千年的邂逅	【创设情境】 播放视频《苏东坡的一生》。 引导思考:你能否用一个词总结苏东坡的一生? 【任务驱动】 组织开展"书写小纸条"活动:《我经历的挫折》。 【师生小结】 人生难免有挫折。	【活动二:经"生"历"挫"】 看一看:观看视频,了解苏东坡跌宕起伏的一生。 写一写:完成小纸条,写下"我"经历的挫折。	借助"苏东坡的百味人生故事"奠定本课学习大情境和情感基调,说好中国故事,强大文化自信心,同时与第二个环节苏东坡战胜挫折作对比,在分析说理中,达"以智启人"之功效,彰显生命的韧性。 以小纸条形式书写挫折经历,既保护了学生隐私,又提高活动体验探究的真实性和有效性,提升思维品质。
第二环节:跨越千年的对话	【创设情境】 运用AI技术,复活古画中的"苏东坡"。 【任务驱动】 开展与苏东坡"跨越千年的对话"活动,了解苏东坡在黄州的生活。 展示对话1: 何以"东坡"?——黄州人生 引导思考1:你能否用"一'挫'一生、一'潜'一生"诠释苏东坡的"黄州人生"? 展示对话2: 为何"东坡"?——种地人生 引导思考2:你能否用"一'转'一生、一'耕'一生"诠释苏东坡的"种地人生"?	【活动二:对"话"识"挫"】 听一听:聆听对话内容,小组讨论,完成课堂任务。 议一议: (1)一"挫"一生:苏东坡被贬黄州,经历的挫折给他带来的影响。 (2)一"潜"一生:如果消极沉沦下去,挫折可能会对苏东坡产生的影响。 (3)一"转"一生:从一个士大夫,到躬耕农田,苏东坡是怎么看待这种角色的转变的? (4)一"耕"一生:苏东坡种地的经历为我们战胜挫折带来什么启示?	通过传统人物苏东坡的"人生轨迹地图"培养学生的地理读图能力和辨识空间位置关系的能力,培养综合思维。 以模拟AI技术巧妙呈现三段跨越时空的对话,思政学科与信息技术学科有机融合,调用学生的已有经验和历史知识,促进学生对挫折产生原因的理解。

续表

教学环节	教师活动	学生活动	设计意图
第二环节：跨越千年的对话	展示对话3： 成何"东坡"？——美食人生 引导思考3：你能否用"一'肉'一生"诠释苏东坡的"烟火人生"？ 【师生小结】 东坡肉是苏东坡人生态度与烹饪才能交相融合的产物。人们对东坡肉的钟爱，正是一种穿越时空千年的价值认同！	(5)一"肉"一生：苏东坡改吃猪肉、制作东坡肉的过程，说明他面对挫折具有的品质。 达成共识：我们每个人的生命都蕴含一定的承受力、自我调节和自我修复的能力。发掘自身的力量并不排斥借助外力，我们要培养自己面对困难的勇气和坚强的意志。挫折是我们生命成长的一部分。	通过"传统美德""传统耕作""传统美食"的"情景+问题"链引导学生换位思考苏东坡的"三人生"，在发展学生思辨、分析、综合等思维能力的基础上，实现以物悟道，借物传情，感受苏东坡的生命承受力、自我调节力和自我修复能力以及逆境中的勇气和智慧，体会挫折面前生命的韧性，学会发掘自身的生命力量。同时，体验劳育和体育的重要性，达到"以劳育德、以体促劳"的功效，养成积极的心理品质。
第三环节：超越千年的传承	【创设情境】 多媒体视频展现："疾风穿林""料峭春风""山头斜照"等景物，苏东坡边疾行边大声吟诵《定风波》："三月七日，沙湖道中遇雨……" 【任务驱动】 引导学生大声朗读《定风波》，读出词中苏东坡蔑视困难的豁达态度。 引导思考：请你解决第一环节的《我经历的挫折》中的问题。 【师生小结】 一位伟大文人给我们留下的遗产，从来不止于他苦心孤诣创作的锦绣华章。苏东坡的人生态度、处世风格、审美情趣，蕴含在发掘生命的力量中，值得我们学习和传承！	【活动四：品"文"鉴"挫"】 读一读：朗读并感受苏东坡豁达的人生态度。 得一得：利用学到的方法解决现实问题。 达成共识：在遇到困难和挫折时，我们要保持乐观的心态，勇敢地面对，不悲观、不逃避，要相信阳光总会到来。	采用"读思达"教学法，师生共同吟诵中华传统诗词《定风波》，感受苏东坡豁达的心境；调用学生的语文知识，助学生领略中华优秀传统文化之美，增强文化自信，达"以文化人"之功效。 通过"'东坡'解惑小剧场"，借助苏东坡对待挫折的方法，帮助学生解决生活中的难题，增强自身的生命韧性，提高面对挫折的能力。

续表

教学环节	教师活动	学生活动	设计意图
小结	【创设情境】 多媒体展示呈现"苏""东""坡"三个古汉字。 【任务驱动】 请你解释"苏""东""坡"三个字在说文解字中的意思，并结合你对挫折的认识和态度，谈谈穿越千年与古人的对话给你带来的启发。	【活动五:释"名"化"挫"】 释一释:咬文嚼字论"苏""东""坡"。 分享交流1:"苏"有"苏醒、死而复生"之义，面对人生逆境，我们要置之死地而后生。 分享交流2:"东"是"日出方向"，也有"主人"之义，我们要当自己生命的主人，心态永远向阳。 分享交流3:"坡"字意味着地势倾斜，像人生一样，有高有低、起起伏伏。	以"苏""东""坡"三个汉字的说文解字结尾，与课前呼应，使学生传承中华基因，并全情投入课后探究。这一完成情境任务的过程，也是对学生学科关键能力的锻炼、正确价值观的引导、必备品格的培育与彰显的过程，培育学生健全人格和责任意识。
作业设计	1.基础性作业: 有选择性地学习并整理至少一种应对挫折的有效方法。 2.拓展性作业: 通过央视官网，观看历史人文纪录片《苏东坡》，了解苏东坡跌宕起伏的一生。选择其中一个故事，制作成绘本故事，要求图文并茂、文字简洁、配色合理。 3.个性化作业: 请教家人或是浏览网上教程，学习制作一道传统美食"东坡肉"，并将过程制作成小视频。		
板书设计	增强生命的韧性 一、生活难免有挫折 挫折具有两面性{积极影响 / 消极影响} 二、发掘生命的力量 1.提高承受力、调节力、修复力 2.借助外力 3.培养勇气和意志		

(厦门市五缘第二实验学校　苏园园)

人民网曾以"常提儒家名言、苏轼名句最多"来概括习近平总书记用典情况。宋代作为中国文化史上登峰造极的一个朝代，涌现出了无数的文化巨匠，他们如星辰盈空、繁花遍野，蔚为大观。如果要从这浩瀚星海中撷取一颗，从这百花园中择取一朵，作为宋代文化成就的代表、士人精神的标杆，人们大多会把目光聚焦到一个人身上，那就是苏轼苏东坡。正如苏轼研究专家王水照先生所说："苏轼是北宋时期文化全面繁荣的杰出代表，也是中国文化长期发展的历史结晶。"本课时贯穿苏东坡的人生发展轨迹，"人生如逆旅，我亦是行人"。作为无数"行人"中的一个，谁都难免身经不平事，心有郁结气，但他却"诗酒趁年华""此身安处是吾乡""但少闲人如吾两人者耳"，乐观向上、勇对挫折，珍爱生命的人生态度从来不曾离去。他永远鲜活耀眼，即使相隔千载，仍有人不断和他对话，向他靠近。这样的教学设计，能让学生犹如观影般沉浸式地与苏东坡共蹚人生河流，共品人生百味，欣赏古代经典诗词，在中华优秀传统文化教育中"心有戚戚，会心一笑"，感悟生命的美丽，增强生命的韧性。

　　2022年版《道德与法治课程标准》明确规定要将革命文化、中华优秀传统文化有机融入课程，增强课程思想性。如部编版《道德与法治》七年级上册第七课《亲情之爱》的知识点"家的意味"，对应的内容要求是："理解中华民族孝悌忠信、礼义廉耻的荣辱观念，崇德向善、见贤思齐的社会风尚。"具体内容在于感受家庭亲人之爱，学习家庭美德，增强与家人共创共享家庭美德的意识和能力。同时，强化法律责任意识，自觉履行孝亲敬长的法律义务。从教材内容来说，"家的意味"分为两个层次。其一是通过对家庭功能的分析和对亲情的情感体验，学生能理解"家"的内涵和"家"的意义。其二是通过对"过春节"这一中国独有民俗的体悟，学生能理解在中华家庭文化中，"家"的深厚意味和丰富内涵。同时，通过对我国传统文化中"家规""家训"的探究，引出中国家庭文化中"孝"的精神内涵，引导学生对家庭美德进行深入思考，进而引导学生学会孝亲敬长。

　　所以在进行教学设计时，根据课程标准要求，将教学目标定为：通过体悟"筷子文化"的内涵，学生能理解在中国家庭文化中"家"的深厚意义，培育家国情怀，提升政治认同。通过对我国传统文化中"家规""家训"的探究，学生能理解中国家庭文化中"孝"的精神内涵，涵养家庭美德，提升道德修养。[①]具体教学设计见表4-3。

---

① 参见厦门市湖里中学陈雅丽老师的教学设计《家的意味》。

表4-3 《家的意味》教学设计

教学环节	教师活动	学生活动	设计意图
导入新课	【激趣问答】 教师拿出一双筷子,邀请学生观察筷子,并提出问题:你知道哪些"筷子文化"? 【引导】 人们通过筷子品尝人生的酸甜苦辣,孤独的人通过添加一双筷子找到了人情的温暖,相守的人通过筷子找到了彼此心灵的依靠。筷子的背后承载着家的意味,让我们一起进入今天的议题活动:从"筷子文化"看中国人的家,学习《家的意味》。	【"知识"热身】 小组交流:关于"筷子文化",我们知多少? 达成共识:家是一生读不完的"书",我们应该牢记,亲情是我们永远的依恋。	通过"筷子"这一中国传统文化元素,述说国人不同的人生和情感,激发学生爱国情怀。提高参与课堂学习的热情和积极性,快速高效地导入新课学习活动中来。
识家之意	出示子议题1.识家之意——家只是居住的地方吗? 【创设情境】 播放央视公益广告《筷子》片段。 【任务驱动】 探究家庭的关系和功能。 问题1:视频中出现了几种家庭组合?你还知道哪些家庭组合? 问题2:你认为家有哪些功能? 知识小结:家庭关系确立的情形和功能。 【创设情境】 聚焦《筷子》中的两个动态画面。 画面一:在外工作的年轻人春节回到家乡探望母亲。 画面二:春节,留守老家的王叔落寞地看着邻居全家的团聚。 【任务驱动】 探究家的意义。 问题1:画面中的年轻人为什么千里迢迢地回家? 问题2.画面中的王叔明明在自己的家,为什么还是落寞地看着邻居一家?	【议学活动一:家庭"观察哨"】 小组交流:结合课前收集的资料分析家的含义。 全班交流:看图并探究家庭关系确立的原因、家的功能。 小组交流: 1.画面中的年轻人为什么千里迢迢地回家? 2.画面中的王叔明明在自己的家,为什么还是落寞地看着邻居一家? 达成共识1:家是我们身心的寄居之所,哺育和支持我们,家是我们心灵的港湾,亲情激励我们奋斗拼搏。	通过经典公益广告《筷子》,结合现代家庭图片资料,分析家庭的关系,感知古往今来家庭的丰富内涵。通过问题探究,体会到家的丰富功能及其对个人成长发展的重要作用,引起情感共鸣。通过画面对比,及观看视频和梳理,结合教师的描绘与引导,与画面中的人物产生共情,理解家的意义,促进健全人格的形成。

续表

教学环节	教师活动	学生活动	设计意图
品家之味	出示子议题2:品家之味——"中国人的家"有何特别? 【创设情境】 出示三种情境让学生进行现场表演——在这些情境中,要如何使用筷子?展示关于使用筷子的礼仪;呈现关于孝亲敬长的法律条例。 【任务驱动】 分享家规、家训。 问题1:你们家的家规、家训是什么? 问题2:孝亲敬长仅仅是道德的要求吗?请辨析。	【议学活动二:家庭"评礼家"】 个人表演:根据情境提示,表演使用筷子的礼仪。 全班交流: 1.分享收集到的家规、家训。 2.结合分享的内容说说这些家规、家训的现代意义。 达成共识:在中国的家庭文化中,"孝"是重要的精神内涵。孝亲敬长也是每个中国公民的法定义务。	通过分享家规家训、了解部分法律规定,品出中国人的家的意味,涵养家庭美德,提升道德修养与法治观念。
爱家之行	出示子议题3:爱家之切——孝心如何成"孝行"? 【创设情境】 视频播放《筷子》的结尾温情部分。 过渡:筷子文化的背后承载着家的亲情与温暖,要如何让家更美好? 【任务驱动】 理解尽孝在当下。 问题:设计爱家的行动计划。 【布置课后任务】 要求:利用周末时间,将"孝行卡"的计划付诸实践,并用文字、照片记录,下周在课堂上分享感言。	【议学活动三:家庭"动员会"】 小组交流: 制作"爱在我家"的孝行卡。 (1)自己应该怎样孝敬父母长辈? (2)在这一周内我能为他们做什么? (3)怎样落实孝亲敬长的计划? 制定人: 监督人: 达成共识:在生活中做到孝亲敬长,要认识到尽孝在当下,用行动表达孝敬之心。要学会尊敬、倾听,用行动表达感恩之情。	通过观看视频,领会尽孝在当下,要从现在做起,从自身做起。通过指向学生学习生活实际的问题探究,明白孝亲敬长可从思想认识、实际行动、当前学习生活等方面展开,提升责任意识。

续表

教学环节	教师活动	学生活动	设计意图
课堂总结	【展示】呈现习近平语录。 家庭不仅是人们身体的住处,更是人们心灵的归宿。千家万户都好,国家才能好,民族才能好。 总结:"国是最大家,家是最小国",国家命运与每一个人息息相关,让我们培育家国情怀,自觉铸牢中华民族共同体意识。	总结与感悟:全班朗读习近平总书记关于家庭的重要论述。 个人分享:谈谈本节课的收获与感想。	学习习近平总书记关于家的论述,归纳总结家的深刻意味,提升自己对家的认知,以实际行动共建幸福美好家庭,培育家国情怀。
板书设计	家的意味 识家　　品家 爱　家 建设幸福美好家庭		
学习评价	1.采用观察法和问卷调查法相结合的方式,了解学生基于自身世界观、人生观、价值观对相关人和事物(如家人、家风、家训等)做出的评价反馈与行为倾向,并据此,对该阶段学生的"家"文化认同进行定性评价。 2.采用小组讨论和小组合作的方式评价量表,引导学生对自己的学习探究活动进行过程评价。 3.教师综合学生在探究活动中的参与程度、学习的主动性、合作意愿以及最后的成果展示等,对学生的学习情况进行综合性评价。		
作业设计	课后作业设计:利用周末时间,将"孝行卡"的计划付诸实践,并用文字、照片记录,下周在课堂上分享感言。		

(厦门市湖里中学　陈雅丽)

中华优秀传统文化资源教育需要有效的教学方法激发学生的探究意识和兴趣,营造良好的文化氛围和体验环境,让学生真正理解文化内涵、感悟文化魅力。运用情境教学模式,在课程思政育人中创设良好的文化氛围,使学生参与课堂学习时有较强的沉浸感,对优秀传统文化资源形成更深刻的见解,巩固文化育人有效性。本课以"一双筷子"为主线,一案到底,将中华传统文化贯穿始终,以不同的呈现方式——猜谜、视频、图片、情境表演、辨析观点创设情境,既完成教学目标,又在生动有趣的情感反思感悟中提升学生的文化素养,增强思想政治认识。并从网络平台采集资源和素材,《筷子》的微视频激发学生探讨和交流,从而增强中华优秀传统文化的学习兴趣和热情,深化学生对中华优秀传统文化资源的吸收和理解。

(三)发扬革命先进文化,传承优秀的红色文化基因

思政课是加强对新时代青少年培根铸魂、启智润心的主渠道和主阵地,在格局和视野上要大,要善用"大教材",拓展"大课堂",上好"鲜活"思政课。革命文化是提升中小学生对主流思想认同的桥梁,是帮助其了解历史、面向现在、走向未来,进一步加强国家认同和民族认同的重要载体。红色基因植根于革命先烈鲜血浸染的土壤里,传承于英雄人民汗水浇筑的事业中,溶于中国人民的血脉里,扎根在中华儿女的心头上。我们要利用好红色资源,发扬好红色传统,传承好红色基因。把弘扬革命文化和推进育人工作相结合,探寻新的教学模式和路径,这对培育时代新人具有深远和显著的思想政治教育意义。

如部编版《道德与法治》八年级上册第四单元"维护国家利益"第十课《建设美好祖国》第二框题"天下兴亡,匹夫有责"的内容主要是帮助学生认识劳动的价值与意义,明确劳动创造了今天的辉煌,今天我们取得的成就是每个人奋斗的结果,劳动者值得我们尊敬和学习。青少年要发扬实干精神,承担历史重任。本学段的学生正处于青春期,独立思考能力和判断能力进一步增强,可塑性强,但是还缺乏辩证思维的能力,需要在具体情境中引导。本学段的学生不能清晰地认识青少年自身的责任,总觉得国家的发展是成人的事情、是未来的事情,很难从我做起,从现在做起。所以,教师在教学时要引导学生感受劳动、实干的价值与意义,树立尊重劳动的意识,发扬实干精神,明确自己的历史重任。在教学设计上要以"中国共产党建党百年"为主线,通过"百年大党,胸怀千秋业""紧跟党走,奋进新征程""我心向党,建功新时代"三个篇章引导学生以实现中华民族伟大复兴为己任,树立"爱党爱国"的信念,坚定为实现远大理想而奋斗的信念。[①]具体教学设计见表4-4。

---

① 参见厦门市湖里实验中学吴彦芳老师的教学设计《天下兴亡,匹夫有责》。

表4-4 《天下兴亡,匹夫有责》教学设计

教学环节	教师活动	学生活动	设计意图
第一篇章 百年大党, 胸怀千秋业	播放视频《中国共产党百年述职报告》。 师:我们一起来了解中国共产党这个百年大党,是如何胸怀千秋伟业的。 问题1.胸怀千秋伟业,中国共产党带领人民做了哪些事? 问题2.中国共产党的一切努力和牺牲是为了谁?	学生观看思考。 学生回答分享。	感悟中国共产党的初心和使命——为中国人民谋幸福,为中华民族谋复兴,这也是一种"天下兴亡,匹夫有责"的情怀。
第二篇章 紧跟党走, 奋进新征程	师:请看厦门人民如何紧跟党走,奋进新征程。 图片展示改革开放前和改革开放后厦门的变化。 展示湖里教育,湖里区教育均衡趋势增强。 问题:厦门发生了巨变,同学们,你们家的生活发生了哪些可喜的变化呢?可以从衣、食、住、行等方面分享。	学生观看。 学生回答。 分小组分享。 第1小组展示:校园最美劳动者。 第2小组展示:社区平凡的英雄。	理解特区精神,奋斗创造了今天的美好生活,中国共产党肩负神圣使命,团结带领全体人民努力实现中华民族伟大复兴。
第三篇章 我心向党, 建功新时代	展示两个一百年奋斗目标。 师:坚持党的领导,在实现民族复兴的道路上奋勇争先,天下兴亡,匹夫有责,以实际行动迎接党的二十大。 问题:第一个百年奋斗目标已经成功实现,第二个百年奋斗目标任重而道远。建功新时代,同学们,你们自己的人生目标和规划又是什么呢?	学生观看。 学生思考。 第3小组分享:强国复兴我们在行动。 致敬党的二十大,请全班同学一起许下青春的誓言。 歌唱《中国少年先锋队队歌》。	了解"两个一百年"奋斗目标,把自己的人生目标和祖国的需要结合起来,要树立远大理想,为中华民族的伟大复兴而努力,以实际行动迎接党的二十大。

板书设计	天下兴亡匹夫有责 { 劳动成就今天 实干创造未来 }　　百年大党,胸怀千秋业 紧跟党走,奋进新征程 我心向党,建功新时代				
学习评价	评价项目	A	B	C	小组评价
	合作意识	能积极高效地和组员合作完成任务	能配合组员完成任务	合作意识有待提高	
	参与程度	多方面深度参与合作	一般性参与	参与程度有待提高	
	成果分享	积极分析学习成果	一定程度上进行分享	能少部分分享	
作业设计	请以"天下兴亡,匹夫有责"为主题,写一篇演讲稿。				

(厦门市湖里实验中学　吴彦芳)

  本课时的教学设计以中国共产党的百年奋斗历程为线索,由远及近,从国家到厦门市,再到湖里区,一步步贴近学生的生活实际,让学生感受到中国共产党的奋斗历程、奋斗精神就在自己的身边。革命先烈以实实在在的奋斗,甚至是自己的生命创造了我们今天的美好生活。运用革命文化资源,从不同角度挖掘革命文化资源内在的思政元素,树立"爱党爱国"的信念,坚定为实现远大理想而奋斗的决心。

(四)借鉴其他文化资源,理解丰富的多样文化差异

  为促使社会主义先进文化与思想政治教育有效融合,可依据中国特色社会主义发展的构建思路,合理借鉴及吸收其他国家、民族的优秀文化。其他国家、民族有着许多值得我们学习的优秀文化资源。所以思想政治教育中,不但要引进社会主义先进文化,也要注意批判地吸收其他国家、民族的文化资源,借鉴其

他国家、民族文化资源中的先进、有效元素和内容,促使学生在价值冲突中深化理解,在比较、鉴别中提高认识,做到真懂真信。选择有探究价值的其他国家、民族先进文化资源加以开发,可以更好地激活思想政治教育中社会主义先进文化的影响力。

第六节 网络资源

随着互联网的迅猛扩展,网络已成为人们日常生活的一部分。网络资源的独特价值在教育领域显得尤为重要。网络资源包含了通过计算机系统和网络软件所能访问的所有信息资源。充分利用网络资源能提升学习效率,激发学习兴趣,并带来成长的满足感。我们应推动智慧教室、数字地图、5G全息投影等前沿科技手段赋能思政课,让理论"活"起来、人物"动"起来。突破地域、时间限制,使学生可以随时随地"沉浸式"体验思政课的魅力。

一、网络资源的特点

(一)鲜明时代性

时代性特征是网络资源的重要特征。网络环境本身就是一个开放和快速变化的领域,其中的信息资源不断地实时更新,即时反映当下全球最新的政治、经济和文化动态。这种不断更新的特质使网络成为了解世界变化、紧跟时代步伐的重要渠道。同时,网络资源的形式多样且直观,它通过视频、音频、图像和文字等多种方式呈现,为人们提供了丰富多样且直观的学习与认知体验。这些资源极大地丰富了我们的学习方式和生活的多样性。

(二)灵活生动性

利用网络资源的授课方式具有灵活性。一是内容灵活。网络资源的内容十分广泛,包罗万象,几乎涵盖了社会科学、人文科学和自然科学的各个领域。数量巨大,增长迅速。上至宇宙,下至地理,只要你想得到的内容,都能在网络上找到。师生可以根据教学目标、教学内容和重点,灵活选取网络资源素材,扩展授课内容。二是方式灵活。网络可以提供各种类型的资源,如视频、文本、图片、图表、数字、语音等,并且以各种形式存在,数量大、类型多、传播范围广。运用网络资源授课,更具灵活性。三是呈现生动。与传统的媒介相比,交互性是网络信息传播的一大特点。网络信息资源可通过游戏、音频、动画的形式加以呈现,呈现过程是双向的、互动的,生动有趣。

(三)共享开放性

网络世界是一个开放的平台,任何人都可以获取信息,也可以将其存储和共享在互联网上。这种开放性使信息能自由流通,人们可以轻松地分享知识、观点和创意。由于缺乏有效的质量控制和管理机制,网络上的信息质量参差不齐。虽然存在大量有价值的正能量信息,但也有许多未经核实的信息,甚至是不良信息,包括一些涉及诈骗等违法犯罪的信息。这种复杂性给用户选择和使用网络信息带来了一定的障碍,要求用户必须具备辨识信息真伪的能力,同时也凸显了加强网络信息监管的必要性。

二 网络资源的意义

(一)有利于激发学生学习兴趣,培养创新思维

在思想政治教育中,教师利用网络资源进行选题备课,可以实现资源共享,改善教学方式,丰富课程资源,提高教学效果。教师利用网络平台储存教学资源和学习素材,可以为学生提供最新、最有时效性的网络信息,为学生提供更新、更充实的素材。利用网络资源,运用多媒体课件,通过形象生动的图片、视频和音频等教学资源,能够多渠道、多角度向学生展示知识内容,加大课本厚度,补充课本没有涉及的知识和事例,有利于激发学生的形象思维能力和求异思维能力。通过运用、整合、加工网络资源,促使学生主动探索,积极思考,培养学生具备高持久度和高迁移度的深度思维,养成独立思考和自主学习的习惯。网络资源互动性强,活动形式多样,为传统课堂中枯燥的教学模式带来了活力,增强了道德与法治课的趣味性和高效性。

(二)有利于更新教师观念,提高教学水平

将网络资源引入思政教育,为教师转变传统教学方式提供了可能,对教师更新教育教学观念,提升教学水平具有重要意义。在搜集、加工、整理网络资源的过程中,教师会接触到不同的教育教学理念,势必给教师带来思想冲击,与教

师原有的教育教学理念发生化学反应，从而产生出适应现代的、最新的教育教学理念。网络资源的应用是对教学方式革新的探索，对网络资源进行整理运用，需要教师采用合适的教育教学手段加以呈现，在规定的教育教学时间内，达到最优的教学效果，这有利于提高教师的教育教学能力，引导学生形成正确的价值观念和必备的品格。

（三）有利于改变教育模式，拓宽教育领域

网络资源的丰富性和获取的便捷性特点，方便教师根据课程要求寻找与时代要求符合，与生活实际贴近的课程素材。随着科学技术的进步，课程资源的开发更加多元，利用现代信息技术开发网络资源已经成为教师备课选材的重要途径。远程通信网络的发展，交互式教育环境的引入，打破了传统单一的课堂教学组织形式，使教育更加灵活和多样化。例如，通过在线视频平台，学生可以观看来自世界各地的讲座和示范。通过交互式的学习管理系统，他们可以参与到模拟实验和虚拟现实训练中。这种技术的应用不仅让课堂组织形式成为课堂学习、网上交流、协作学习并存的模式，还有效地促进了网络教学课程的构建，扩宽教育领域。此外，网络资源的广泛应用也推动了教育的个性化发展，使学生能根据自己的学习节奏和兴趣选择学习内容，极大地提高了他们学习的主动性和效率。

三 开发利用网络资源的途径

（一）强化整合能力，建设数据教学资源库

教师要关注相关官网，了解最新的资源，从正规官方网站下载资源，建设可供道德与法治课程利用的网络教学资源库。首先，教师要"心中有数"，研读道德与法治学科教学的课程标准，调查学情，明确教学的重难点及学生容易出现的问题，才能有的放矢，有针对性地搜集网络素材，如图片、影视资料、微课视频等。其次，网络资源具有多样性和新颖性，教师要根据内容、形式对它们进行分门别类，按照时间进行排序。最后，教师要注意定期更新网络资源，及时将这些素材上传到学校指定平台，引导学生登录平台学习和探究，让他们借助数据资

源更透彻地理解教材的理论知识,从形象化的资源中提炼出有价值的内容,提升思政教育教学的有效性。

(二)加强教师教研,提高网络资源利用率

2022年4月,2022年版义务教育课程方案和课程标准发布。基于2022年版课程标准的课堂教学,必然是素养立意,深度学习。这里需要注意两点:第一,作为专门的思政课,"道德与法治"是落实立德树人根本任务的关键课程,在培养"有理想、有本领、有担当"时代新人中具有铸魂育人的作用,必然要在2022年版课程标准的指引下,落实"知、情、意、行"相统一的深度学习。第二,作为德育的主渠道,思想道德具有情感性和内隐性,难以通过考试来检测,要把课程评价与学生日常行为表现结合起来。围绕学生发展核心素养,对学生的课堂学习行为、文明行为习惯、道德水平表现、德育活动表现、社会服务成果等进行评价,也需要教师利用网络资源加强教研,促进学生"深度学习"。

"教不研则浅,研不教则空。"学生要学得好,教师先要教得好。教师要教得好,学科先要研究好。教师的学科教研是学生深度学习的前提,课堂教学改进是深度学习的出发点。在教学实践中,教师除了要聚在一起进行线下教研外,还要充分运用互联网,随时进行线上集体教研。[1]作为新办校,我们学校主要运用"希沃"软件建立教师资源库,通过以下三点提高网络资源利用率。(图4-16)

1.走向"互动"

教师全员使用"希沃"软件开展教育教学活动。通过在线课件预览,教师可随时随地进行线上教研与备课,借助"希沃"软件实现听课评课,让教师之间的沟通不再受时空的限制,更灵活地实现学科交流,使思维的碰撞更加有效,从而激发出有效教学的思维火花。

2.走向"互明"

学校借助"希沃"软件分析教学过程中产生的各种数据,评估学校信息化教学应用情况,以了解教师的教学教研进度,调整教学管理策略。教师可随时随地进行线上听课、评课、打分,让教师之间的沟通不再受时间和空间上的限制。

---

[1] 蒋艳秋."互联网+":学科深度学习的助推器[J].中学政治教学参考,2023(18):51.

3.走向"互通"

更加灵活地实现同学科、跨学科教师的交流,使思维的碰撞更加有效,从而激发出新的有效教学的思维火花。

图4-16 学校希沃平台界面

学校教师充分利用"互联网+"进行线上备课、评课,有效地解决了线下备课的时空局限。对于初中道德与法治课程来说,要结合当下时政热点,不断更新上课素材,更需要利用"互联网+"进行备课教研,将备课教研素材留档在云空间,随时进行优化。"互联网+"的运用,不但可以看到教研的过程和痕迹,而且可以让教师更加关注时政热点,更新教育理念,加强教师互助互学,加快教师成长。

如备课部编版《道德与法治》八年级下册第六课《我国国家机构》第一节《国家权力机关》时,由于笔者与备课组的其他教师不在同一个办公室,如果只靠一周一次的线下集体备课活动,显然无法及时更新素材,也无法对每个教学环节精雕细琢。但由于有了网上资源库,我们就可以在备课时,随时随地在线上更新素材,并讨论优化设计,省时高效。在上完课之后,其他教师也可以直接在平台上评课,指出优缺点和改进方向,留下过程性材料。同时,我们还利用这个资源库,针对教育教学的某方面知识或理论研究录制"知识胶囊",将整个教研组活动扩展延伸,进行线上线下组内的教育教学探讨。这样,在"互通有无、瑕瑜互见"中进行高效备课、教研,把专业知识由"静态"变为"动态",由"过去时"变为"现在时",不仅提高教师对教材的重组能力,更真正提高深度学习的课堂供给能力,切实加快教师成长,提升思政育人质量。[①]

(三)利用评价资源,激发学生学习内驱力

教育评价事关教育发展方向,有什么样的评价模式,就有什么样的教学导向。2022年版《道德与法治课程标准》要求"教—学—评"一体化,重视过程性评

---

① 蒋艳秋."互联网+":学科深度学习的助推器[J].中学政治教学参考,2023(18):52.

价、增值性评价、表现性评价。围绕道德与法治课程学习具有的实践性、体验性等特点，注重观察、记录学生在学习、实践、创作等活动中的典型行为和态度特征，运用成果展示、观点交流等形式，对学生的学习情况进行质性分析。注重引导学生对自己的学习历程进行写实记录，丰富评价内容，提高评价的全面性、准确性。

在传统课堂中我们对学生的评价，经常是利用黑板画表格对学生进行加减分评价，这种评价方式不仅把教师活动的区域限制在黑板周围，没办法针对不同学生进行有温度的个性书面评价，而且浪费时间。这种传统的评价方式是零碎的，无法系统对比分析，更多的只是教师的单方评价，既单薄又片面。而利用互联网+对学生进行的评价，如利用希沃一体机自带的"班级优化大师"软件即时对学生进行评价，让"联评"可视化，既省时间，也不限制空间，大大提高了课堂效率。

比如，在进行《国家权力机关》的教学设计时，笔者采用了PBL项目式学习策略。通过前置议题"人大的工作包括哪些内容？对你我的生活有什么影响？结合身边的案例，谈谈人大的职权有哪些？"引导学生自主查阅资料（如：全国人大官网、厦门人大官网或者各级政府官网等权威网站），并以小组为单位开展自主、合作的实践探究和体验活动。合作探究后，展示本区人大代表到学校调研的一组照片，创设问题串——你觉得人大代表到我们这所新办校是要调研什么？关注什么？这体现了人大的哪些职权？如果人大代表刚好调研到你，你会向他反映什么问题？为什么？利用问题串进行知识迁移，让学生了解人民代表大会的性质和职权，增强对全过程人民民主的理解，坚定理想信念，厚植爱国主义情怀。由于这是前置作业，所以，可以教师评价，也可以邀请学生同伴评价，还可以提前邀请家长对孩子这份前置作业进行评价。评价数据储存在云空间，又反过来成为网络资源，教师随时可以调出数据对比研究，得出学生的"发现问题能力"评价量表。[1]教师可以利用网络资源在课堂上便捷地以评价促学习，以评价促反思，以评价促发展。

为课堂上学生出现精彩的发言，认真的听课表现，主动积极的小组探究活动，教师都可以即时通过系统为学生评价。教师可以事先设置书面评语和分值，也可以现场根据学生表现给予简洁性的语言评价。可以对个人评价，也可以对小组捆绑评价。为了评价更加简单便捷，学校还在家长与学生同意的基础上，导入了人脸识别系统，学生只要"扫一扫"就可以根据项目式进行一键式评

---

[1] 蒋艳秋."互联网+"：学科深度学习的助推器[J].中学政治教学参考,2023(18):52.

价,有利于激发学生学习动机,感受学习乐趣,尝试深度挑战,孕育深度学习的萌芽,真正做到以评价促学习,以评价促反思,以评价促发展,最终实现目标和评价双导向的教学生态。[①]

(四)助力五育并举,延伸思政实践平台

综合性是道德与法治课程的突出特征。综合性表现在四个方面:一是在内容上有机整合了道德、心理健康、法治和国情教育等多方面的学习内容。二是在空间上坚持学科逻辑与生活逻辑相统一,主题学习和学生生活相结合,涉及初中生的家庭生活、学校生活和社会生活,范围极为丰富。三是在评价上多方多指标评价学生的发展,评价不仅关注学习结果,也重视学生的学习过程和日常行为。四是在学生素养目标上,思政教育所要培养的思想、道德、法治、人格等方面素养是综合性的。素养本身是人的发展的综合性反映,道德与法治课程的综合性,不是基于学科知识关系的综合,也不是基于学生生活的综合,而是基于发展学生核心素养的需要。实践性是道德与法治课程的实施基础,道德与法治课程是有生命的,它的生命构成元素,只有附着于学生的行动上,彰显在学生的践行上,才能真正称得上富有生命力。

在教学实践中,我们布置实践作业,借助网络资源,构建"德智体美劳"五育积分系统,以研学、假日小分队等形式作为道德与法治课程的课外延伸,强化德育实践的综合育人功能,将课堂学习延伸到生活实践中,将学科知识应用到社会生产生活中。通过五育系统,坚持多主体评价,充分发挥学校、教师、学生、家长等不同评价主体或角色的作用,形成多方共同激励的机制,从各个渠道,采取多种方式全面观察和收集学生在各种场景中的日常品行表现,形成育人合力,检验书本理论知识运用于实践生活的实际效果,增强学生日常德行的自律性,凸显学科思想性、综合性、实践性特征。通过人脸识别系统,随时随地以个性评价形式,记录学生校内外的日常行为、点滴进步、成长足迹,无缝融入日常教学,及时激励和规范学生行为。使学生在德育实践方面,日日有记录、时时有展现、处处有轨迹。比如学生一个有礼貌的问好、一次爱心义卖活动、一次校外志愿服务、一顿家庭爱心晚餐……都随时随地可以获得积分。五育积分系统打破只

[①] 蒋艳秋."互联网+":学科深度学习的助推器[J].中学政治教学参考,2023(18):52.

有教师评价学生的局限,实现"家校社"三位一体的立体式评价。[1]如在《国家权力机关》的教学设计中,笔者布置了两大实践作业。一个就是之前所说的课前调查作业,根据议题查阅资料。还有一个课后实践作业,找找身边的人大代表(教师可以帮忙推荐),围绕周边存在的一两个亟待解决的问题写出访谈提纲并与他进行线上或线下的访谈。依托假日小分队形式,利用家长、社区资源展开访谈活动。在这个过程中,家长、社区甚至是人大代表都可以直接利用学校网络平台的五育积分系统为孩子的表现进行评价并赋分。我校的五育积分系统是利用网络资源延伸思政实践的创新之举。家长、社区甚至是校外教育基地的工作人员都可以不受时间、空间的限制为学生的德育表现加分,做到学生能时时被观察,时时被评价,时时被提升。思政教育已经不仅仅局限于课堂,还延伸到生活实践,拓展了学习范畴,促进了学生高阶思维养成,加强了知识在生活中的运用,深化了学生对生活的思考,引导人生观、价值观的正确形成。

---

[1] 蒋艳秋."互联网+":学科深度学习的助推器[J].中学政治教学参考,2023(18):53.

第五章

鲜活教学，
实践探索

第一节 4S教学模式

刘老师虽然是一个从教才三年的新老师，但已经参加过多次省市区的授课比赛。她的课令人非常舒服，听众会情不自禁地跟着她"上山下海，快意江湖"。刘老师的课堂总是能巧妙地将不同的教学策略与教学内容相结合，教学过程流畅而自然。她实施的教学策略不仅服务于教学内容，还为其拓展了深度和广度，学生课堂互动性与参与度高。有趣的教学策略的使用丰富了课堂互动活动，课堂氛围活跃和融洽，为学生创造了更加丰富和多样的学习体验，不仅增强了学生的学习兴趣，还有助于他们从不同角度和层面深入理解和掌握知识。她的教学形式灵活多样，不仅有常规的启发式教学，还有小组讨论、角色扮演、创设情境、议题教学、项目式教学、实时投票等活动，能满足不同学生的学习需求和风格。刘老师的课堂永远具有自己独特的魅力和价值，即便是非常枯燥的内容，她也能犹如魔术师，运用"魔法"赋予教学内容以魔力，吸引学生主动去探究，去反思。这种魔法，就是鲜活的教学模式。

教学模式是在一定的教学思想或教学理论指导下，建立起来的较为稳定的教学活动结构框架和活动程序。它从宏观上要求把握教学活动整体及各要素之间内部的关系和功能，具备有序性和可操作性。

为实现鲜活思政，在课程教学上笔者主要采用"4S教学模式"。（图5-1）

第一，时政引入，深化情境。思政学科具有时代性和时效性，教师在进行课堂导入时，可以多选择与课程内容相关的时政话题，深化情境，加深学生对知识的理解和应用。

第二，施展活动，思析议评。教师可以通过开展开放性活动，如小组讨论、案例分析、角色扮演或者议题探究等，让学生加强互动和合作，分享彼此的见解和经验，总结评价活动过程，提高其解决问题的能力，促进深度思维的生成。

第三，溯本追源，识见相长。教师要帮助学生探索现象产生的内在本质和原因，追寻这种现象的发展结果，在师生分享中提升他们对知识的认识和把握能力。

第四,生活融入,升华迁移。教师要设计生活活动项目或者任务,引导学生将所学知识与现实生活联系起来,在解决现实问题中将知识内化为自己的思想和行为方式,提升综合素养和创新能力。

鲜活思政的"4S模式"能够使思政课程更加生动有趣,提高教学效果,促进学生全面发展,培养出更具有创造力和竞争力的人才。这种教学模式注重培养学生的实践能力、创新能力和社会责任感,有助于他们在学习过程中全面发展。

图5-1　4S教学模式

例如2019年底,笔者在进行部编版《道德与法治》七年级上册第八课《探问生命》第二课时《敬畏生命》的教学设计时,上课时间恰好在11月9日——"消防宣传日"左右,当时119消防安全宣传系列活动开展得如火如荼,也恰逢电影《烈火英雄》正掀起一波对消防工作的关注和讨论风潮。借此东风,笔者以"消防英雄"为案例,一案到底,按照4S模式开展教学。(表5-1)

表5-1　《敬畏生命》4S教学模式设计

4S模式	教学环节	教师活动	学生活动	设计意图
时政引入深化情境	走近英雄	播放暑假热门电影《烈火英雄》主题曲《逆行者》	聆听歌曲,感受消防队员为保护人民生命财产安全赴汤蹈火,导入课题	候课欣赏。课前营造氛围,调动气氛,吸引学生注意力,迅速进入主题。视频播放创设生活化情境是学生喜欢的鲜活形式
施展活动思析议评	认识英雄	播放厦门消防救援支队推出的公益广告《我想当英雄,但请别给我机会》(厦门本土资源)	观看视频,思考问题: 1.为什么说我想当英雄,但请别给我机会? 2."你也可以是英雄",视频中介绍成为英雄的方法让你对敬畏生命有何认识?	通过厦门本土的消防队员宣传片引导学生调动生活经验,分析烈火英雄对待生命的态度,引发学生对生命特点的初步思考,对"生命至上""休戚与共"有形象和全面的认知,学会敬畏生命,培养学生的社会责任感,珍爱生命意识和公共参与意识

4S模式	教学环节	教师活动	学生活动	设计意图
施展活动 思析议评	体验英雄	以岛内最大城中村高殿社区为背景，设置火灾情境（社区本土资源）	体验在突发的火灾面前，如何应对	以身边生活的社区，利用希沃白板设置火灾情境，体验灾情的可怕，衬托出消防队员敬畏生命的不易。身临其境的情境将理论拉近生活，鲜艳的红色火苗刺激学生感官，学生自然而然融入情境中参与活动
溯本追源 识见相长	致敬英雄	播放视频，介绍高殿社区义务消防员（社区本土资源）	观看视频，小组讨论：高殿社区义务消防队敬畏生命之举体现在哪些地方？	运用视频，直观地感受消防队员敬畏生命是内心的自愿选择。充分利用本地家长资源，将高大上的英雄形象转化成鲜活的身边人，帮助学生更好地攻克本课难点。
生活融入 升华迁移	崇尚英雄	课堂小结，并引出"平语近人"。介绍学校的"致敬最美的逆行者"活动（校本资源）	梳理本课知识要求，感受习近平的英雄情结 反思内化，崇尚英雄，学习英雄，在日常生活中敬畏生命	梳理知识脉络，明确知识逻辑关系，提升对敬畏生命的认识 由大到小，由远及近，充分利用校园资源，将书本高大上的理论知识与身边人的具体行动联系起来，理论联系实际，有利于学生知识的内化提升
	争做英雄	布置拓展作业：寻找家庭或社区中存在的安全隐患，并及时告知父母，上报社区管理处	课后落实拓展作业，将所学落实于生活	将课堂所学知识延伸到生活中，理论联系实际，凸显生活化、生动性

  鲜活思政的"4S教学模式"在课堂教学中注重提高学生的参与度和兴趣。通过引入"消防英雄"话题，一案到底，运用当下最热门的电影《烈火英雄》主题曲和宣传画面，激发学生的好奇心和求知欲，提高其对课程内容的兴趣，从而提高他们的学习积极性和参与度。通过对身边社区的消防队伍的工作分析以及创设的火灾情境，学生将理论知识应用到实际情境中，深入地理解知识的内涵，

找到解决问题的方法,提高实践能力和应用能力,培养批判性思维和创新能力。通过讨论和评价,学生学会分析问题、表达观点,并从不同角度思考和解决问题,培养了批判性思维和创新能力,成为具有思辨精神的学习者。通过溯本追源和生活融入等,学生将知识带到社会生活,拓宽了视野,培养了社会责任感和综合素养,从而具备更广阔的视野和更全面的能力,更加自信和应对得当。

鲜活思政的"4S教学模式"能够使课程更加生动有趣,提高教学效果,促进学生全面发展,培养出更具创造力和竞争力的人才。这种教学模式注重培养学生的实践能力、创新能力和社会责任感,有助于他们在学习过程中全面发展。

第二节 情境创设法

情境创设法中的情境特指教学情境,是教师在教学过程中为了与学生更好地交流,所创造或者营造的生活情境或气氛,旨在激发学生的学习积极性。在道德与法治课堂上,创设有效的情境有利于引导学生独立思考,提高解决现实问题的能力,树立正确的世界观、人生观和价值观。课堂教学过程是师生之间的互动,教学情境的创设是教育教学发展的必然趋势。[1]情感因为情境而产生,情境为了情感而创设,教师要力求实现二者的和谐统一。

道德与法治是义务教育阶段的思政课,德育性和情感性是最显著的特征,是其他学科无法比拟的,这就决定了教师在教学过程中要把学生道德品质和法治素养的养成放在最重要的位置。教师在教学情境的创设中要注重引发学生的正面情感,坚定理想信念并付诸行动。因此在道德与法治课的教学过程中,教师要创设与课本知识相关的、富有生活气息的、贴近学生实际的情境,学生从中获取相关经验,调动思维,体验情感,从而实现核心素养的达成和发展。

一 情境创设的由来和发展

国外很多教育家对教学情境的关注由来已久,这对国内的教学研究有很大的借鉴意义。影响比较大的有杜威的"五步教学法",这也是在教学实践中笔者觉得特别实用的模式。20世纪50年代保加利亚心理学家格奥尔基·洛扎诺夫提出了著名的暗示教学法,即通过营造轻松的氛围,运用多样愉悦的方式,比如做游戏、听音乐、表演等激发学生学习兴趣,让学生逐渐全身心地沉浸其中。暗示教学法在一定程度上也是情境教学法。在我国,李吉林最早对情境教学进行

---

[1] 章慧芳.初中道德与法治课教学情境创设的误区及其矫正[D].芜湖:安徽师范大学,2017.

专门的系统性研究，她的专著《情境教学实验与研究》是我国情境教学理论研究方面的第一本重要著作。

二 道德与法治课程教学情境的基本特征

(一)共鸣性

由于道德与法治课程具有情感性要求，所以教师在教学过程中要"动之以情，晓之以理"，在创设情境过程中要结合学生的心理特征，寻找学生的情感基点，与学生产生情感共鸣，将理论知识与学生的情感有效统一，从而使学生的思维过程更加活跃，使教学过程更加丰满。

(二)生活性

道德与法治课程具有实践性和综合性要求，道德与法治的知识点来源于生活，因此道德与法治课堂所创设的情境一定要以学生的实际生活为基础，贴近学生鲜活的生活经历，引导学生结合生动形象的情境和丰富多彩的生活来思考、探究、解答问题，引发学生思考，打动学生心灵，激发学生学习的动力，促使学生主动将理论联系实际，运用所学知识解答生活实际问题，获得实践能力的发展。教师创设的情境要来源于生活却又要高于生活，通过逼真的教学情境引导学生不断探究、甄别，从而形成正确的价值观，提高自身的道德修养。

(三)生动性

鲜活思政要求情境创设要鲜活生动。教材中的知识点是经过高度凝练的知识内容，相对枯燥，学生阅读和理解起来比较生硬，需要教师精心设计，将教材中的知识进行二次加工，创设具体情境，激发学生学习兴趣。教师在创设情境时，情境不能过于直白、简单，不能平铺直叙让人一眼就能看到头，而应该设置悬念和关卡，"一波三折"，让学生在解决问题中不自觉地卷入其中。鲜活生动的情境也会让学生更加放松，更容易调动学生思维，积极主动地去解决问题。

(四)开放性

学生的实际生活是丰富多彩的,涉及生活的各种领域,解决生活的问题并不是只有唯一答案,不同的选择会有不同的结果。教师在进行情境创设时,要注意创设具有开放性的情境,创设条件开放、问题开放、策略开放、结论开放的题目,引导学生进行不同的选择,推演不同选择可能的不同后果,考虑实际生活中自己的承受能力,从而做出最佳选择。曾听过一节课,教师围绕学生在学校生活中的素材制作了视频,创设了学习生活情境。教学时教师引导学生在情境中回答问题,学习知识。按道理这种还原学生学习生活的情境,学生亲身体验知识的运用过程,可以增强学习兴趣,积极地参与学习,锻炼自己的实践能力,增强团队协作与沟通能力。但可惜的是,整个教学流程非常僵硬。随着一个个问题的抛出,学生越来越沉默,气氛越来越冷。究其原因,教师设置的问题过于生硬,问题的设置犹如"挖一个个坑",一直在引导学生往"教材中的标准答案"里面跳。学生在回答中但凡有一点儿偏离方向,教师都会赶紧打住,通过各种明示和暗示,一定要将学生拉回来,不敢偏离教材中的标准答案。这让笔者想起了《西游记》中孙悟空为了保护唐三藏所画的"保护圈"。教师要求学生一步都不能"行差踏错",一定要在教师设置的教材框框里面。这种情境的创设,显然不具备开放性,限制了学生思维的发展,不利于学生真正理解和内化知识。

(五)典型性

生活是精彩的,但课堂时间是有限的,我们在课堂上设置的情境必须具有典型性,即设置最贴近学生生活的,具有普遍性、实践性和共同性的社会热点情境。这种具有典型性的情境容易引起学生的关注与兴趣,引发情感上的共鸣,理论联系实际。这种具有典型性的情境,可以引导学生从小课堂走进社会大课堂,在社会环境下,理解并体会所学的理论知识,去认识社会,适应社会,不断提高整体素质。

三、情境创设的模式

情境创设是为教学目标服务的,教学情境的创设要适时适当。所创设的教学情境没有严格的时间限制,但也不应过长,最好控制在3分钟左右。教师可以根据教学目标和学生实际对教学情境进行适当调整,可以在课前,也可以在课中,还可以在课末。不管在什么阶段,情境教学都是为实现教学目标而服务的,不是为课堂热闹而创设,更不是纯粹为学生开心而创设,创设情境是为了引导学生深入研究知识,在潜移默化的过程中扩展知识和技能,完善知识结构,提升生活经验,促进正确思想观念和良好道德品质的形成与发展。

对于笔者来说,情境创设的模式主要借鉴了杜威的"五步教学法"。杜威的"五步教学法"是一种具有普适性的教学方法,它强调思维过程的发展,包括五个基本阶段:创设情境、刺激思维、搜寻答案、展示结果、得出结论。"五步教学法"激发学生学习兴趣,强调以学生为中心,注重培养学生的自主学习能力和合作解决问题的能力,注重及时反馈学习效果,帮助查缺补漏,实现知识的巩固和提升。

笔者根据杜威的"五步教学法",结合个人的教学实践,得出情境创设的模式。

第一步:创设情境、提出问题。

以社会生活中发生的真实事件为载体,通过精心编辑过的图片、视频、文字形式展示或者通过学生的小品表演、诗歌朗诵和角色扮演等动手实践创设情境,并设置有层次的、有思维含量的问题链激发学生学习兴趣,使学生乐于观察、分析和研究课题的性质与问题。

第二步:独立思考、假设答案。

教师要指导学生进行独立思考、自主探究,尝试找出问题的答案。教师要鼓励学生训练自己的发散性思维,从不同角度,结合生活实际提出问题的多种假设答案。

第三步:交流讨论、反复论证。

要求学生以小组为单位进行见解或观点的表达,小组内既要合作探究,还要有不同观点的碰撞。在营造活跃、轻松的学习氛围的同时,让学生学会从不同视野、角度看待问题、解决问题。通过问题情境实现学习任务的高效完成,促使学生在潜移默化中获得核心素养的提升。

第四步:反思内化、总结检验。

教师要引导学生反思课堂所学所得,对自己的学习和经验进行深入的思考,理解其中的意义和价值,将其转化为自己的内在能力。教师要让学生自觉总结和评估自己的学习和实践成果,看看是否达到了预期的目标和效果,思考改进和优化路径。

第五步：拓展延伸、提升生活。

通过对相关例题或者生活实际的延伸，拓宽学生的视野和领域，使他们勇于尝试新的事物，提高认识，提升生活品质，丰富内心世界和人生经历，提高幸福感和满足感。

具体见图5-2。

创设情境、提出问题	独立思考、假设答案	交流讨论、反复论证	反思内化、总结检验	拓展延伸、提升生活
以社会生活中发生的真实事件为载体，创设情境，设置问题链激发学生学习兴趣，使学生乐于观察、分析和研究课题的性质和问题	教师指导学生进行独立思考、自主探究，尝试找出问题的答案。鼓励学生训练自己的发散性思维，结合生活实际提出问题的多种假设答案	要求学生以小组为单位进行合作探究，在营造活跃、轻松的学习氛围的同时，学会从不同视野、角度看待问题、解决问题	引导学生反思课堂所学所得，将其转化为自己的内在能力。总结和评估自己的学习和实践成果。思考改进和优化路径	通过对相关例题或者生活实际的延伸，拓宽自己的视野和领域，提升生活品质，丰富内心世界和人生经历，提高幸福感和满足感

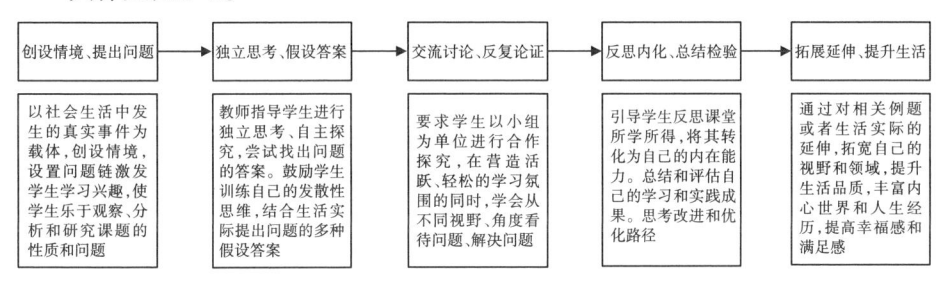

图5-2　五步情境创设教学法

四　实施情境创设法的策略

（一）梳理教材内容，创设问题情境

教师要研读2022年版《道德与法治课程标准》，根据该课程标准梳理教材内容，创设出具有探讨性和思辨性的主题探究情境，使课程标准的要求能够通过交流、辩论、探究的方式变得深刻、立体、直白。教师要聚焦现实问题，设计问题链，多角度呈现理论知识在现实生活中的应用程序、应用方法，以及应用效果，促使学生能够运用所学知识，科学、客观地分析现实问题，坚守道德底线，遵守法律法规。教师还要熟悉教材，摸索教材编排的逻辑体系，根据课程标准的要求，补充整理教材。

如部编版《道德与法治》八年级下册第六课《我国国家机构》第一节《国家权力机关》，所对应的课标要求是："了解全国人民代表大会的性质和职权，增进对全过程人民民主的理解。"而教材只有"人民行使国家权力的机关""人民代表大会的职权"两部分内容，因为部编版《道德与法治》教材是从2016年秋季开始使用的，而"全过程人民民主"这个概念的提出有一个过程。2019年11月2日，习近平总书记考察上海市长宁区虹桥街道基层立法联系点时，第一次提出"人民民主是一种全过程的民主"。2021年3月通过的《中华人民共和国全国人民代表大会组织法》修正草案与《中华人民共和国全国人民代表大会议事规则》修正草案中,"全过程民主"被明确写入这"一法一规则"。2021年7月1日,在庆祝中国共产党成立100周年大会上的重要讲话中,习近平总书记又特别提出要"践行以人民为中心的发展思想,发展全过程人民民主",在其中加入了"人民"二字。2022年10月,党的二十大报告把发展全过程人民民主确定为中国式现代化本质要求的一项重要内容,强调全过程人民民主是社会主义民主政治的本质属性,对"发展全过程人民民主,保障人民当家作主"作出全面部署、提出明确要求。教材明显无法满足时事政治发展的需要,无法满足课程标准的要求。因此进行本部分教学时,笔者重新梳理了教材内容,根据课程标准确定教学目标。

核心素养目标:增进对习近平以人民为中心发展思想的认同,坚定制度自信。认识国家权力机关。关心社会,知道我国全过程人民民主理念的优越性,了解时政,主动参与社会活动。

情感、态度与价值观目标:感悟人民代表大会的优越性;增强对我国政治制度的认同感;树立和增强主人翁意识和责任感,依法积极参与政治生活,担当起国家主人应尽的责任。

知识与技能目标:

(1)了解人民代表大会的性质,增进对全过程人民民主的理解。

(2)认识人民代表大会的主要职权,体会国家权力机关权力是由人民授予的,要以人民为中心,要坚持和完善人民代表大会制度,不断发展全过程人民民主。

(3)提高在情境中运用所学知识分析、解决问题的能力,增强理论联系实际的能力。

在实际教学过程中,笔者充分挖掘厦门、湖里本土资源和校本资源,以学生的真实生活为基础,引入教育、交通、医疗等学生及其家庭关注的话题创设情境,引导学生开展自主、合作的实践探究和体验活动,根据课程标准的要求补充教材,通过情境中的问题探究,学生多方面了解人民代表大会的性质和职权,增强对全过程人民民主的理解,坚定理想信念,厚植爱国主义情怀,增进对伟大祖国、中国共产党的高度认同,把爱国情、强国志、报国行自觉融入实现中华民族伟大复兴的奋斗之中。

上课伊始,笔者就利用校本资源创设问题情境,播放学校每周升旗仪式短视频并提问:我国国歌的名称是什么?它是什么时候被确认为我国国歌的?由哪个机关确认?三个问题由浅入深,具有层次性。对于大多数学生来说,第一个问题是非常简单的。第二个问题,学生需要掌握一定的历史文化知识才能回答。而第三个问题对于学生来说,则是一个难点。由于创设了情境,问题具有层次性,学生就会不自觉地一步步跟着教师沉浸其中,思考、探究,将"全过程人民民主"这个相对遥远的主题拉进学生的学习生活,让学生在熟悉的情境中有话可说、有话想说。紧接着又利用图文形式,出示习近平主席关于全过程民主的语录,补充教材资源,梳理第三单元"人民当家作主"知识体系,辅以本土资源——最新湖里区人大会议选举结果,加深学生对国家权力机关"性质"的理解。引入习近平语录有利于八年级学生从国家高度认识"全过程人民民主"这个新词,符合课程标准的要求。通过大单元教学,梳理知识体系,帮助学生形成清晰的知识脉络。利用本土资源,运用学生所处区域的人大会议材料,引导学生理解人民代表大会的性质、地位和分类,便于学生理论联系实践,发挥主人翁意识。

(二)全面了解学生情况,营造平等氛围

全面了解学生学习掌握情况,如心理特征、行为习惯、认知水平、兴趣爱好、学习能力、德育素养、教育背景等。事实上这包含三个要求。

第一,在课前,教师要了解学生的知识储备情况,了解学生的预习情况。

第二,在课中,教师要转变教学观念,突出学生的主体地位,把课堂时间还给学生,让他们进行充分的思考、充分的讨论、充分的探究、充分的反思和充分的评价。教师要营造轻松愉悦的对话氛围,促使学生深入探索知识,为他们提供更多表达自己观点的机会,更好地提升学生的自主探究能力,并强化学生核心素养的培养。

第三,在课后,教师要全面了解学生的知识掌握情况,及时查漏补缺。

如在《国家权力机关》这堂课中,笔者在课前了解到的生情是:学生虽然在日常生活中接触过一些国家机关,但是他们对国家权力机关的认识比较肤浅,更多的限于时政新闻中的感性认识,没有深入了解人民代表大会的需求。因此布置了前置作业,要求学生以小组为单位,自主查阅资料(如:全国人大官网、厦门人大官网或者各级人大官网等权威网站),了解厦门人大的工作。在课堂中,学生要"独立思考,假设答案""交流讨论,反复论证",小组要选派代表与同学分享人大的职权,并探究"全过程人民民主"在人大职权中是如何体现的。在小组代表展示过程中,每个代表都畅所欲言,针对查阅资料的情况进行反馈汇报,并提出小组的观点。每个代表都有充分的时间和空间表达,真正落实了学生主体

地位。在课后"拓展延伸,提升生活",布置课后实践作业:找找身边的人大代表,围绕周边存在的一两个亟待解决的问题,写出访谈提纲并与他进行线上或线下的访谈。通过作业来检查学生课堂对全过程人民民主的掌握情况,校内教育与校外教育相结合,引导学生走出课堂,积极参与社会实践活动,把知识运用于社会,服务于人民,强化学生的社会责任感,提高实践创新能力。

(三)紧密结合现实生活,创设生活情境

学生的道德品质是在生活中提升的,思政教育离不开生活。在道德与法治课堂中,教师要充分结合现实生活,将学生的生活经历融入教学内容,创设贴近学生日常的教学情境,引导学生用理论知识解决生活问题。在教学《国家权力机关》时,导课部分用校本资源——学校升旗仪式,创设问题情境,一下子拉近了知识与生活的距离。本土资源——湖里区第九届人民代表大会第一次会议选举结果则是用于梳理理论知识,在情境中分析理解全过程人民民主。以小组为单位汇报前置作业,即课前通过自主查阅资料(如:全国人大官网、厦门人大官网或者各级人大官网等权威网站),小组探究"全过程人民民主"在人大职权中是如何体现的,通过自己动手动脑直接体验"全过程人民民主"。再通过图片,呈现上课当天区人大代表视察学校的情况,一步步引导学生"反思内化,总结检验":区人大代表为什么要下校视察?他们可能在行使什么职责?我们可以向人大代表反映哪些情况?通过当天发生在学生身边的生活现实,巩固知识,提高认识,加深理解。连课后的作业也都与生活相结合,采访身边的人,解决身边急需解决的问题。整个课堂始终围绕学生的生活实际,创设问题情境,紧扣"人大"主题,串起生活问题,以合作探究为方式,以反思内化为关键,丰富学生已有的生活阅历,在感悟和体验中获得践行能力的强化、品格的升华以及性情的陶冶,学会过健康积极的生活,把爱国情、强国志、报国行自觉融入实现中华民族伟大复兴的奋斗之中。

(四)引领聚焦时代主题,设置思政情境

道德与法治课程是义务教育阶段的思政课,旨在提升学生思想政治素质、道德修养、法治素养和人格修养等,增强学生做中国人的志气、骨气、底气。因此,教师开展道德与法治教学活动时,应当围绕当今时代主题和我国取得的巨

大成就,创设具有思政情怀的教学情境,让学生在情境中更好地学习新知识,增强政治认同感,提升核心素养。很明显,在《国家权力机关》课堂中,教师一直在紧扣"全过程人民民主"这个时政热点,围绕我国在民主政治方面取得的成就展开教学,激发学生的民族自信心与国家自豪感。

(五)深度融合传统文化,设定德育情境

党的二十大报告指出,中华优秀传统文化源远流长、博大精深,是中华文明的智慧结晶,其中蕴含的天下为公、民为邦本、为政以德、革故鼎新、任人唯贤、天人合一、自强不息、厚德载物、讲信修睦、亲仁善邻等,是中国人民在长期生产生活中积累的宇宙观、天下观、社会观、道德观的重要体现,同科学社会主义价值观主张具有高度契合性。中华优秀传统文化本身就是思政教育的一部分,它像一本厚重的历史书,记录着我们祖先的智慧和故事。在道德与法治课程教学中,教师可结合我国传统文化创设富有深刻内涵的德育和法治教育教学情境,让学生学习知识,形成优秀的道德品质。如,我们可以利用儒家文化创设道德情境,探讨儒家文化中的"仁、义、礼、智、信"等核心价值观如何影响我们的日常生活和人际关系,思考如何践行这些价值观。我们可以选取传统节日如春节、中秋等,了解节日的历史背景、文化内涵,创设有关家国情怀的情境。我们可以以传统艺术如京剧、国画等创设有关文化自信的思政情境,增强对传统文化的认同感和自信心。通过这些思政情境的创设,不仅可以让学生更好地了解传统文化的内涵和价值,还可以引导他们在实践中践行传统文化中的核心价值观,培养他们的社会责任感和家国情怀。在进行《国家权力机关》这节课的教学设计时,笔者利用传统文化中的"天下为公"(《礼记·礼运》,即天下之资源和公器都从根本上为民众所有)等民本思想创设情境,通过问题探究"'天下为公'表达了什么样的理念?",引导学生明确民本思想是具有悠久历史且极具特色的一种中国文化传统,中国古代的优秀传统文化是中国式现代化建设的文化基础和思想渊源,是以全过程人民民主为典范的新时代中国特色社会主义民主政治的有力支撑。

(六)借助多媒体设备,创设互动情境

借助多媒体设备,创设思政情境,可以形象直观地呈现原本晦涩难懂的知识点,活跃课堂氛围,促使学生在轻松愉悦的氛围中理解知识内容,实现预设的

教学目标。同时多媒体技术的应用能构建高效课堂与智慧课堂,对学生学习兴趣、信息素养与学科核心素养的培养具有重要作用。如教学《国家权力机关》这节课,不管是导课环节的升旗视频,还是利用图文展示湖里区第九届人民代表大会第一次会议选举结果、区人大代表下校调研,还是利用多媒体直接上人大网站进行小组探究、查找信息,利用网络游戏进行反馈巩固,都借助了多媒体设备,增强学生的参与感和体验感,拉近了"全过程人民民主"知识点与学生生活的距离。尤其使用交互式白板进行互动游戏,学生直接上台进行互动操作,增加参与感,激发其学习兴趣和动力,提高思政教育的效果和质量。

在道德与法治课程教学中运用情境创设法,不仅能将知识点呈现变得更加立体化和具体化,还能激发学生身临其境的学习体验,从而引发强烈的情感共鸣。学生能在具体而生动的情境中,更深刻地理解学科知识。这种互动情境化的学习方式,使学生的问题解决能力、批判性思维能力和人际交往能力都得到显著提升。他们不仅学会了如何应用学到的知识解决实际问题,更重要的是,他们在过程中学会了如何与他人合作,有效提升了学生的学科核心素养。

第三节 议题式教学

一 何为议题式教学

议题是指"会议讨论的题目",议题有别于话题、主题和问题,但与它们也有密切的联系。议题是以活动形式呈现的、承载学科内容的问题;话题是引入和表现议题式教学的"时事"内容;主题是由议题式教学承载的"学科"内容;问题则是议题式教学的主要呈现形式。也就是说,议题是将主题置于话题讨论中的。[①]

议题式教学围绕学生真实生活情境展开教学活动,具有开放性、指向性、思辨性、综合性等特性。议题式教学是以系列性的探究话题为抓手,以结构化的学科知识为支撑和主线,以提高学科素养为核心,通过学生参与社会实践、课上合作探究等方式进行的一种教学方法。

道德与法治学科的议题式教学是依据道德与法治课程标准要求,结合学科知识体系,以议题为引领开展的系列化教学活动。议题式教学法在道德与法治课程教学中的显著特点是议题式的开展,重在学生的价值引导与道德养成,法治素养的达成,政治方向的引领,与生活实践的联系。基于"是什么—为什么—怎么样"的线索,创设"商议—争议—决议"一题多"议"的序列化活动,商议是学生各种观点的荟萃,争议是真理越辩越明的必经过程,决议则是最后形成的统一共识。将"议"贯穿教学全过程,在"议"中进行价值判断,从而正确地进行价值选择。

[①] 李晓东.议题式教学设计与实施中的几个关键问题[J].教学月刊·中学版(政治教学),2019(Z1):25.

二 议题式教学的原则

（一）方向性原则

2022年版《道德与法治课程标准》指出："课程具有政治性、思想性和综合性、实践性。"政治性和思想性，决定了育人目标的方向性。从议题指向的方向来说，议题的确定要关注"学生应到哪里去"的问题，充分体现课程的育人价值和需要。也就是我们要注意议题指向的方向要符合政治性、思想性原则，如关于弘扬社会主义核心价值观，有的直接设置议题"要不要弘扬社会主义核心价值观"，这样的议题不能说错，但弘扬社会主义核心价值观已经是社会发展趋势，势在必行，再来议"要不要"，会给学生"没有必要"的讨论空间，议题方向完全背离了议题的政治性和思想性原则。但若将议题设置为"弘扬社会主义核心价值观，高调宣传和低调践行应如何选择？"议题不但有现实生活的支撑，有落脚点，学生有话说，而且具有政治性和思想性。因为在议题的讨论中不管最后的选择是要高调宣传还是低调践行，立足点还在于社会主义核心价值观必须弘扬，只不过在路径上，可以有所选择。在学生议"弘扬路径"的过程中，"弘扬社会主义核心价值观"这个观点不知不觉已经为学生所接受、认同、内化、践行，达到"润物细无声"的效果。因此，议题式教育要注意正确的政治方向引领以及丰富的思想内涵教育，尤其在确立议题的时候，要注意设置的方向性，要有技巧，不能简单地用"是不是""要不要""能不能"来议。具体来说，我们首先要了解核心素养的要求，确定具体的课程目标，并将其转化为教学目标，根据教学目标设置教学议题，围绕议题创设情境、设计任务，并配以相应的评价设计。

（二）生活性原则

教育要回归生活。设计议题时，应立足于学生的真实生活和社会实践，在现实生活与未来生活、个体生活与集体生活、虚拟生活与现实生活的分歧点、交汇点上选择并创设情境，设计问题链，形成议题，有利于激发学生的学习兴趣，调动学生的思维，使学生获得成长。就如上面所说的议题"弘扬社会主义核心价值观，高调宣传和低调践行应如何选择？"涉及社会现实生活中真实存在的截然不同的做法，也是两种不断争论的声音，都可以在社会现实生活中找到具体可视的操作模式。设置这样的议题，学生可以运用自己的生活经验加以阐述，启动思维辨析，表达自己的观点，在辨析中更好地理解生活，改善生活。

(三)思辨性原则

通过创设具有思辨特点的生活化情境,设置思辨问题,激活学生思维,引领学生积极主动参与活动,在问题情境中观察、辨析和反思,学会合作探究,是培育学科核心素养的重要尝试。如议题"弘扬社会主义核心价值观,高调宣传和低调践行应如何选择?"就是一个具有思辨性的生活化情境。两种做法各有利弊,各有长短,不能简单以对错定论。教师在实施思辨性教学中,要教会学生综合使用下列方法,打开思维的大门:一从横向角度思考,运用辩证的观点,多角度阐释问题,避免简单化。针对弘扬社会主义核心价值观,思考除了高调宣传之外,还有没有其他更好的途径。二从纵向角度思考,运用发展和联系的观点,透过现象看本质,避免浅层化。随着社会的发展,科学技术日新月异,思考还可以用什么形式才能与时俱进弘扬社会主义核心价值观。

议题式教学的原则见表5-2。

表5-2 议题式教学的原则

环节	要求	原则
1.文本解读: 议题式课堂设计的前提	把握教材	方向性原则
2.情境选材: 议题式课堂设计的支撑	生本取向;翔实充分;科学贴切	生活性原则
3.问题创设: 议题式课堂设计的关键	设计"现实问题",增强"议"的动力; 设计"开放问题",放大"议"的空间; 设计"递进问题",增加"议"的深度	思辨性原则

三、议题式教学的构架

(一)议题选择——聚焦价值引领显高度

议题式教学的核心在于议题。参考顾明远教授的观点,结合个人实践,笔者认为选择议题要综合考虑针对性、可行性、真实性三方面因素。

1.瞄准针对性,聚焦重点难点

针对性指的是议题既要符合道德与法治课程的性质,聚焦学科教学重点,还要符合学生的"最近发展区"。好的议题能聚焦教学重点,针对学生学习难点,有效消除学生学习疑点,发现学生学习盲点,实现学生学科学习的进阶。因此,我们在进行议题式教学设计之前,要充分解读课程标准和教材内容,调查了解学生知识积累基础,关注学生"开始在哪里"的问题,充分了解学生对相关议题的了解程度和兴趣程度等方面的基本状况。对于议题的选择,不能忽视学生的原有经验水平和认识基础,以及学生的关注点和兴趣点。议题的选择可以从学生熟悉的知识领域出发。比如选择学生比较熟悉的和有意义的时事新闻热点,又或者从学生成长过程中的障碍与困惑入手,聚焦学生某些认知的片面性进行选择。学生需要从议题当中得出对现实问题的启发,这不仅能激发学生对道德与法治课程的兴趣,还可以推进学生知识与道德品质、法治素养的协同发展。

2.关注可行性,告别虚假课堂

可行性指的是议题式教学中设计的活动与所承载的学科内容犹如"水"与"乳"的关系,彼此交融,既符合社会发展趋势,又贴近学生学习实际,既能调动学生参与课堂的积极性与热情,又能让学生有深入的思考与提升,如此才能告别"假活动""假讨论"的状态,让议题式教学真正指向学科内容的有效学习。如在进行部编版《道德与法治》八年级上册第二课《网络生活新空间》第二节《合理利用网络》教学设计时,根据主题和学生实际,有教师直接设置议题:该不该进行"防沉迷"立法?很显然,这样的议题在可行性方面就值得商榷。为了青少年的健康成长,网络"防沉迷"活动早就以法律的形式加以确认,是板上钉钉的事情。"未成年人网络保护"问题早已被写入《中华人民共和国未成年人保护法》等多部法律法规。2024年1月1日《未成年人网络保护条例》正式施行。这是我国出台的第一部专门性的未成年人网络保护综合立法。所以"网络防沉迷立法"的议题已经是事实,根本没有"议"的必要,不具备可行性。

3.落实真实性,激发深度思维

过程与结果不能是"两张皮",要具有一致性与一体化,促使学生真实思考。议题要有足够的辨析性、延展性、深刻性。议题不能是简单的问题,它必须具有可议性,具有思辨价值、研讨的空间,才能激发学生的议论和研讨兴趣,聚焦议题展开积极的研讨。议题既可以由教师精心设计,从教材中、从生活中、从社会热点中获取有用的素材,发挥议题的思辨性功能,通过议题来引发学生的头脑风暴,引导学生展开激烈的讨论,从而促进学生学科核心素养的提升。也可以引导学生自主设计议题,充分发挥学生的主观能动性。生活是道德与法治课程教学的源泉,紧密联系生活实际的议题式教学能唤醒、激活学生的相关经验,引起学生情感共鸣,点燃学生思想的火花。社会热点问题能激发学生学习兴趣、调动学生学习积极性,拓展思维。如议题:我们的城市应该寻找怎样的城市当伙伴?良法之下会有法治国家吗?双循环如何实现良性循环?在联结议题与知识时,可以采取认知同化和认知顺应两种方法。在结合社会现实生活设计议题时,引导学生将外部环境中的有关信息吸收进来,并整合到已有的认知结构中,称为认知同化类,如基层立法联系点与哪些依法治国的知识点存在联系?将外部环境中的"基层立法联系点"整合到依法治国的认知结构中;引导学生将原有认知结构顺应外界的新环境,进行结构重组与改造,称为认知顺应类,如将原有的知识点"为什么说中国共产党执政是历史和人民的选择"与我国站起来、富起来、强起来的现实社会发展历程结合起来,可以更好地理解知识点。

(二)议境创设——贴近学生生活有温度

议题情境的创设是实现议题式教学的主要载体。教师要创设情境,优化情境。情境不仅要贴合学生的生活,还要触及学生的心灵。引导学生围绕议境,展开积极思辨,化抽象知识为具体可操作的议境,帮助学生更高效、更准确地理解课堂知识,提升学生的学习产出。

1.议境创设的类别

具体来说,议题情境可以分为以下三类:(1)问题式议境。问题式议境能引发学生调动思维深入思考,师生都可以设计相关的问题,要注意的是,问题的创设要与情境紧密结合,问题要有梯度,由浅入深,层层递进,面对所有学生的不同需要设置不同层次的问题。(2)现实性议境。现实性议境是围绕学生现实生活创设的议境。议题式教学必须基于学生生活创设情境,学生才能有所思,有所悟,有所感。现实性议境源于生活,可以在真实生活的基础上进行加工,但一定是真实生活的呈现,不能为创设议境而创设,更不能生搬硬套,弄虚作假。(3)价值性议境。道德与法治是德育课程,教师要精心创设价值性议境,如创设"见到老人摔倒扶不扶"的矛盾情境,引发学生强烈的思辨,培养学生的德性。道德与法治教师要站在立德树人的高度,对学生进行价值观教育。

2.议境创设的原则

不管是哪一种议境,都要精挑精选,选择的情境要具有典型性,即小切口、大背景和正能量。也就是说我们要选择在时代大背景下具有价值引领意义的小事件。选择的情境要契合学生心智,使学生愿意"入境",还要紧扣教材主题,使学生能"出境"。议题情境创设要做到"三三三"原则(具体见图5-3),也就是说只有做到"三贴近""三化""三性",才能引导学生主动进入议境,在沉浸式的议境中主动思考、合作探究,在矛盾冲突中,在思维碰撞中回到现实解决问题。"三贴近"指的是议境创设的起点要符合生情需要;"三化"要求议境的展开要具体,要有细节的呈现及分析;"三性"要求议境的议论过程要有矛盾冲突,要有师生互动、生生互动的过程体现,矛盾的解决方式并不是唯一,而是具有开放性的、多角度的思维特点。如老人摔倒"扶不扶"是社会经济高速发展所产生的具有时代特色的一个典型问题,已经在全社会引发一系列的讨论,甚至在中央电视台春节联欢晚会的舞台上还以小品等多种形式的情境加以呈现。我们在创设议境的时候,可以设置具有互动性的情境,引导学生一步步地跟着老师"入境"。如我们一开始就可以直接问学生:遇到老人摔倒,你扶不扶?通过这种"三贴近"的情境,引导学生拓展思维,多角度答题。如针对不同对象的老人,是亲人还是邻居的老人,是认识的还是陌生的老人,学生采取的态度可能不同。这时候教师就可以继续追问,为什么针对不同的对象,会有不同的态度和做法?将情境"三化",继续创设议境:陈女士搀扶摔倒的邻居李奶奶,结果好心做坏事,不小心造成李奶奶二次受伤。出示问题:如果你是陈女士,接下来你会怎么办?为什么?如果你是李奶奶,你会不会向陈女士索赔?为什么?创设"三性"情境,引导学生积极发表自己的观点。最后呈现事实情境,李奶奶将陈女士告上法庭,要求赔偿1万余元。你是否支持李奶奶的做法,为什么?这样的事实结果对学生的传统认知具有冲击性,从情感认同来说,学生很难接受。做好事还被起诉,李奶奶怎么可以这么无情无义,以怨报德?做好事还要付出这么大的代价,那以后谁还敢做好事,发扬社会主义核心价值观?中小学生往往更容易从情感角度看待这个事件,却忘记了公民的权利与义务的法律精神,忽视了陈女士好心做坏事的结果,不能因为出发点是好的,就让李奶奶一个人独自承受后果,李奶奶有维护自身合法权益的法律支持。这种情与理的冲突对初中学生来说,理解与接受起来具有一定的难度,可以先让学生以小组为单位,先交流,再分享。小组讨论时,要允许学生有不同的看法,鼓励学生根据自己的理解,勇敢地阐述自己的观点。引导学生学会从不同的角度看待事件,讨论不一定要给出谁对谁错的结论,关键要培养学生辩证看待问题的逻辑体系,学会在情理冲突面前理性看待事物,冷静处理冲突。通过创设这种有悬念的议境,学生注意力集中,开动思路,跟着老师,互动代入,推动情境发展,最后在"不可思议"的结果中深刻体会在实际生活中承担责任可能要付出的代价,感受责任的重大意义。

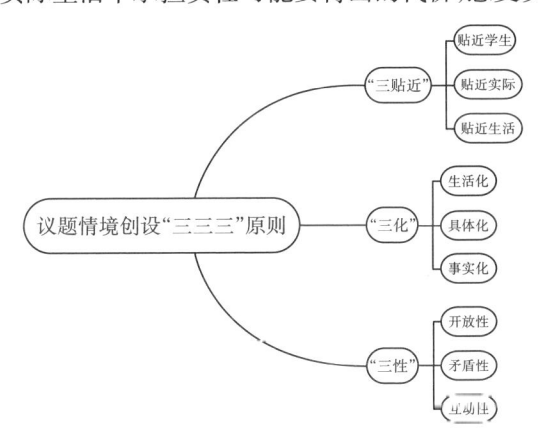

图5-3 议题情境创设"三三三"原则

再如在2023年厦门市第六届中小学中职学校幼儿园教师教学能力竞赛中,获得一等奖的福建省集美中学陈艺芬老师以议题式教学法,融合绘本,巧用中共中央组织部党员教育中心、中央广播电视总台社教节目中心联合制作的先进典型事迹宣传短片《榜样的力量》的中国菌草之父林占禧的事迹一案到底,以总议题"山海相连'幸福草',携手奔赴'共富路'"为引领,创设了三个议境,呈现了议境的"三贴近"、"三化"与"三性",在润物细无声的议境创设教学中,将部编版《道德与法治》九年级上册第一课《踏上强国之路》第一节《走向共同富裕》的知识点深植于学生心中,实现学科知识前后贯通,使核心素养培育有效落地,让深度学习真正发生。

议题一:回首奋进路,"点草成金"绘山海

创设生活化、具体化、事实化的议境:创设"我为家乡代言"的校园之声直播间情境,引导学习共同体上台分享课前准备好的"我为家乡代言"直播,为同学介绍"我"的家乡。通过现代流行的校园直播间方式,小组分工协作,有的采访,有的撰稿,有的设计幻灯片,有的汇报,将平时学生不易看到的农村生活情境,以学生喜闻乐见的小视频形式全面呈现,并出示问题:从调研报告中看出什么问题?迅速抓住学生学习兴趣,在生活情境中思考探索,解决实际问题。

教师根据学习共同体的汇报,归纳家乡发展中的亮点以及出现的问题,及时截图,并创设第二个议境:模拟村民议事会。创设互动情境:作为村长,你深感本村已经到了必须改革的关头,现已知本村乡村振兴面临问题,即归纳第一个情境中家乡发展中存在的共性问题,模拟村民议事会,在小组合作中分别以村民委员会主任、记录员、设计师的身份讨论,解决调研问题。学生置于生活议境中,深刻感受我国社会发展的主要矛盾,面临的新挑战,归纳出我国经济已由高速增长阶段转向高质量发展的新阶段。面对新矛盾、新挑战、新阶段,我们要以巨大的政治勇气全面深化改革,打响改革攻坚战,加强改革顶层设计。改革开放是当代中国最鲜明的特色。

议题二:铺展振兴路,跨越"山海"谋发展

展示学生所绘的绘本故事"闽宁协作山海情",创设流行的网吧跟帖形式情境,请学生逐一填写表格问题:为什么国家和政府要推进"闽宁协作"？谈谈你对共享发展的理解。理解后还要行动落地,模拟2023年闽宁协作联席会议。根据课前的合作学习,宁夏代表团和福建代表团各推选4名同学上台模拟闽宁协作联席会。各代表团成员记录对方代表团的关键信息并进行交流评价。根据这种贴近学生、贴近实际、贴近生活的议境,分析共享发展成果的原因,落实共享的具体行动。

议题三:拓宽幸福路,双向奔"富"新山海

展示"闽宁印象·山海情深"暨闽宁少年儿童书画展,通过两地学生绘画作品展示,诠释这种合作是一种双向奔赴的幸福路,这条幸福路我们要坚定地走下去。课后寻求美术、语文、政治等老师的帮助,以小组合作为单位完成《山海相连"幸福草",携手奔赴"共富路"》的绘本制作,并将这份礼物送给宁夏的同学们,加强两地青少年的交流。通过跨学科作业的布置,将课堂上的这种共同富裕的精神传承下去,延续下去。[①]

需要注意的是,教师在教学环节进行问题情境的创设时,必须严格按照相关流程进行,即提出问题—独立思考—交流讨论—解答问题—巩固练习,确保问题情境创设的有效性与合理性。学生带着问题学习课程内容,获得解决问题的能力以及问题思维意识的提高。

---

① 参见福建省集美中学陈艺芬老师的教学设计《山海相连"幸福草",携手奔赴"共富路"》。

在这堂课上,通过生活化议境的创设,教师将"共同富裕"知识点与学生日常学习生活结合起来,不但通俗易懂,而且温馨有情怀。在教师所创设的议境中,学生发现原来自己真的是可以为祖国发展做贡献的。通过校园直播间、村民议事厅、贴吧等学生现实生活中真正参政议政的形式,激发学生的主人翁意识,使其自觉投入祖国家乡的建设。这种教学设计不但能使学生关心自己,还关注社会的发展,祖国的兴旺发达,将政治认同、道德情操、责任担当等核心素养落实到位。

(三)问题牵引——促进思维进阶展深度

问题牵引"是为完成议题讨论而给学生设计的思维阶梯",是对情境的进一步细化。问题牵引是议题式教学的中枢神经,它关系到整个议题式教学的成效,我们选择的议题合适,议境就有温度和热度,但如果问题设置指向性不强,甚至指向错误,那么议题式教学的效果就会大打折扣。问题牵引指议境中所设计的问题要有思维阶梯,也就是要由易及难,由浅入深,层层深入。教师要根据思政学科教材的特征与内容,掌握各章节知识点的教学目标、教学特点、教学内容,寻找与其配套、对应的生活素材。教师要设计好问题链,做好问题牵引。从思政学科来说,就是要以价值引领为方向,以案例剖析为基础,以问题解答为线索,以合作探究为方式,以反馈总结为关键,引导学生沉浸式思考,要低起点、缓坡度、高标准、重落地。如部编版《道德与法治》九年级上册第一课《踏上强国之路》第一节《坚持改革开放》,我们确定了总议题"寻村 BA 火爆,议改革开放",并通过播放《外交部新闻发言人赵立坚在海外社交媒体发文推荐、点赞"村 BA"》的视频、图片创设了议境,将氛围感拉满。这时候就考验教师的功力,看看问题链的设置能否将议题与课标要求结合起来,问题牵引能否推进核心素养的落地。根据课程标准的要求"了解中国共产党领导人民解放思想、锐意进取,创造了改革开放和社会主义现代化建设的伟大成就,实现了人民生活从温饱不足到总体小康、奔向全面小康的历史性跨越,推进了中华民族从站起来到富起来的伟大飞跃,理解中国特色社会主义道路是指引中国发展繁荣的正确道路",设置问题:

(1)寻根——"村 BA"为何能火爆出圈?

要求学生通过问题探究,能多角度分析,全面回答。如从文化角度看,"村BA"将中华优秀传统文化发扬光大,适应了时代的发展。从社会发展角度看,

"村BA"借助现代科技要素,搭乘互联网东风,线上线下传播速度快。从体育角度看,"村BA"具有悠久的举办历史和深厚的群众基础,它没有特别的技巧和限制,胜在一个"真":球员攻防有板有眼,认真比赛;观众真心热爱篮球,男女老少激情澎湃,跟随比赛节奏加油鼓劲。"村BA"属大众普通老百姓娱乐比赛,简单易办,不受年龄、性别等因素的限制,具有广泛的群众基础。从国家政治角度看,"村BA"紧跟国家乡村振兴战略,符合乡村文化发展基调,所以能迅速火出圈。从经济角度看,"村BA"吸引人流,促进了当地旅游业的发展,提高了经济效益,促进乡村建设……这个问题,每个学生都能从不同方面给出不同的答案,起点较低。但若要学生全面准确回答,就需要学生调动生活经验,全面调取知识,有一定的难度,需要课堂上分享答案才能完成。问题牵引要低起点、缓坡度、高标准、重落地。

（2）问道——"村BA"火爆的背景说明什么?

经过议境分析不难看出,"村BA"火爆是人民对美好生活的共同向往,是村民在巩固脱贫攻坚同乡村振兴有效衔接方面,打造的独具特色的贵州样板!"村BA"火爆的背景恰恰说明了我们要坚持改革开放,坚持以人民为中心,做好经济发展,将改革进行到底,全面深化改革。

（3）增信——"村BA"升级为全国性赛事有何意义?

"村BA"升级为全国性赛事是政府行为。党和政府坚持以人民为中心的发展思想,让人民共享发展成果,让现代化建设成果更多更公平,惠及全体人民;"村BA"折射出新时代中国乡村振兴故事,印证了党的二十大报告指出的"中国式现代化是物质文明和精神文明相协调的现代化""是全体人民共同富裕的现代化"。

（4）有为——请你为更好地办好"村BA"出谋划策。

教师要引导学生运用辩证思维,引导学生分析"村BA"在飞速发展的同时,还存在哪些不足之处。如"村BA"赛事是由村民自发组织的,具有草根性,缺乏专业的管理团队和明确的职责分工,赛事规则和管理制度不完善,场地设施不规范,缺乏专业的球场和训练设施,安全保障措施还不够完善,缺乏有效的宣传渠道和推广手段,难以适应新形势的发展需求等。针对以上问题,请学生发散思维,为这个赛事能走得更远变得更强出谋划策。

问题的设置必须精细打磨,充分考虑活动推进与思维进阶的渐进性和上升性。以教学的展开逻辑和学生的认知规律为线索,设计有逻辑、能辨析的问题,发展、提高学生的辩证思维能力和综合思维能力。问题要具有开放性、延伸性,让学生开拓思维,看到无限可能,不轻易否定学生。要在问题的完成中增强学生学习信心。

议题式教学也应该精选精用素材,深挖素材内在的价值,设计"一案到底"的"连续性故事"。如,可以将"村BA"的发展演变、"村BA宝贝"和"蹦苗迪"等独具民族特色的歌舞表演,"村BA"村民大会、"美丽乡村篮球赛"、全国各族人民齐聚一堂观看赛事、"小篮球"承载"大梦想"等,与"富强与创新""民主与法治""文明与家园"等教材内容一一对应,贯穿整个九年级上学期的教学,用一案多境的方式,将各个知识点有机串联,使整册书教学前后连贯、浑然一体、提纲挈领,让核心素养落地生根。

在问题牵引中,可以围绕四个方向设置问题:

一是按逻辑体系设问。在义务教育阶段的思政课中,根据学生的心理发展特征,以及课程标准要求,道德与法治课程最常见的问法有"是什么""为什么""怎么样"等学科常用问法,如上文"村BA"的问法,就是按照这个逻辑体系进行问题牵引的。按照这种设问顺序,条理清晰,符合学生发展特点,师生互动氛围好。

二是以时间为序设问。在道德与法治课程中,还经常以时间为序进行议题式教学的问题设置。如厦门市五缘第二实验学校苏园园老师设计的《增强生命的韧性——与苏东坡跨越千年的相遇》,就是以苏东坡跌宕起伏的百味人生为序,随着时间的推进,设置议题及问题。从"何以'东坡'?——黄州人生""为何'东坡'?——种地人生""成何'东坡'?——美食人生"三个篇章引导学生开展自主探究与合作探究,提高学生的思辨、分析、综合能力,树立正确人生观和价值观,引导学生学会生活、知行合一,发展健全人格和责任意识。

三是围绕同一人物在不同场景的行为变化设问。在道德与法治课程中,还经常围绕一个人物,以不同场景的行为变化进行议题式教学。例如以感动中国人物、道德榜样、古今中外名人在不同场景的行为变化设置问题,引导学生进行辨析。如以钱学森、桂海潮面对不同场景的行为变化进行问题设置,培养学生自觉维护国家主权、尊严和利益,坚持国家利益至上,自觉履行维护国家安全荣誉和利益的义务,能够以实际行动捍卫国家利益和人民利益。部编版七年级上册第四课《友谊与成长同行》第一节《和朋友在一起》,我们就可以热门电影《长安三万里》中李白和高适的友谊在不同场景的变化设置问题。笔者在教学实践中,还经常设置"郑智"这个虚拟人物,结合学生的实际生活场景设置问题。

四是围绕同一场景不同人物设问。在教学实践中,我们还经常看到教师会围绕处于同一场景中不同人物的不同行为进行对比开展问题牵引。我们可以先设置场景,通过问题引导学生一步步选择行为,并预测最后可能产生的行为后果。这个时候再出示真实生活中的名人选择,形成强烈的对比,冲击学生心灵,从而引发学生反思,落实核心素养。

不管是哪种问题牵引模式,要注意的是问题一定要有思维含量,有可供探究、讨论的空间。为切实引导学生延伸课堂知识,将理论知识与社会实践结合起来,在课堂结束时要多设置一些"还会有什么"或者"还会怎么样"之类的延展性问题。

(四)活动开展——引导实践体验促力度

在思政议题式教学的活动开展中,引导学生参加实践体验是非常重要的环节,不仅可以帮助学生深入理解思政知识,还能提升他们的实践能力和社会责任感。

根据议题设计活动,设计多样化的活动形式,如小组讨论、角色扮演、辩论赛、实地考察等。活动开展至少需要以下三个过程:一是活动准备与分工。教师要告知学生活动的目的、要求和流程,确保学生明确任务。根据学生的个人兴趣和特长进行分组,每组选出一名负责人,负责协调组内工作。二是活动开展与引导。在活动过程中,教师要密切关注学生的参与情况,及时给予指导和帮助。鼓励学生积极发言、提问,培养他们的思辨能力和创新意识。引导学生将思政知识与活动内容相结合,深化对议题的理解。三是活动总结与反思。在活动结束时组织学生得出活动总结,并对比原先活动的预设,引导学生反思、完善和提高。活动要有始有终。如在完成"寻村BA火爆,议改革开放"的问题牵引时,教师没有就问题讲问题,而是在"村民代表会"活动的开展中,代入村民角色,以主人翁的态度探讨问题,得出结论。在活动开展前,教师要明确活动的目的、要求和流程,让学生带着学习任务开展活动,从而控制活动节奏,把握时间。在活动过程中,教师所设置的问题应层层递进,由浅入深。整个过程凸显教师主导,学生主体地位。在活动结束后,教师还要引导学生将结果与预设对比,反思得出提高活动的方法。

(五)展示交流——互帮互助学习有广度

举办成果展示交流活动是教育过程中不可或缺的一环,它为学生提供了一个展示自我、交流学习的平台。在展示交流的过程中,学生不仅能锻炼自己的互助能力,还能拓宽视野和思路,从而更好地理解和掌握知识。交流活动的形式有很多,常见的展示形式包括课堂演讲、小组汇报、辩论赛和情景剧表演等。这些活动各具特色,可以根据不同的主题和目的灵活选择。

1.课堂演讲是非常有效的展示形式

学生可以根据自己的兴趣和专业方向选择一个主题,进行深入的研究并准备演讲稿。在课堂上进行演讲时,学生需要清晰地表达自己的观点和见解,同时还要注意语言的准确性和流畅性。为了提高演讲的吸引力,学生还可以制作PPT辅助展示,其中包含文字、图片、视频等多种元素,使内容更加生动有趣。

2.小组汇报是培养学生团队合作和沟通能力的有效方式

将学生分成小组,每个小组选择其中一个主题进行讨论,整理出讨论结果。每个小组再选一名代表,在课堂上进行汇报。在这个过程中,学生需要学会倾听他人的观点、表达自己的看法,并与其他成员共同协作完成任务。

3.辩论赛是更加激烈的展示形式

学生需要分成正反两方,就某个议题展开激烈的辩论。在辩论过程中,学生需要运用自己的思辨能力和应变能力,同时还需要掌握一些辩论技巧。通过辩论赛,学生可以更加深入地理解所学知识,提高思辨能力。

4.情景剧表演是学生喜闻乐见的生动有趣的展示形式

准备情景剧时,学生需要深入理解课程内容,结合日常生活实际,激发创造力,创编故事。在表演中需要学生展示表现力,生动演绎,活化思政课堂。

展示交流的过程中,教师的主导作用不可忽视。教师需要给学生适当的指导和评价,帮助他们更好地完成展示任务。同时,教师还需要营造一个良好的课堂氛围,鼓励学生积极参与讨论和评价。为了确保展示交流活动的顺利进行,教师还需要注意以下几点。

第一,明确展示交流的要求。在活动开始前,教师需要向学生明确展示交流的文明礼仪、时间控制等要求,以确保活动的顺利进行。此外,教师还需要提醒学生注意展示内容的准确性和完整性,避免出现不必要的错误和遗漏。第二,给予具体的交流指导。在活动准备阶段,教师需要对学生进行具体的交流指导,如其他同学展示交流时自己要如何补缺补漏等。这些指导可以帮助学生更好地准备展示自己的成果和收获。第三,多挖掘展示交流的亮点。在展示交流过程中,教师需要时刻关注学生的表现,并发现他们的闪光点。这些闪光点可以是学生发言的精彩之处、展示内容的创新性等。通过挖掘这些亮点,教师可以更好地激发学生的学习动力和创造力。以"寻村BA火爆,议改革开放"的议题活动为例,在"村民代表"发表意见前,教师需要明确交流要求,对学生进行具体的交流指导,并挖掘"村民代表"展示交流的亮点,调动学生学习的主动性、积极性,更加深入地理解改革开放的历史意义和价值。

(六)总结评价——求同存异发展有气度

思政课的总结评价是一个综合性、多维度的过程,旨在深入剖析课程的实施效果、学生的学习成果,以及教师的教学方法。总结评价包含课堂小结,以及课堂评价。教师要精心策划、全面考虑,以确保总结评价的准确性和有效性。

课堂总结要巩固所学知识,提高分析问题能力。形式可以多样且灵活,主要有以下形式。

第一,情感升华式。通过引导学生领悟所学内容的情感基调,使认识、体验转化为指导学生思想和行为的准则,实现传授知识、发展能力、提高觉悟的教学目标。例如,在教授完相关的内容后,可以播放一段视频或一首相关歌曲,让学生在音乐的熏陶中升华情感。

第二,问题启发式。教师可以提出一些与课堂内容相关的问题,激发学生的思考,引导他们回顾和总结所学内容。例如,在教授完"公民权利与义务"的内容后,可以提出"在生活中,你的权利与义务是如何行使和履行的?"等问题,让学生在回答问题的过程中加深对知识点的理解。

第三,学生自主式。在时间充裕的情况下,可以让学生自己总结课堂内容,这有助于提高学生的课堂关注度,巩固知识,提升学习效果。教师可以引导学生从重点、难点、疑点等方面进行小结,或者让他们以思维导图、笔记等形式展示小结成果。

不管使用哪种方式,在进行总结时,要注意把握五大原则:

第五章　鲜活教学,实践探索

第一,精练性原则。小结不是教材的简单重复,而是经过精心提炼和科学概括的再创造,要言简意赅地概括课堂要点。

第二,创造性原则。小结不仅要"温故",还要"知新",要具有创造性,能够提升学生的认识水平,启发他们的思维。

第三,兴趣性原则。小结要能激发学生的学习兴趣,采用多样化的形式,避免单调乏味。

第四,目的性原则。小结要针对教学目标和教学内容进行设计,确保能达成教学目标,帮助学生掌握知识点。

第五,有效性原则。小结要能帮助学生巩固所学知识,提升学习效果,体现教师的引导作用和学生的主体作用。

进行课堂总结的同时,要做好课堂评价。2022年版《道德与法治课程标准》强调:"评价主要涉及价值观念、学习态度、过程表现、学业成就等多方面,贯穿道德与法治课程学习的全过程和教学的各个环节,发挥以评促教、以评促学、以评育人的功能。""要综合运用观察、访谈、作业、纸笔测试等方法全面获取和掌握学生核心素养发展的相关信息,加强纸笔测试与观察、谈话等方式的结合,关注不同情境中学生日常品行表现,避免仅凭考试分数判断学生水平的传统单一评价方式。要根据评价情况及时分析原因,调整教学方式。"[1]

首先,评价要全面客观,要综合考虑学生在整个课程学习过程中的表现,包括课堂参与、作业完成、小组讨论等各个方面,不能仅凭一句发言、一次作业就做出评价,而要综合各方面信息。我们不仅要关注学生的课堂表现、作业完成情况和考试成绩等定量信息,还要注重收集学生的反馈意见、教师的教学反思等定性信息。制定的标准要科学,紧密结合课程目标,确保标准能全面反映学生的学习成果和思政素养。同时,我们还要根据国家相关政策和标准,结合学校实际情况和课程特点,制定具体、易操作的评价标准。

其次,评价要注重激励与引导。教师在进行总结评价时,要用心、用情、用智慧,让评价成为促进学生成长和发展的有力工具,通过评价来激发学生的学习兴趣和积极性,鼓励他们继续努力学习。同时,评价也要指出学生的不足,引导他们进行自我反思和改进。在评价方法的选择上,我们要注重多样性和灵活

---

[1] 中华人民共和国教育部.义务教育道德与法治课程标准(2022年版)[S].北京:北京师范大学出版社,2022:50-52.

性,量化评价和质性评价相结合,既可以通过考试成绩、作业评分等方式进行量化评价,也可以通过观察、访谈、案例分析等方式进行质性评价。这样不仅可以确保评价结果的准确性和公正性,还能让评价过程更加生动有趣。

最后,评价要尊重学生的个性差异。每个学生都有自己的特点和优势,教师要根据学生的实际情况,及时将评价结果反馈给学生,并给予有针对性的建议,帮助他们更好地发挥自己的潜力。

思政课的总结评价是一个持续不断的过程,需要我们全面考虑课程的设计、教学效果和社会影响力等要素。通过科学、全面的评价,我们可以更好地了解思政课的实施效果和学生的学习成果,为进一步提高思政课的教学质量提供有力支持。同时,这一过程也有助于我们不断完善教学方法和评价体系,推动思政教育的持续发展和创新。

第四节 大单元教学

还记得笔者第一次到厦门市党校参加培训。党校地方大,为了快速找到会场,笔者赶紧咨询门卫到会场的最佳路径。门卫很有耐心,带着笔者到路口,详细地为笔者指路,先直行然后右拐,再左拐……他讲得很详细,可笔者就是听得云里雾里的。当笔者经过各种绕圈圈,一次次地怀疑自己是否迷路后,终于找到了会场。打开培训资料袋,才发现里面有一张党校的地图。根据这张地图,笔者迅速了解了会场在整个党校中的位置,才明白门卫跟笔者所说的各种具体指向。如果笔者先看到地图,对学校的总体布局有了初步的认识,热心的门卫给笔者具体介绍道路的时候,笔者肯定一听就明白。具体到我们的教学中,与其分章节一节一节详细教学,还不如先给学生一个总体知识架构,进行大单元教学,让学生对知识有一个总体认知,再分章节进行具体的阐述,在大单元的框架上丰富血肉,这样学生学起来才能条理清晰,事半功倍。

一、大单元的内涵

崔允漷教授认为,大单元是一种学习单位,一个单元就是一个学习事件、一个完整的学习故事,因此一个单元就是一个微课程。或者说,一个单元就是一个指向素养的、相对独立的、体现完整教学过程的课程细胞。[1]大单元教学是一种教学方式,它基于学科核心素养和课程标准,遵循学生认知发展规律,以某一主题(如专题、话题、问题)为核心,组织、联结学习内容,形成贯通学习情境、学习任务、学习活动和学习评价的整体联系的课程学习单位。这种方式不仅注重知识的传授,更强调培养学生的综合能力,如思维能力、创新能力、合作能力等,让学生在掌握学科知识的同时,更全面地成长和发展。在新课程理念下,大单元可以是单元教材中呈现的单元,也可以是视实际情况依据课程标准对教材重

---

[1] 曾惠真.指向新课标的小学语文大单元教学实践探究[J].试题与研究,2023(28):104.

组形成的新的单元。当前,课堂教学最大的问题是缺乏与学生真实发生有关、有趣、有用的连接,大单元不再是原有知识点的简单相加,而是最小的课程单元,能满足不同学生素养发展的要求,它是落实学科核心素养、实现学科育人的基本单位和重要路径。

大单元教学是大概念、大任务、大情境统领下教学活动的结构化教学。大单元教学旨在促进教学内容的结构化,构建教学的整体意识,实现"整体大于部分之和"。在提升教学效益的同时,实现核心素养的落地。大单元教学整合性强、时空跨度大、知识层次分明,需要对教学内容进行整体思考、设计和组织实施。大单元教学通常涉及较长的时空跨度,有助于学生更好地理解知识的发展和演变。同时,它分层次编排教学内容,有助于学生更清晰地把握知识体系的结构和层次。

初中道德与法治课程进行大单元教学时,结合学科特点,要注意以下三点。

第一,德育为先原则。初中道德与法治是一门德育学科,其核心目标是培养学生的道德品质和法治意识。因此,在大单元教学中,教师应将德育放在首位,通过丰富多样的教学活动和情境设计,引导学生树立正确的价值观和道德观,增强法治意识,形成良好的行为习惯。

第二,课标为准原则。2022年,教育部颁布了2022年版《道德与法治课程标准》,但是教材没有进行同步调整更新,还处在新课标旧教材过渡期。教师在课堂教学时要依据新课标进行大单元教学设计,不要拘泥于原有的教材框架。

第三,学生主体原则。在大单元教学中,教师应尊重学生的主体地位,关注学生的需求和兴趣,通过引导学生主动参与、积极探究、合作交流等方式,激发学生的学习兴趣和积极性,培养学生的自主学习能力和创新精神。

二、初中道德与法治大单元教学的意义

(一)符合时代发展需要

2021年中共中央办公厅、国务院办公厅印发《关于进一步减轻义务教育阶段学生作业负担和校外培训负担的意见》,"双减"政策的出台,标志着社会各界对教学效率的要求。当今社会经济发展突飞猛进,信息科技日新月异,学生也必须提高学习效率。在传统的教学过程中,教师将部分知识结构具有一定相似

性、学习方法具有迁移价值以及内容之间联系较为紧密的整体性内容分割成多个分散的知识点,会在无形中加大学生的记忆难度,阻碍学生知识体系的建立,不利于学生整体思维的养成。在大单元教学中,教师构建完整的知识网络,对单元知识做到整体把握,以单元教学主题为线索,对相似内容进行合并处理,有效整合分散课时,拓展学生学习的深度和广度,符合时代发展需要。

(二)增强知识逻辑结构

大单元教学有助于增强道德与法治课程的连贯性和整体性。传统的道德与法治教学往往按照章节进行,知识点之间缺乏紧密联系,碎片化的教学方式缺乏教学深度,导致学生的学习只能停留在浅层。而大单元教学通过整合相关内容,形成了一个完整的知识体系,有助于学生更好地理解和掌握知识之间的联系,引导学生深度学习,提升学习效果。大单元教学优化了教学内容的组织与呈现方式。教师根据知识的内在逻辑联系,将教学内容划分为若干个子单元或主题,每个子单元或主题都围绕一个核心问题或观点展开。在呈现方式上可以采用流程图、思维导图等可视化工具,将知识点之间的逻辑关系直观地呈现出来,帮助学生更好地理解和记忆。

(三)提升思政教学效果

开设道德与法治课程的核心在于培养学生的德性和提升其法治素养,重点关注学生情感、态度与价值观的塑造。在课程设计方面,需要运用系统性思维进行整体规划,增强学生运用知识并实现知识迁移的能力。大单元教学是为顺应核心素养时代的育人要求提出的,它高度强调知识之间的内在关联,充分展现系统思维,始终秉持"整体化"和"以兴趣为中心"的原则,突破了传统教学中知识的固有界限。这种教学模式不仅仅注重知识的讲解,更侧重于对学生情感、态度和价值观的培养,致力于让学生具备出色的实践能力、创新精神以及良好的交往能力,从而有效提升思政教学的整体效果。

(四)培养学生创新能力

大单元教学围绕生活主题和话题设置教学情境,引导学生运用多种知识和技能来解决问题,培养他们的批判性思维和实践能力,通过参与讨论、合作学习等活动,在感悟中掌握相关知识,打通"大社会"和"小课堂"之间的联系,有利于引导学生学以致用,促进学生思维发展,培养学生创新创造力。

三、初中道德与法治大单元教学的策略

大单元教学着眼于"大"字,从"大处"着眼,从"大处"着手。大单元的结构化,不仅是知识、技能的结构化,更是教学活动的结构化、问题的结构化。这里的结构化,是基于深度学习的理念,在大概念、大任务、大情境的统领下,整个大单元教学活动的整合化、条理化、纲领化。初中道德与法治大单元教学旨在全面提高学生的道德与法治素养,培养学生的综合思维能力,并引导他们将所学知识与现实生活相联系。本部分将结合厦门市湖里中学林雅丽老师的大单元教学设计《培育中华文化美德》[①]进行阐述。

(一)明确教学目标与主题

大单元学习主题需要依据新课标以及具体教学内容来进行组织和规划,既要确保教学的完整性和有效性的特征,又要能够有效促进学生的积极参与和成绩提升,帮助学生深化对道德与法治知识的理解。在大单元教学开始前,教师需要认真研读课程标准,根据课标明确教学目标,根据学生生情找准并确定主题,设计活动环节,形成具有内在联系的知识体系。如厦门市湖里中学的林雅丽老师根据课标和学生生活实际,围绕"培育中华文化美德"这一核心问题,聚焦"个人生活"和"中华文化",通过"中华文化如何推动个人美德发展"这一分支主题,确定以"家"文化和"青春"文化为背景,再聚焦"严私德",着力从生活经验入手,学习家庭生活、个人生活中的传统美德,在价值辨析与认知践行中,提升个人品德,提高道德修养和增强责任意识。聚焦"公共场合"和"中华文化",通过"中华文化如何推动社会美德发展"这一分支主题,确定以"礼"文化和"诚信"文化为背景,再聚焦"守公德",结合真实情境呈现,明确社会生活中"以礼待人""诚实守信"的意义及做法,在感性体验到理性认知中,传承中华传统美德,提升道德修养,促进健全人格。聚焦"道德准则"和"中华文化",通过"中华文化如何推动传统美德发展"这一分支主题,确定以"实干"文化和文化"自信"为背景,再

---

① 参见厦门市湖里中学林雅丽老师的大单元教学设计《培育中华文化美德》。

聚焦"明大德",明确实干精神是我们当代人应有的品质,尊敬和热爱劳动应成为我们的劳动观;树立为实现中国梦而努力学习的良好志向,立大志,提升责任意识;对"中华文化"的价值、文化自信、传统美德等进行深入探究,提升政治认同。

(二)整合教学资源与内容

结合课程标准和学生实际,将相关联的学科知识以及思想等整合起来,整合课内外的知识以及技能、应用要求,整合相关教学资源,设计具有层次性和梯度性的教学内容。教师在教学过程中应注重培养学生的逻辑推理能力,引导他们学会分析问题、提出假设、进行推理和得出结论。让他们在思考中深化对知识的理解,能够有效改善传统教学模式中教材各篇目之间逻辑性较弱、知识体系构建较为困难的问题,实现深度学习目标。思维导图是教学中常用到的一种优秀的思维方法以及工具,在开发人的思维方面具有不可替代的作用。思维导图的建立能帮助学生对所思考的问题或者所学习的知识点进行全方位的观察。如林雅丽老师根据教学目标,以"培育中华文化美德"为主题进行大单元教学设计的6个课时,遵循育人规律和学生成长规律,以"成长中的我"为原点,以学生不断扩大的生活和交往范围为建构课程的基础,依据我与自身,我与家庭、他人、社会,我与国家和人类文明关系的逻辑,以螺旋上升的方式组织和呈现教育主题,强化课程设计的整体性。在大单元教学中选取了七、八、九年级与之相关的6个课时的课程内容,以"严私德—守公德—明大德"为呈现逻辑,将"中华文化认同"意识贯穿始终:关于"孝悌文化"和"青春文化"——七上第七课第一课时《家的意味》、七下第三课第二课时《青春有格》,提倡"严私德"理念,由理解"中国人的家"走向践行中国家庭孝悌之行,于探究"行己有耻"的底线意识、"止于至善"的追求中涵养有"格"青春。关于"礼义文化"和"诚信文化"——八上第四课第二课时《以礼待人》、第三课时《诚实守信》,由探究礼文化走向传承与践行礼文明,于榜样人物的为人处世中学习新时代少年"守公德"的诚信追求。关于"实干文化"和"中华文化"——八上第十课第二课时《天下兴亡,匹夫有责》和九上第五课第一课时《延续文化血脉》,明确个人与国家的密切关联,懂得实干创造未来,于"明大德"中培育家国情怀。(图5-4)

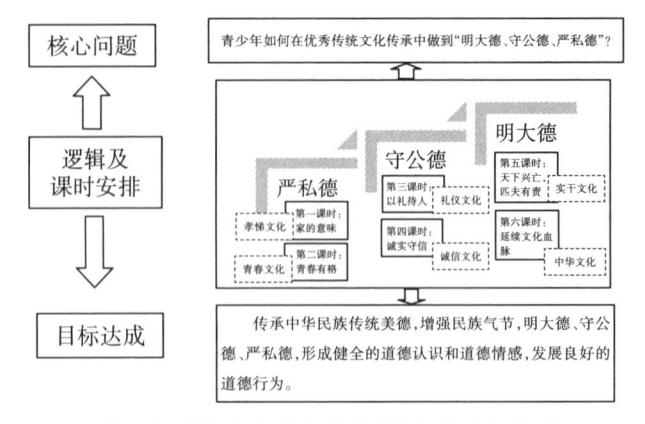

图5-4 "培育中华文化美德"大单元结构图

其中《家的意味》《青春有格》为"培育中华文化美德"大单元教学的起点——从"严私德"的视角起步，以情境载体为串联线，以议题为驱动，将教学内容指向个人品德的培育，引导学生在情境探究与价值辨析中理解中华民族孝悌忠信、礼义廉耻的荣辱观念，崇德向善、见贤思齐的社会风尚，提升个人品德。

《以礼待人》《诚实守信》作为"培育中华文化美德"大单元教学承上启下的部分——将视角提升至"守公德"，引导学生理解文明有礼的意义，践行以文明礼貌、相互尊重为主要内容的道德要求，培育社会公德。通过议学探究活动，树立诚实守信的观念，理解诚实守信的内涵和意义，提升道德修养。

《天下兴亡，匹夫有责》《延续文化血脉》是"培育中华文化美德"大单元教学的落脚点与延伸点——通过议题探究，理解家国情怀的重要性，激发为中华民族伟大复兴而奋斗的使命感，提升责任意识。了解中华优秀传统文化修身治国平天下的理想追求，锤炼高尚人格，增进中华民族价值认同和文化自信，端正价值取向，培育政治认同。

（三）创设真实情境与任务

通过创设与现实生活紧密相关的情境和任务，教师可以引导学生将所学知识应用于实际问题的解决中。生活是理论产生的根源，教师要积极创设生活情境，引导学生参与活动，评价学生对知识的迁移能力，了解他们的核心素养发展情况。因此，在初中道德与法治大单元教学中，教师要将学生可感、真实的生活情境融入其中，使学生的知识体验得到进一步强化的同时，帮助他们实现深度学习。例如，可以设计模拟法庭、社区调查等实践活动，让学生在实践中体验道德与法治的重要性。

以第一课《家的意味》为例，林雅丽老师在上课现场带来一双筷子，邀请学生观察筷子，并提出问题：你知道哪些"筷子文化"？引导学生通过筷子品尝人生的酸甜苦辣，孤独的人通过添加一双筷子找到了人情的温暖，相守的人通过筷子找到了彼此心灵的依靠，筷子的背后承载着家的意味。然后导入课题，播放央视公益广告《筷子》片段，引导学生探究家庭的关系和功能，聚焦《筷子》中的两个动态画面，一个是在外工作的年轻人春节回到家乡探望母亲的画面，另一个画面是春节留守老家的王叔落寞地看着邻居全家的团聚。布置任务引导学生思考，画面中的年轻人为什么要千里迢迢地回家？画面中的王叔明明在自己的家，为什么还是落寞地看着邻居一家？引导学生探究家的意义。再次创设情境，引导学生在情境中表演筷子如何使用，展示使用筷子的礼仪，呈现关于孝亲敬长的法律条例。进一步延续情境，播放视频《筷子》的结尾温情部分，在视频中理解尽孝在当下，将情感付诸行动，设计爱家的行动计划。(图5-5)

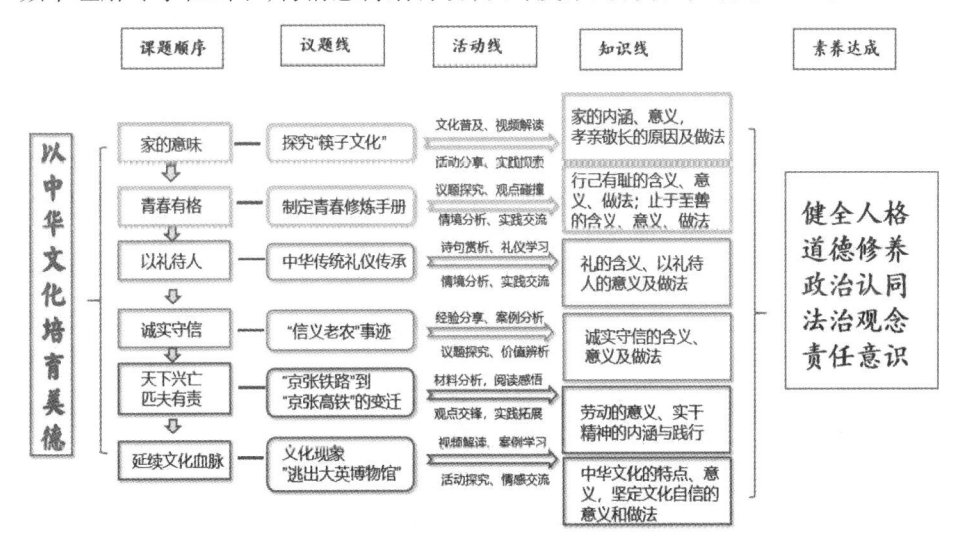

图5-5 《培育中华文化美德》情境任务线

（四）采用多样的教学方法

大单元教学需要采用多样化的教学方法，如案例分析、小组讨论、角色扮演等，以激发学生的学习兴趣和积极性。同时，教师还可以利用多媒体等现代教学手段，丰富教学内容和形式。还是以《家的意味》为例，林老师主要运用议题式，并结合各个情境运用了小组合作法、个人表演、知识竞赛等多样化的教学方法开展教学。

(五)注重学生主体性的发挥

在大单元教学中,教师应注重学生的主体性,鼓励学生积极参与教学活动,发表自己的观点和看法。通过引导学生自主学习、合作学习和探究学习,培养他们的独立思考能力和创新精神。

(六)加强评价与反馈

教师应建立科学的评价体系,及时对学生的学习情况进行反馈和指导。通过评价学生的学习成果和过程,教师可以了解学生的学习状况和需求,以便调整教学策略和方法。以《家的意味》为例,林老师设计了如下学习评价方案。

(1)采用观察法和问卷调查法相结合的方式,了解学生基于自身世界观、人生观、价值观对相关人和事物(如家人、家风、家训等)做出的评价反馈与行为倾向。据此,对该阶段学生的"家"文化认同进行定性评价。

(2)采用《小组讨论评价量表(个人)》(表5-3)和《小组合作评价量表(小组)》(表5-4),引导学生对自己的学习探究活动进行过程评价。

表5-3　小组讨论评价量表(个人)

项目	评价内容	自评50%	组评50%	综合评价
交谈(25分)	发言紧扣主题,音量适中,与每一个小组成员都能有效交流			
倾听(25分)	耐心倾听,尊重不同的声音,并能客观地发表自己的看法			
分享(25分)	与他人一起分享资源、材料、观点,能完成自己所承担部分的工作,为小组做出贡献			
合作(25分)	乐于和同学在一起,和而不同、求同存异,能为有困难的同学提供帮助			

表5-4　小组合作评价量表(小组)

分值标准	25分	15分	10分	得分情况
分工情况	分工明确,任务分配合理	分工不够明确,只有基本的任务分配	组内分工不明确,没有任务分配	
参与情况	服从安排,所有成员积极参与讨论,讨论热烈深入	大部分成员服从安排,能参与小组讨论,探讨不够深入	只有个别成员服从安排且参与小组讨论,讨论流于形式、浮在表面	

续表

分值标准	25 分	15 分	10 分	得分情况
合作情况	每个成员愿意听取别人的意见并发表自己的看法	大部分成员愿意听取别人的意见,发表自己的看法	只有个别成员愿意听取别人的意见	
任务完成	任务总是能按时完成,自己有所收获	能按时完成大部分任务,比较有收获	能按时完成个别任务,收获不大	

（3）教师综合学生在探究活动中的参与程度、学习的主动性、合作意愿以及最后的成果展示等,对学生的学习情况进行综合性评价。

（4）作业设计:利用周末时间,将"孝行卡"的计划付诸实践,并用文字、照片记录,下周在课堂上分享感言。

四 初中道德与法治大单元教学案例

（一）保持原教材单元的大单元教学设计

初中道德与法治原教材的结构经过精心设计和编写,具有科学性和系统性。它按照一定的逻辑顺序和层次关系,将道德与法治知识进行了合理的编排和整合。这种结构有助于学生循序渐进地学习和掌握道德与法治知识,形成完整的知识体系。道德与法治是一个相对稳定的学科领域,其基本概念、原理和道德规范在一定时期内具有相对稳定性。因此,保持原教材的结构可以使教师在教学过程中更好地把握教学重点和难点,确保教学的连续性和一致性,以及教学的连贯性和稳定性,有助于学生更好地适应学习节奏和方式。初中生正处于身心发展的关键阶段,他们的学习习惯和思维方式尚未完全成熟。保持原教材的结构可以使学生更容易适应教学内容和教学方式,减少学习上的困扰和障碍。

如部编版八年级上册第四单元"维护国家利益",以"弘扬爱国主义,维护国家利益"为主题,由第八课《国家利益至上》、第九课《树立总体国家安全观》、第十课《建设美好祖国》三课组成,包含国家利益、国家安全、国家发展三个核心问题。三个内容紧密相连,由浅入深,层层递进。第八课第一节《国家好 大家才会好》探究了国家利益的含义和内容、国家利益与个人利益的关系等;第二节《坚持国家利益至上》,主要探究如何维护国家利益。第九课第一节《认识总体国家安全观》,重点探讨国家安全的重要性以及具体做法,树立总体国家安全观;第二节《维护国家安全》,引领学生感受维护国家安全是每个公民的神圣职责,积极履行维护国家安全的法定义务,自觉为维护国家安全贡献自己的力量。第十课第一节《关心国家发展》,引领学生既感受国家的进步,激发自豪感,又正视现实中的问题,增加紧迫感,同时坚定对国家未来发展的信心;第二节《天下兴亡 匹夫有责》,引领学生认识劳动的价值和意义,树立正确的劳动观念,发扬实干精神,承担历史重任。整个单元的知识脉络清晰,具有整体性、层次性、连贯性。(图5-6)

```
维护国家利益
├── 国家利益至上
│   ├── 国家好 大家才会好
│   │   ├── 个人与祖国的关系
│   │   ├── 国家利益的内涵及内容
│   │   ├── 国家利益与人民利益的关系
│   │   └── 把国家利益与人民利益相联系
│   └── 坚持国家利益至上
│       ├── 树立维护国家利益意识
│       └── 捍卫国家利益的举措
├── 树立总体国家安全观
│   ├── 认识总体国家安全观
│   │   ├── 国家安全的含义、重要性
│   │   ├── 坚持总体国家安全观的原因
│   │   └── 坚持总体国家安全观的做法
│   └── 维护国家安全
│       ├── 维护国家安全需人人做贡献
│       ├── 维护国家安全人人可为
│       ├── 增强维护国家安全的法律意识
│       └── 积极履行维护国家安全的法定义务
└── 建设美好祖国
    ├── 关心祖国发展
    │   ├── 祖国建设取得的成就
    │   ├── 发展中存在的不足
    │   └── 积极采取措施解决问题
    └── 天下兴亡 匹夫有责
        ├── 劳动的重要性
        ├── 学习和尊敬劳动者
        ├── 中国梦实现需发扬艰苦奋斗精神
        └── 青少年应有的做法
```

图5-6 八年级上册第四单元"维护国家利益"知识脉络图

当然,保持原教材的结构并不意味着完全照搬原教材的内容。在大单元教学中,教师可以根据实际需要和教学目标,对原教材的内容进行适当的补充、调整和拓展。如八年级上册第四单元可以补充八年级下册第二单元第四课《公民义务》中"维护国家利益"的基本义务以及《习近平新时代中国特色社会主义思想学生读本》(初中)第六讲《筑牢坚不可摧的钢铁长城》的内容,同时,也可以结合学生的实际情况和学习需求,设计具有针对性的教学活动和练习,以提高教学效果和学生的学习兴趣。如在第四单元的教学过程中采用抗美援朝、杭州亚运会、劳动模范、改革成就等新闻视频、新闻材料及社会热点作为授课的突破

点,从而拉近学生与课堂的距离,让课堂成为学生与社会的中间桥梁。抛出身边问题,在课堂上引发学生思考,培养学生正确看待社会现象的辩证思维能力和政治意识。(表5-5)

表5-5　八年级上册第四单元　维护国家利益

单元主题	八上第四单元 维护国家利益
主题概述	总体国家安全观丰富了国家安全的内涵和外延,是推进国家治理体系和治理能力现代化的重大理论成果,是保障实现中华民族伟大复兴中国梦的新理念。强化公民的国家安全意识和责任,是国家安全的固本之策和长久之计。基于此,教材将维护国家利益列为一个单元,以习近平总书记关于国家利益和国家安全的相关重要论述作为重要理论依据,专门进行国家利益、总体国家安全观和爱国情怀等内容的教育,加强对初中学生的国家利益至上意识、国家安全观念以及建设国家的责任感和使命感教育
课标依据	1.以恰当方式弘扬爱国主义精神;能够在生活和学习中,自觉维护国家主权、尊严和利益 2.感知劳动创造的成就感、幸福感,领会劳动对个人和社会的价值,形成诚实劳动、劳动创造美好生活的意识;初步了解职业道德规范,立志做未来的好建设者 3.了解法律对国家安全的保障作用,自觉履行维护国家安全的义务 4.具备国家利益高于一切的观念,能够以实际行动维护民族团结,捍卫国家主权
学情分析	初中阶段是学生的世界观、人生观、价值观形成的关键时期。在这个阶段,帮助学生形成正确的国家利益观、树立国家安全意识,对学生的健康成长具有重要意义。学生进入初中阶段后,认知能力和思维水平有了很大的提高,开始用联系的、发展的、全面的观点分析国家和社会现象。但其国家利益意识、国家安全意识还比较淡薄,并且不能正确认识国家利益与人民利益之间的关系,不能做到坚持国家利益至上。另外,部分学生的责任意识欠缺,认为建设美好祖国与自己无关。因此,本单元内容的学习显得尤为重要
学习目标	1.政治认同:通过阅读,思考维护国家利益的故事、事例,充分认识维护国家利益的重要性;通过展示、交流、讨论英雄模范人物保卫国家、捍卫国家利益的事迹,增强国家利益至上的观念;坚定正确的政治方向,热爱祖国,自觉铸牢中华民族共同体意识,培养实现中华民族伟大复兴为己任的使命感 2.责任意识:通过结合自己的所见所闻,感受社会生活的巨大变化和国家发展所取得的巨人进步;借助大量的图片、数据、视频等资料,展示祖国建设举世瞩目的成就,激发自豪感;通过了解我国在发展过程中所存在的困难和问题以及国家为了解决问题所采取的各项措施,关心国家,维护国家统一和国家安全,具备国家利益高于一切的主人翁意识 3.法治观念:通过引述法律条文,补充相关法律知识,感悟维护国家安全和利益的法律义务。增强保守国家秘密、维护国家利益的法治观念,提高自我防范的能力,增强维护国家安全和利益的紧迫感与危机意识 4.道德修养:通过展示各行各业劳动者的风采,寻找身边可爱可敬的劳动者,了解不同职业的劳动特点,体会劳动的价值,增强劳动意识和实践意识,激发实干精神,养成热爱劳动的个人美德,树立劳动不分贵贱,理解爱岗敬业、奉献社会的职业道德,做未来的建设者

单元设计思路：

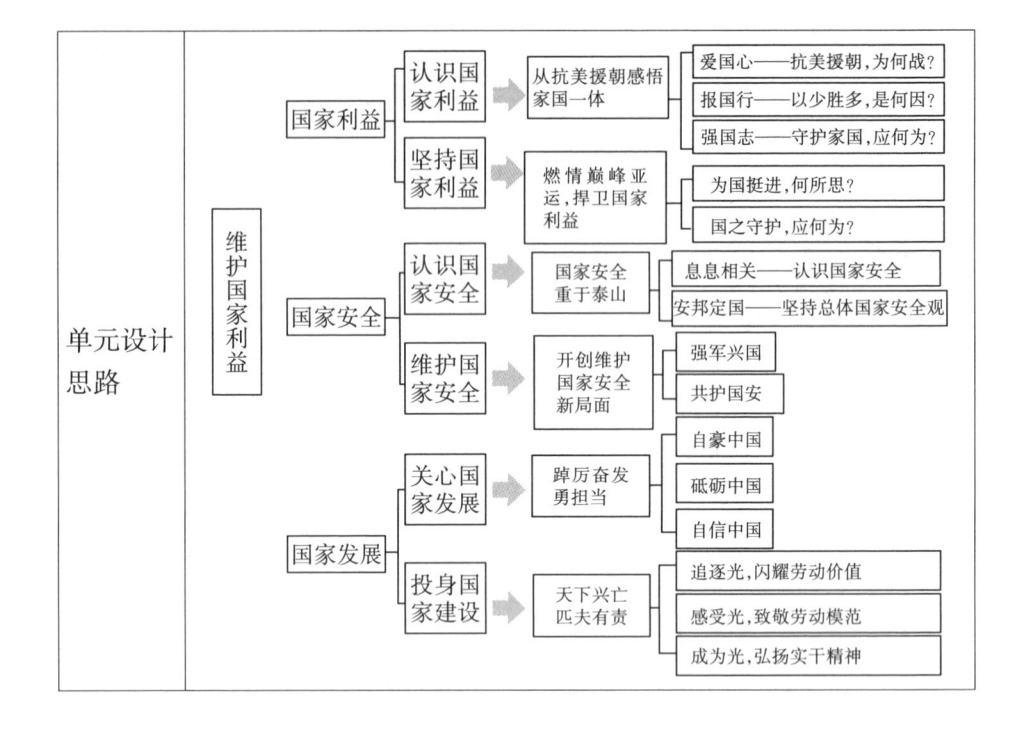

维护国家利益
- 国家利益
  - 认识国家利益 → 从抗美援朝感悟家国一体
    - 爱国心——抗美援朝，为何战？
    - 报国行——以少胜多，是何因？
    - 强国志——守护家国，应何为？
  - 坚持国家利益 → 燃情巅峰亚运，捍卫国家利益
    - 为国挺进，何所思？
    - 国之守护，应何为？
- 国家安全
  - 认识国家安全 → 国家安全重于泰山
    - 息息相关——认识国家安全
    - 安邦定国——坚持总体国家安全观
  - 维护国家安全 → 开创维护国家安全新局面
    - 强军兴国
    - 共护国安
- 国家发展
  - 关心国家发展 → 踔厉奋发勇担当
    - 自豪中国
    - 砥砺中国
    - 自信中国
  - 投身国家建设 → 天下兴亡匹夫有责
    - 追逐光，闪耀劳动价值
    - 感受光，致敬劳动模范
    - 成为光，弘扬实干精神

(二)跨学科的大单元教学设计

随着教育改革的不断深入，跨学科教学已经成为一种重要的教学理念和实践方式，有助于培养学生的综合素养。跨学科教学是教育改革的必然趋势。跨学科教学道德与法治，不仅仅是传授法律知识和道德准则，更重要的是培养学生的思维能力、情感态度和价值观念。通过跨学科的大单元教学设计，可以将道德与法治教育与历史、社会、心理等其他学科的知识和方法相结合，形成综合性的教学方案。这样的教学方案能帮助学生从多个角度理解和分析道德与法治问题，提升他们的综合素养和解决问题的能力。跨学科教学还能激发学生的学习兴趣和动力。传统的道德与法治教学往往注重知识的传授和记忆，而跨学科教学则更注重学生的主动参与和实践体验。通过引入其他学科的知识和方法，可以设计出生动有趣的教学活动和实践项目，让学生在实践中学习和运用道德与法治知识，激发学习兴趣和动力，帮助学生更好地理解和应对现实生活中的问题和挑战。此外，跨学科教学有助于提升道德与法治教育的实效性。道德与法治教育需要贴近学生的生活实际和社会现实，通过将道德与法治教育与其他学科的知识和方法相结合，设计出更具针对性和实用性的教学内容和活动，提高教育的实效性和针对性，更好地实现教育教学目标，为学生的全面发展奠定坚实的基础。

初中道德与法治跨学科的大单元教学设计应当结合道德与法治的核心内容,同时融入其他相关学科的知识和方法。要以道德与法治学科核心素养的养成为根本任务,其他相关学科的知识和方法只是作为辅助工具,帮助道德与法治学科教学目标的实现和素养的养成。

跨学科的初中道德与法治大单元设计要注意以下内容。①

1.教学目标的明确与统一

跨学科教学需要明确初中道德与法治课程的教学目标,根据目标实现需要,寻找并挖入挖掘相关学科的知识体系,找出它们之间的内在联系,从而制定出符合学生实际、能够促进学生全面发展的教学设计。如福建省集美中学陈艺芬老师基于跨学科项目式学习的初中道德与法治大单元主题教学设计,单元主题确定为"以新发展理念引领新征程",解锁"中国菌草技术"的神奇密码,开启"中国式现代化"的幸福征程。结合党的二十大精神进课堂和语文整本书阅读《奔跑的中国草》,师生共同提炼"以新发展理念引领新征程"的大概念,以"菌草技术是新发展理念的生动实践"为主线,纵向引申党的百年奋斗重大成就,横向明确处于世界百年未有之大变局之际中国面临的机遇与挑战,将"林占熺点草成金造福人类的故事"分解并与教材内容有机结合,借一体化情境,全景展现中国贯彻"新发展理念"的生动实践,建立宏观知识网络,实现学科知识的前后贯通,实现对大单元的深度理解,使核心素养有效落地,让深度学习真正发生。具体见表5-6、图5-7。

表5-6 "以新发展理念引领新征程"跨学科的大单元教学设计表

课时	目标规划	素养目标
课时一	以解锁"中国菌草技术"的"科技创新"密码为项目任务,探究创新如何改变生活	通过开展《敢为人先"神奇草",用好创新"金钥匙"》绘本创作研讨会,结合实例与课堂活动,理解全面深化改革开放的原因,理解创新的内涵,明晰创新与生活的关系,在项目中体验增强创新意识和辩证思维能力,综合创新的引擎作用、改革与创新的联系观点,正确剖析案例材料,做出正确的价值判断,提升创新意识,增强文化自信和民族担当意识,涵养政治认同、道德修养与责任意识的核心素养
	党的二十大精神进课堂	完善科技创新体系,加快实施创新驱动发展战略

---

① 参见福建省集美中学陈艺芬老师的"以新发展理念引领新征程"跨学科的大单元教学设计。

课时	目标规划	素养目标
课时二	以解锁"中国菌草技术"的"共同富裕"密码为项目任务,探究如何逐步走向共同富裕	通过开展《山海相连"幸福草",携手奔赴"共富路"》绘本创作研讨会,结合实例与课堂活动,引导学生理解全面深化改革开放的原因,在项目中体验与探究坚持共享发展,推动实现共同富裕,理性看待中国发展进程中的问题,涵养政治认同、道德修养与责任意识的核心素养
	党的二十大精神进课堂	中国式现代化是全体人民共同富裕的现代化
课时三	以解锁"中国菌草技术"的"绿色发展"密码为项目任务,探究如何共筑生命家园	通过开展《生绿增金"美丽草",答好绿色"生态卷"》绘本创作研讨会,结合实例与课堂活动,引导学生理解人与自然的关系,探究走绿色发展道路的做法,运用建设美丽中国的相关知识分析社会现象,并提出解决社会实际问题的方案,在项目中体验增强保护环境的意识,增强使命感和责任感,提升生态文明素养,涵养政治认同、道德修养与责任意识的核心素养
	党的二十大精神进课堂	中国式现代化是人与自然和谐共生的现代化
课时四	以解锁"中国菌草技术"的"造福世界"密码为项目任务,探究何谓中国担当	通过开展《造福世界"中国草",扩大全球"朋友圈"》绘本创作研讨会,结合实例与课堂活动,引导学生理解中国担当对中国和世界的影响,探究中国为世界贡献智慧和方案的意义,运用中国担当的相关知识分析社会现象,在项目中体验感悟大国担当,增强国家认同感,培养爱国之情,涵养政治认同、道德修养与责任意识的核心素养
	党的二十大精神进课堂	中国式现代化是走和平发展道路的现代化
课时五	以搭乘"复兴号"列车,凝聚自信力量为项目任务,探究如何共圆中国梦	通过开展《搭乘"复兴号"列车,凝聚自信力量》校园微视频创作研讨会,结合实例与课堂活动,引导学生理解实现中国梦需要的条件,在项目中关注祖国发展,培养分析问题、理性思考的能力,体会自信中国人身上的品质,树立四个自信,努力做自信的中国人,涵养政治认同、道德修养与责任意识的核心素养
	党的二十大精神进课堂	自信自强、守正创新、踔厉奋发、勇毅前行,为全面建设社会主义现代化国家、全面推进中华民族伟大复兴而团结奋斗
课时六	以搭乘"奋斗号"列车,凝聚自强力量为项目任务,探究少年如何自强,践行新发展理念	通过开展《搭乘"奋斗号"列车,凝聚自强力量》校园微视频创作研讨会,结合实例与课堂活动,引导学生厘清个人与国家、时代的关系,明确少年应具备的情怀和实现抱负的做法,能够将自身条件与所处时代,个人理想与国家前途命运有机结合起来谋划人生,增强国际视野和世界公民意识,自觉为实现中华民族伟大复兴的中国梦贡献青春力量,涵养政治认同、道德修养与责任意识的核心素养
	党的二十大精神进课堂	青年强,则国家强。当代中国青年生逢其时,施展才干的舞台无比广阔,实现梦想的前景无比光明

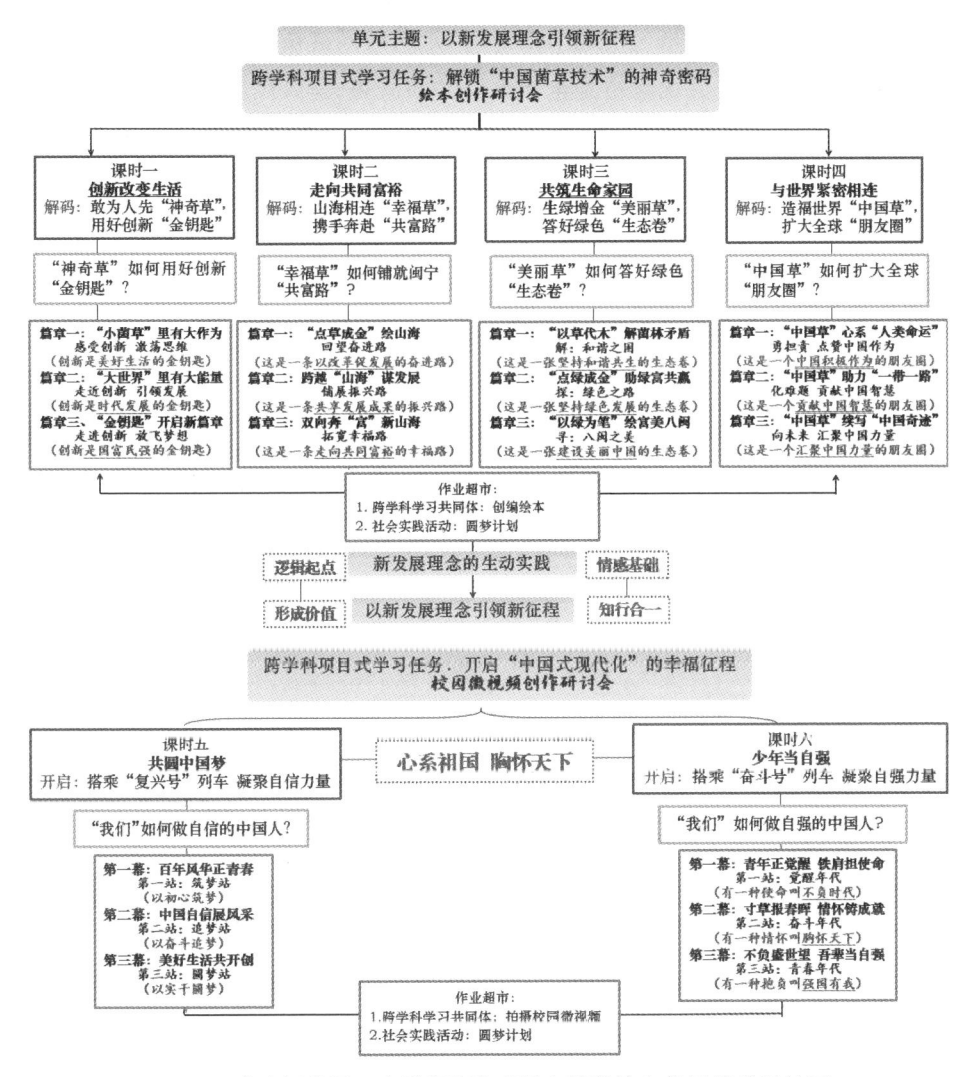

图5-7 "以新发展理念引领新征程"跨学科的大单元教学设计图

2.学科内容的整合与优化

跨学科教学要求将不同学科的内容进行有机整合,形成具有内在联系的知识体系。这要求教师在选择教学内容时,要注重内容的连贯性和系统性,找出不同学科知识间的内在逻辑关系,避免简单地将不同学科的知识进行堆砌,并根据学生的学习特点和兴趣,对教学内容进行适当的优化和调整。

陈艺芬老师把"创新改变生活"作为本单元的逻辑起点,既体现国家发展战略,又贴近学生生活。创新蕴含丰富的内容,如技术创新能促进生产力发展、增加社会财富,制度创新能维护社会公平、推动社会进步。在这个意义上,创新能

183

助力人们"走向共同富裕",由此第二课时"走向共同富裕"与第一课时"创新改变生活"承接适切。共同富裕是全体人民共同富裕,是人民群众物质生活和精神生活都富裕,不是少数人的富裕,也不是整齐划一的平均主义,要深入研究不同阶段的目标,分阶段促进共同富裕。新时代我国社会主要矛盾转化为人民日益增长的美好生活需要和不平衡不充分发展之间的矛盾。人民的美好生活需要是全方位、多维度、高水平的,其中就包含了对生态环境的更高追求,因此第三课时设定为"共筑生命家园"。"共筑生命家园"并非一己之力能独自应对,需要与世界携起手来,积极作为、主动担当,从而引出第四课时"与世界紧相连"。前四个课时指向我国"新发展理念的生动实践",展现了一代代奋斗的中国人为实现中华民族的伟大复兴做出了不懈努力,因此第五课时"共圆中国梦"具有总结升华的作用,做"自信的中国人"是"少年当自强"的前提和基础,为下一课时做好铺垫。中国梦的实现离不开每一位中华儿女的共同努力,作为新时代青少年,要共创共享同祖国和时代一起成长与进步的机会,做自信自强的中国人,因此第六课时"少年当自强"为本单元的逻辑终点和落脚点,指向"以新发展理念引领新征程",内化情感,知行合一,在润物无声中发展核心素养。

基于对单元整体教学内容的解读,以"神奇菌草"炼成记为主题大情境,设计解锁"中国菌草技术"的神奇密码,开启"中国式现代化"幸福征程的跨学科项目式学习任务,结合语文学科、美术学科的绘本,师生共绘"神奇草"、"幸福草"、"美丽草"和"中国草"这四个形象,以故事连续推出【"我"的科技创新记—"我"的闽宁协作记—"我"的生态治理记—"我"的环球旅行记—"我"与爸爸(林占熺)开启新征程】,通过【解锁"中国菌草技术"的神奇密码】的跨学科项目式学习任务,在项目驱动下深刻理解新发展理念的生动实践;通过【开启"中国式现代化"的幸福征程"】的跨学科项目式学习任务,在项目驱动下倾听与讲述中国故事(结合语文、历史学科),感受与弘扬中国精神,凝聚与传递中国力量,深刻理解在全面贯彻党的二十大精神的开局之年的历史节点上,党和国家坚定不移贯彻新发展理念,以新发展理念引领新征程,深刻领悟生逢伟大时代,作为新时代青少年要共享共创同祖国和时代一起成长与进步的机会,做自信自强的中国人。(图5-8)

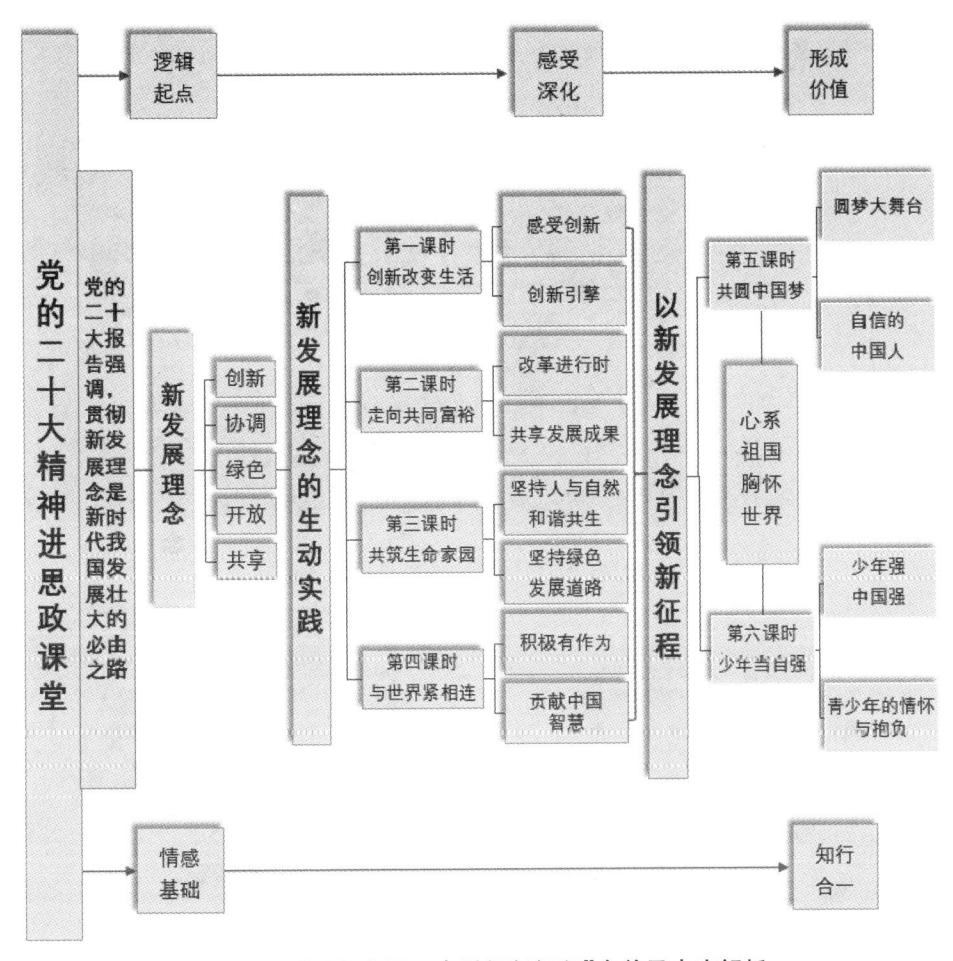

图5-8 "以新发展理念引领新征程"大单元内容解析

3.教学方法的创新与多样化

跨学科教学需要采用多种教学方法,以激发学生的学习兴趣和主动性。教师可以通过案例教学、项目学习、探究学习等方式,引导学生积极参与教学过程,培养他们的创新能力和实践能力。如陈艺芬老师跨学科的大单元学习就通过创作绘本、创作校园微视频等新颖的教学方法展开大单元教学。

4.教学资源的开发与利用

跨学科教学需要充分利用各种教学资源,包括教材、教辅资料、网络资源等。教师要注重教学资源的开发和利用,为学生提供丰富的学习材料和实践机会。同时,还需要加强与其他教师的合作与交流,共同分享教学资源和教学经验。如陈艺芬老师开发了学生原创绘本、中国草的足迹地图、社会实践的教学资源。

图5-9　跨学科项目学习——学生绘本作业展示

图5-10　跨学科项目学习——学生扇子文创作品《觉醒年代》《我的奋斗足迹》

5.学生适应能力的培养

跨学科教学可能会给学生带来一定的学习挑战,因此教师需要关注学生的学习适应能力。教师可以通过提供必要的指导和支持,帮助学生逐步适应跨学科学习的要求,培养他们的跨学科思维和解决问题的能力。如图5-9、图5-10所示,不管是绘本的创作,还是微视频的创作,还是社会实践,都需要教师事先进行具体指导,与语文教师、美术教师、学校德育部门、家长、社会实践基地等进行沟通协商,给予学生物料上的支持以及人文关怀。

6.评价体系的完善与多元化

跨学科教学需要建立完善的评价体系,以全面评估学生的学习成果。评价体系应该包括多个方面,如知识掌握、技能提升、创新思维和实践能力等。同

时,还需要采用多种评价方式,如观察、作品展示、口头报告等,以更全面地反映学生的学习情况。(表5-7、表5-8)

表5-7 单元跨学科项目式学习成果展示评价表

单元跨学科项目式学习成果展示评价表					
班级:		学习共同体:		姓名:	
内容		要求	分值	得分	
学习共同体档案袋展示	内容完整	能全面完成大单元跨学科项目式学习任务中共同构思、创作、展评各阶段学习单、评价表、学习小结等,作业内容完整	20		
	图文并茂	作品创作能做到图文并茂,故事条理清晰,结构造型多样,作品有收藏意义	20		
学习共同体汇报展评	PPT制作	PPT制作完整有序,能合理有效地使用信息技术,体现小组设计风格	15		
	语言表达	语言表达条理清晰,汇报内容能体现逻辑思维能力、分析能力	15		
	合作探究	体现合作与探究、解决实际困难的能力,能积极参与小组各阶段任务,并表达观点	15		
学习小结	反思小结	能对小组设计作品及自己参与本单元学习中的表现进行客观评价,对本单元的基本问题发表个人独特的观点	15		
我的感想				整体得分	
老师的话					

表5-8 绘本制作、微视频创作评价量表

绘本创作、微视频创作评价量表							
班级：		学习共同体：		姓名：		
评价步骤	学生活动	评估标准	核心素养与关键能力	学生自评	小组互评	教师评价	★总数
项目问题研究	主动发现、分析问题，分工查找资料	现实问题具有典型性、普遍性	责任意识 分析问题能力 调查研究能力 沟通交流能力 公共参与能力 道德修养				
	寻求他人、其他学科老师的帮助	交流、大方有条理，有游说力					
	分工合理，创作方案具有可行性	组内合理分工，创作具有可操作性					
	小组共同分析创作的框架	分析问题有条理、有依据					
提出建议对策	与组员共同讨论绘本、微视频的创作	建议有创新，或者具有可操作性	创新意识 解决问题能力 责任意识 辩证思维能力 创作能力				
	与组员共同撰写绘本故事、微视频文案	方案条目清晰，规范表述					
	与组员共同设计绘本画面、微视频取景	全面、辩证，具有现实性					
后续行动	与组员共同完成绘本、微视频	分工具体明确、可操作性强	政治认同 公共参与能力 创作能力				
	与同学分享作品	参与分享、改进与提升					
反思提升	自我反思	善于总结反思，表达真实、流畅	反思能力 沟通交流能力				
	分享提升	善于表达，有条理，有收获					
备注：评价以"★"表示，"基本"得3个★，"较好"得4个★，"出色"得5个★							

(三)体验式的大单元教学设计[①]

初中道德与法治课程要发挥好培根铸魂、启智增慧的作用,就必须基于学生的发展特点设计体验式的大单元。每个学生都是独一无二的个体,他们的成长背景、性格特点、兴趣爱好以及学习能力都有所不同。只有设计符合学生成长实际的体验式大单元,教学才会更具针对性和实效性。尤其是重组的大单元教学,体验式的大单元教学可以更好地引导学生参与实践活动,培养他们的实践能力和创新精神,促进他们的全面发展。福建省厦门三中杨冠君老师就利用心理发展理论,根据学生的需求层次,将相关的知识点和主题进行有序组织,使学生在体验式学习中逐步深化对道德与法治的理解和认识。

杨老师首先通过课前问卷调查,确定了大单元教学的主题和知识架构。课前问卷调查,主要是收集关于学生对道德与法治课程的兴趣、学习态度、学习习惯以及已有的知识基础等方面的信息,发现学生在道德与法治课程学习中的问题和困难,为大单元教学提供更加精准的教学起点。并针对学生的具体情况,制定更具针对性的教学策略,使教学内容更加贴近学生的实际需求,设计具有挑战性和启发性的学习任务,引导学生主动探究、合作学习,促进学生的自主学习和合作学习,培养学生的创新能力和合作精神。更好地引导学生关注社会现实,培养学生的社会责任感和公民意识,使他们能够更好地适应社会发展的需要。根据问卷数据,将大单元主题确定为"做有担当的时代新人——实践教育"。根据学生心理发展规律,以及大单元设计思路(聚焦"大概念",让深度学习融入课堂—搭建"大任务",让"体验学习"融入课堂—立足"大社会",让协同育人融入课堂—落实"大评价",让立德树人融入课堂),确定大单元为6个课时:第一课时《活出生命的精彩》,第二课时《多彩的职业》,第三课时《维护国家安全》,第四课时《延续文化血脉》,第五课时《共筑生命家园》,第六课时《谋求互利共赢》。这6个课时跨越初中三年,将七、八、九年级的知识打散,重新进行组织架构。(图5-12)

[①] 参见福建省厦门三中杨冠君老师的《做有担当的时代新人——实践教育》大单元教学设计。

做有担当的时代新人——实践教育

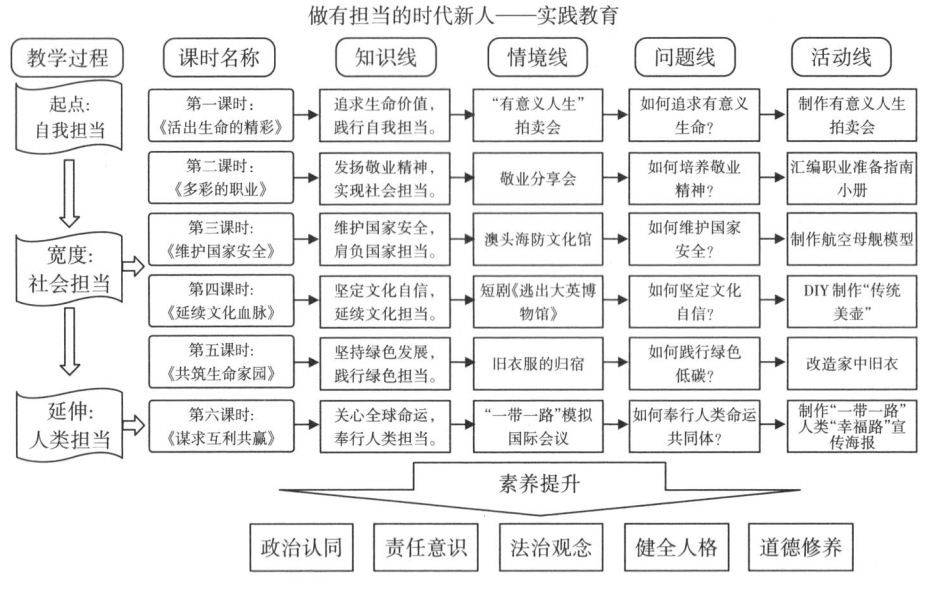

教学过程	课时名称	知识线	情境线	问题线	活动线
起点：自我担当	第一课时：《活出生命的精彩》	追求生命价值，践行自我担当。	"有意义人生"拍卖会	如何追求有意义生命？	制作有意义人生拍卖会
宽度：社会担当	第二课时：《多彩的职业》	发扬敬业精神，实现社会担当。	敬业分享会	如何培养敬业精神？	汇编职业准备指南小册
	第三课时：《维护国家安全》	维护国家安全，肩负国家担当。	澳头海防文化馆	如何维护国家安全？	制作航空母舰模型
	第四课时：《延续文化血脉》	坚定文化自信，延续文化担当。	短剧《逃出大英博物馆》	如何坚定文化自信？	DIY制作"传统美壶"
	第五课时：《共筑生命家园》	坚持绿色发展，践行绿色担当。	旧衣服的归宿	如何践行绿色低碳？	改造家中旧衣
延伸：人类担当	第六课时：《谋求互利共赢》	关心全球命运，奉行人类担当。	"一带一路"模拟国际会议	如何奉行人类命运共同体？	制作"一带一路"人类"幸福路"宣传海报

素养提升：政治认同　责任意识　法治观念　健全人格　道德修养

图5-12 《做有担当的时代新人——实践教育》大单元教学设计

具体来说，按照四个步骤架构起体验式的大单元教学模式。

1.坚持主导性和主体性相统一，创设"沉浸式体验"场域

坚持主导性和主体性相统一是新课标教学的原则之一。教师在教学过程中应发挥主导作用，引导学生深入理解道德与法治知识，同时尊重学生的主体性，激发学生的学习兴趣和主动性。通过创设沉浸体验场域，学生在模拟的真实环境中学习，从而更好地理解和应用所学知识。第一课时《活出生命的精彩》的生命数字游戏，第二课时《多彩的职业》的职业谜语竞猜，第三课时《维护国家安全》的破译安全密码，第四课时《延续文化血脉》的变魔术，第五课时《共筑生命家园》的调查报告解密，第六课时《谋求互利共赢》的视频导入，每一课时采用不同的教学形式，不同的形式都为了同一个目的，创设"沉浸式体验"场域，使学生身临其境，增强学习的代入感和体验感，调动学习的好奇心，激发学习兴趣，引导学生积极参与、主动探究。在创设"沉浸式体验"场域的过程中，教师要做到"启真知"，从学生的认知逻辑起点出发，激发主动思考；贴近时代背景，从而帮助学生解决真实问题。我们还需要注重情境的真实性和复杂性。真实的情境能让学生更好地融入其中，复杂的情境则能锻炼学生的问题解决能力和创新思维。教师应关注学生在情境中的表现和反馈，加强与学生的互动和沟通，及时调整教学策略，及时给予学生反馈和指导，帮助他们解决问题，确保教学的针对性和实效性。

2.坚持灌输性和启发性相统一,设置"参与式体验"活动

灌输性教学在道德与法治教育中有着不可或缺的地位。道德与法治的一些基本概念、原理和道德规范,需要学生通过系统地学习和记忆来掌握。而教师的讲解和灌输,能确保这些基础知识的准确传递,为学生后续的学习和思考打下基础。单纯的灌输式教学容易让学生感到枯燥和乏味,难以激发他们的学习兴趣和积极性。因此,需要启发性教学激发学生的思维活力,引导他们通过思考、探索和实践来深化对道德与法治知识的理解。通过提问、讨论、案例分析等方式,激发学生的好奇心和求知欲,促使他们主动思考和探索。

为了将灌输性和启发性更好地统一起来,设置参与性体验活动是一个很好的途径。这种活动可以让学生亲身参与到道德与法治的实践中,通过亲身体验来感受和理解相关知识。例如,第一课时介绍"中国菌草之父"林占熺的事迹,引导学生结合自己的成长经历,谈谈收获了哪些精彩人生的金钥匙。回到林占熺刚刚试验的阶段,邀请学生选择角色演绎:(1)推广之初,如果你是农民,会产生何种质疑?(2)面对质疑,如果你是林占熺,又将如何行动?接着小组进行合作探究,按照"我组聚焦( )阶段—受感动的事迹—给了我们启迪"的思路,结合人物故事,思考林占熺的人生是平凡的,还是伟大的。第二课时学生职业简历的展示。第三课时通过校本资源的分享,聆听采访组的汇报(采访学校参加过抗美援朝的退休教师),思考为什么危难时刻冲在第一线的永远是军人。结合参观厦门澳头海防文化馆心得体会,回答:国庆阅兵式上这三面旗帜分别是什么旗?为什么党旗走在最前面?并讨论出新时代全面推进国防和军队现代化建设目标。第四课时分析短剧《逃出大英博物馆》,小组讨论:根据中华文化的价值说说"小玉壶"为什么郑重强调自己是"盏"?"没有一个中国人能笑着走出大英博物馆。"为什么该短剧能让中国人产生共鸣?结合该短剧火爆"出圈"的经验,我国如何让文物"活起来、火起来"?第五课时根据调查访问结果,简述我国服装浪费现象。结合现象分析旧衣改造的意义;结合政府对废旧纺织品循环利用的政策,说明我国如何坚持绿色发展道路。第六课时通过模拟联合国活动,以"高质量共建一带一路,携手实现共同发展繁荣"为主题,根据小组合作查阅资料,选择一个国家,模拟该国领导人参加本次高峰论坛发言。6个课时都重视学生的体验活动,贯彻核心素养目标,围绕主题知识结构、任务问题真实探究,使学生提升解决问题能力,在活动中进步,在体验中成长。

在设置参与性体验活动时,首先,教师需要注意活动的设计要紧密结合教学内容和目标,确保学生在活动中能够有所收获;其次,活动要有可操作性和趣味性,能够吸引学生的注意力并激发他们的参与热情;最后,教师要在活动过程中给予及时的指导和反馈,帮助学生更好地理解和运用所学知识。

3.坚持理论性和实践性相统一,搭建"实践式体验"平台

通过理论学习,学生可以掌握基本的道德规范和法律知识,为日后的实践应用打下坚实的基础。实践是理论的延伸和验证。通过实践,学生可以更好地理解理论知识,提高解决问题的能力,培养实际操作技能。为了将理论性与实践性紧密结合,我们可以搭建实践式体验平台。如模拟法庭,让学生扮演法官、律师等角色,模拟真实的法庭审判过程,从而深入了解法律知识和法律程序。或者,我们可以组织社会实践活动,如社区志愿服务、环保活动等,让学生在实践中感受道德的力量和社会责任。

通过实践式体验平台,学生可以亲身参与、亲身体验,将所学知识运用到实际中,从而更深刻地理解和掌握知识。这种教学方式不仅可以激发学生的学习兴趣和积极性,还可以培养他们的实践能力和创新精神,提升他们的综合素质。如第一课时撰写"点燃人生计划"并分享实践活动;第二课时采访各行各业人员;第三课时小组上台展示介绍航空母舰模型,各组作品下水比赛;第四课时设计"传统美德壶",作为新时代的青少年,书写"美德践行卡",把中华民族传统美德落实在具体行动中,将践行理念设计在"传统美德壶"上;第五课时"低值可回收物高值化"策划案;第六课时制作"共建一带一路,惠及世界幸福路"十周年宣传海报,虽然每一课时都设计了不同的实践行动,但都有共同的特点——那就是要完成思想认同,知识内化,突破重难点,重视评价指引。当然,在搭建实践式体验平台的过程中,我们要确保实践活动的安全性和有效性,避免发生意外事件。要根据学生的实际情况和兴趣爱好,设计符合他们身心发展特点的实践活动,以提高他们的参与度和体验感。及时总结实践经验,不断完善和优化实践式体验平台,以提高教学效果和质量。

4.坚持建设性和批判性相统一,搭建"体验式指引"平台

评价指引,就像是一盏明灯,指引着我们教学的方向,帮助我们明确教学目标,更好地了解学生的学习情况,发现他们的优点和不足,有针对性地进行指导和帮助。

为了实现评价指引和落实培育核心素养的目标,我们需要制定科学合理的评价标准和方法。评价标准要具有可操作性和针对性,要能够全面反映学生的道德与法治素养水平。评价方法要多样化,既注重结果评价,也注重过程评价;既要关注学生的学业成绩,也要关注他们的日常表现和综合素质。加强师生之间的互动和沟通,教师要关注学生的反馈和意见,及时调整教学策略和方法,以满足学生的需求和期望。学生也要积极参与评价过程,认真反思自己的学习情况和成长过程,不断提升自己的道德素养和法治素养。为贯彻国家"双减"和"五项管理"的要求,根据学生不同学力水平,将作业分为必做的基础性作业和选做的拓展性作业,完成作业的时间符合"双减"政策,符合新课标学业质量标准。如:

第一课时:

◆基础性作业:整理"如何活出生命精彩"的策略思维导图。

◆实践性作业:补充完善《精彩人生计划书》,坚持每日打卡,为自己的行动积分,每两周在班会课汇报展示、颁奖反思。

◆拓展性作业:整理各组竞拍牌和相关人物故事,在选修时间向学校德育科申请在校园展览,向身边的同学、老师和家长进行"活出有意义的人生"微宣讲。

第二课时:

◆基础性作业:整理课堂笔记,绘制《多彩的职业》核心观点思维导图。(预计时间:10分钟内。)

◆拓展性作业:补充完善《职业生涯规划书》,各小组合作将其汇编为《职业准备指南小册》,向家人或在学校社团、社区策划推广,积极传播社会正能量。要求通过行动将展览具体落实,下节课交流,相互借鉴学习。(选做,小组合作。预计时间:每人20分钟。)

第三课时:

◆基础性作业:整理课堂笔记,绘制《维护国家安全》核心观点思维导图。(预计时间:10分钟内。)

◆拓展性作业:各小组合作完善"航空母舰模型"及设计理念,向家人或在学校社团、社区宣传海防安全,积极传播社会正能量。要求通过行动将展览具体落实,下节课交流,相互借鉴学习。(选做,小组合作。)

第四课时:

◆基础性作业:整理课堂笔记,绘制《延续文化血脉》核心观点思维导图。

(预计时间:10分钟内。)

◆拓展性作业:设计并制作"传统美德壶"(形式多样,纸质、黏土、陶泥皆可),向家人或在学校、社区中策划推广,积极传播社会正能量。要求通过行动将其具体落实,并践行传统美德,下节课交流,相互借鉴学习。(选做,小组合作。)

第五课时:

◆基础性作业:整理课堂笔记,绘制《共筑生命家园》核心观点思维导图。(预计时间:10分钟内。)

◆拓展性作业:补充完善《旧衣改造报告书》,将"改造家中旧衣"理念向家人或在学校、社区中策划推广,积极传播社会正能量。要求通过行动将展览具体落实,下节课交流,相互借鉴学习。(选做,小组合作。)

第六课时:

◆基础性作业:整理课堂笔记,绘制《构建人类命运共同体》核心观点思维导图。(预计时间:10分钟内。)

◆拓展性作业:补充完善"共建一带一路,惠及世界幸福路"宣传海报,将海报汇集成册,向家人或在学校、社区中微宣讲、策划推广,积极传播社会正能量。(选做,小组合作。)

第六章

鲜活评价,
守正创新

第一节　时代洪流的必然趋势

我们学校是一座新学校,但是其他学校的很多老师都喜欢到我们学校来借班上课,原因是我们学校学生在课堂上的表现都特别积极主动,课堂气氛热烈。究竟是什么驱使我们学校的学生学习这么主动呢？那是因为我们学校一直在探索的鲜活评价方式,从内心真正地激发了学生的学习动力。

什么是鲜活评价？这里是指数字教育背景下的鲜活思政教、学、评一体化的评价体系。鲜活思政强调的是思政教育的生动性、实践性和时代性。教、学、评一体化是将教学、学习和评价紧密结合的教学模式,评价贯穿于整个教学过程的始终。评价不仅为了检测学生的学习成果,更为了解学生在学习过程中的表现和问题,以便教师及时调整教学策略,帮助学生更好地掌握知识和技能。将鲜活思政与教、学、评一体化理念相结合,可以进一步提升思政教育的质量和效果。借助数字教育先进的技术,可以对教师的教,学生的学进行精准分析,通过持续的评价和反馈,师生可以及时了解教学和学习情况,调整教学策略,确保鲜活思政教育目标的实现。

一、鲜活评价顺应教育改革趋势

2024年3月5日,国务院总理李强在第十四届全国人民代表第二次会议上作政府工作报告,提出要"大力发展数字教育"。数字教育是主动适应新一轮科技革命和产业变革的必然选择,是促进更高质量教育公平的必然要求,是推动教育创新发展的必由之路。

2020年10月,中共中央、国务院印发《深化新时代教育评价改革总体方案》,提出充分利用信息技术,提高教育评价的科学性、专业性和客观性;同时要求学校构建更加多元的促进学生全面发展的评价办法,破除"唯分数"的片面评价方式,着力创新德智体美劳过程性评价。2021年3月,教育部等六部门联合印发《义务教育质量评价指南》,要求学校从"品德发展、学业发展、身心发展、审美素养、劳动与社会实践"五个维度对学生进行全面综合的评价。2022年4月颁布的义务教育各学科课程标准中,教学评价理念强调以核心素养为导向的教、学、评一体化,要求教师转变育人方式,重视评价的育人功能,树立"教、学、评一体化"意识,实现教、学、评的有机融合,将教、学、评三要素有机融合,形成课程育人的合力,协调发展学生的核心素养。在"教、学、评一体化"的基础上加入"备",可以形成"备、教、学、评"一体化的实践闭环。

新课标背景下,教学评价正从聚焦知识与技能的测试文化向聚焦学生核心素养发展的评价文化转型,从结果导向的评价范式向过程导向的评价范式转型,从重分数的评价向重学生全面发展的评价转型。新的评价理念倡导通过评价促进教师改进教学和促进学生学习进步,告别单一形式的由命题机构主导评价、教师和学生被动接受评价的历史,倡导每位教师都要全程参与到对学生学业表现和成绩评定的评价活动中来,秉持与核心素养培养目标相一致的评价理念,通过设计丰富的评价活动,选择科学合理的评价技术和手段,收集学生在学习过程中基于真实情境运用所学知识与技能、思想与观点、方法与策略等解决问题,体现正确的态度和价值观的相关信息,并能科学地解释和有效地利用评价结果达到促学、促教的目的。

鲜活评价符合时代发展的趋势。目前,中小学生出生在互联网技术高速发展的时代,在网络新媒体的陪伴下成长,对信息技术有一种天然的亲近感,在接受方式、认知方式以及情感态度价值观等方面不可避免地带有网络时代的烙印。但其正处于青春发育期,自我意识不断增强与技术应用心理发展滞后的矛盾突出,迫切需要学校和教师在其道德品质和法治意识的发展上给予有效帮助和正确引导。

随着科技的快速发展,数字化、智能化已经渗透到社会各个领域,极大地改变了人们的学习和生活模式,教育也不例外。互联网、计算机、智能设备等数字化技术为鲜活评价提供了坚实的技术基础,使教育资源的获取、传播和共享变得更加便捷,推动了教育模式的创新。鲜活评价利用现代信息技术手段,推动教育的数字化转型,适应时代发展的需求。

二、鲜活评价为教学注入源头活水

首先,鲜活评价有助于提高教育教学的效率和质量。通过数字化平台,教师可以更加便捷地获取和分享教育资源,实现资源的优化配置和共享,提高备课效率。学生可以根据自己的兴趣和需求进行个性化学习,提高学习效果。同时,鲜活评价还可以利用大数据、人工智能等技术手段,对学生的学习情况进行精准分析,为教学提供更加科学的依据。

其次,鲜活评价有助于打破空间限制。传统教育模式下,优质教育资源往往只集中在学校,无法实现家、校、社共育,不同的家庭背景、地域导致了教育差距较大。鲜活评价打破了空间限制,满足学生随时随地的学习需求,使优质教育资源得以更加公平地分配,让更多人有机会接受高质量的教育。

最后,鲜活评价也是培养创新人才的重要途径。在数字化时代,创新能力成为人才培养的核心要素。鲜活评价通过提供丰富多样的学习资源和创新性的学习环境,激发学生的创新思维和创造力,为培养具有创新精神和实践能力的人才提供了有力支持。

大力发展鲜活评价是适应时代发展需求、提高教育教学效率和质量、促进教育公平以及培养创新人才的重要举措。在生活不断数字化的今天,教育的数字化是必然的选择。要充分利用数字技术谋求教育新发展,以鲜活评价改变教学、学习和评价等教育教学各环节、各要素。

三 鲜活评价促进学生素养发展

鲜活评价强调将教学、学习和评价三个环节紧密结合,形成一个统一的教学过程。在数字教育背景下,教师可以利用大数据分析、智能推荐等技术手段,对学生的学习情况进行精准分析,为教学提供有力的数据支持。同时,通过在线评价、互动反馈等方式,教师能及时了解学生的学习效果,调整教学策略,实现个性化教学。数字教育作为现代科技的产物,具有强大的信息处理和传播能力。鲜活思政教、学、评一体化能充分利用数字化技术的优势,实现教学资源的共享和优化配置,提高教学的针对性和实效性,有助于学生素养落地。

鲜活思政强调将思政教育与现实生活相结合,注重学生的情感体验和实践参与。在数字教育背景下,鲜活思政教、学、评一体化能够利用数字化技术创设逼真的学习情境,让学生在模拟实践中感受思政教育的魅力,提升学生的学习兴趣和参与度,知行合一,运用所学知识解决生活问题,真正提高学科素养,提升思政教育的质量和效果。

第二节 教、学、评一体化的理论构架

一 教、学、评一体化的提出

教、学、评一体化在中国的发展历程可以追溯到古代的教育评价制度,如,科举制度就是对学生学习成果和能力的一种评价方式。随着20世纪初现代教育的兴起,教学评价逐渐成为教学管理的重要组成部分。在这一时期,出现了多种教学评价方法和工具,如考试、测验、观察、访谈等,它们为教、学、评一体化提供了基础。进入20世纪60年代,随着美国"学生中心"的教育改革的推进,教学评价也经历了重大变革。这一变革强调以学生为中心的评价方法和工具,如自我评价、同伴评价、课程设计评价等。

教、学、评一体化是由日本学者水越敏行在20世纪末首次提出的。他基于美国著名教育心理学家布卢姆的教育目标分类学,创新了教学评价思想,认为评价不仅仅是为教学目标服务,还应融入整个教学过程,以促进教师的教和学生的学。他强调教学、学习和评价三者是相辅相成、互相影响的。水越敏行的这一思想对中国的教育界产生了深远影响,中国越来越多的学者和教育实践者开始关注如何将教学、学习和评价更加紧密地结合起来,以提高教学效果和质量。

近年来,随着信息技术的发展,教、学、评一体化得到了更多技术手段的支持。例如,一些教育平台和学习管理系统提供了在线评价工具和数据分析功能,可以收集和分析学生的学习数据,并提供个性化的评价和建议。随着教学改革的推进,近年来一些教育理论和实践者完善教学环节,提出在教、学、评一体化的基础上还要做好"备"的功课,形成"备、教、学、评"四位一体的教学模式,使得整个教学过程更加完善、系统和有针对性。具体来说,"备"包括教师的备课准备、学生的学习准备以及评价的准备等多个方面。教师的备课准备包括了解学生的学习需求、制订教学目标和计划、选择适当的教学方法和资源等;学生的学习准备包括预习知识、了解学习目标和要求、准备学习工具和资料等;评价

的准备则包括设计评价标准和工具、确定评价方式和流程等。

教、学、评一体化的理论基础主要包括教育评价理论、认知心理学理论、教学设计理论,以及建构主义学习理论和认知灵活性理论。教育评价理论强调评价的目的是提供学生学习情况的反馈和指导,以促进他们的学习动机和积极性。这一理论在教、学、评一体化中表现为通过多样化的评价方式了解学生的学习情况,并注重评价的公正性和客观性。认知心理学理论指出学习是一个主动的、个体化的过程,学习效果受到多种因素的影响。因此,在教、学、评一体化中,教师需要关注学生的学习兴趣、学习策略和学习方式,提供个性化的评价和辅导。教学设计理论强调教学和评价的密切联系,要求教师在教学设计中融入评价元素,如设立明确的学习目标、设计多样化的评价任务、提供及时的反馈等。建构主义学习理论认为学习不是简单地获取知识或信息,而是一个积极主动的建构过程。强调学习者的主动性和参与性,鼓励学习者积极参与评价过程,反思自己的学习进程和策略。认知灵活性理论则强调学习者在不同情境下灵活应用知识的能力。在教、学、评一体化中,这一理论提醒教师需要注重培养学生的认知灵活性,使他们能在不同情境中有效运用所学知识。

相对于传统的教学模式,教、学、评一体化的教学效果好,源自其深入研究课程标准,设定教学目标,明确教学评价的指标,并在此基础上精心设计课堂活动,促使学生深度学习。从逻辑上分析,备课也是"教"的一部分,教、学、评一体化兼具顺向思维和逆向思维的特征。对于逻辑体系来说,主要有两种声音,一种是以"备"为起点,以"评"为终点,即进行充分的备课,促进科学的教学,催生有效的学习,形成真实的评价;一种是反其道而行,以"评"为起点,以"备"为终点,即以改进的备课质量提高教学质量,以提高的教学质量增强学习的质量,以增强的学习质量见诸评价结果。在笔者看来,"备、教、学、评"没有绝对的起点,也没有绝对的终点,"备、教、学、评"四个环节可以任意起点,依次首尾连接、循环往复、螺旋上升,形成闭环。(图6-1)

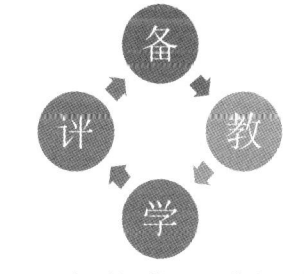

图6-1 备、教、学、评一体化逻辑图

二 智慧评价的内涵诠释

传统的教育教学评价主要依靠纸笔记录,评价主体相对单一,多关注终结性评价,评价数据收集与分析的难度较大,其准确性和针对性相对较低。对教育者而言,越想让学生获得更高层次、更加综合的学习成果,就越需要合理的评价指标、精准的评价结果去激发学生主动、深入学习的热情。我们课题组探索的智慧评价,主要通过四大系统,一是借助互联网,利用微信平台创设的"五育积分"系统,二是"智慧教室"系统,三是智慧作业系统,四是文创作品系统,共同探索智慧评价如何更好促进"备""教""学"环节。

(一)"五育积分"系统,全面评价有抓手

"五育积分"系统在增值评价中,引导学生在学习生活的实践中提高思想政治素养。它以学生成长中德、智、体、美、劳的日常各方面表现为事实依据,借助微信平台小程序,通过相应的传感器技术,经过学生及其监护人的同意,采集学生的多维空间数据,在平台上为每个学生建立单独的电子档案,通过数据分析技术抽取反映学生发展的重要数据(如日常行为规范、考勤情况、课堂表现、作业完成情况、考试情况、志愿活动等),自动同步生成评估报告,并形成系统化的评价,既减轻了教师在收集记录数据方面的负担,也提高了数据分析的科学性,为教育教学行为提供更准确的决策依据。

"五育积分"重在于点滴中激励学生。学生行为规范好,如随手捡垃圾、光盘行动、乐于助人等,可获得"德育"积分;课堂积极发言、作业优秀等可获得"智育"积分;积极参加大课间、体育锻炼等活动等可获得"体育"积分;积极参加艺术社团等活动可获得"美育"积分;参与卫生大扫除、家务劳动等,可获得"劳育"积分。不仅校内活动可以获得积分,校外参加的各类活动也可申请积分,如家长、社区工作人员等可在微信端提交相关证明材料,经班主任审核通过后学生即可获得相应积分。学生在社会实践中各方面的思想政治表现日日有记录、时时有展现、处处有轨迹,可谓"五育融合,全面发展"。而且五育积分的分数是基于各处室、各学科统一的标准,能够比较客观、科学地对学生思想政治的发展进行评价,促进学生的政治素养、道德素养、法治素养的养成等。

利用微信平台创设的"五育积分"系统十分便捷,只要关注学校微信公众号,任何人都可以对学生的行为进行评价,实现多主体评价。在五育平台积分

软件里,由积分构成的学生德智体美劳发展情况雷达图,能呈现学生各方面发展等级轴线图、积分明细等,有利于教师更有针对性地因材施教。同时,通过积分系统,学生在校的表现情况还会自动汇总,并定期推送到家长端,有助于家校间形成良性沟通,促进家校共育。

"五育积分"系统所做的评价是全方位、立体化、多层次的评价,是落实新课标要求的有效评价。利用"五育积分"系统,可以充分发挥评价的诊断、激励和改善作用,促进学生的发展和教师的教学。利用"五育积分"系统,储存在系统中的学生学习生活素材可以作为教师备课的校本资源,拉近课堂与生活的距离;利用"五育积分"系统,可以随时评价学生在日常学习生活中的思想政治行为表现,反馈在课堂中,更好地调整教师的"教"和学生的"学",以实践行为及时调整课堂的教学活动,提高课堂教学的实效。

(二)"智慧教室"系统,反馈矫正有措施

在教学管理实践中,我们学校引进了"智慧教室"系统,教师只需要登录到这个管理平台,就可以得到一系列的基干事实数据得出的分析报告,而且还可以人机AI对话,为教师的课堂提供个性化的指导,从而促进教师课堂的转变。

智慧教室的分析,可简可详。它可以基于课堂实录导出一份数据分析报告,总体概况包括课程总揽问答、课堂互动和新课标落实等栏目。教师可以根据个人需要,让它生成一个针对自己的详细内容。智慧教室里的摄像头既关注教师的教,也关注学生的学。两个摄像头的画面可以自由切换。画面可以看到全景画面,也可以针对某一个学生的表现完整回放。我们可以通过不同的画面的切换,捕捉到每一个细节,观察教师的举动和学生的言行,获取需要关注并可以优化的地方。从智慧教室导出的数据中,最一目了然的是课堂热力图,这个热力图主要用来记录回答问题的学生,包括他的大头贴也在上面,热力图中黄色区域表示教师在教室的行走轨迹,从而可以优化教师上课时的行走路径,关注到教室里的每一个学生。高亮区域是回答问题频次比较高的学生,具体到每个学生的回答频次,让教师掌握课堂每个学生的互动情况,做出优化策略。

智慧教室的AI建议中,教师可以直接与系统对话,基于课堂客观数据归纳出教师课堂的亮点、不足以及优化建议。系统会把教师讲授时长、师生互动时长和时段分布通过不同的颜色呈现出来。分析教师的提问次数、提问的类型,以及学生响应问题的表现,可以充分地把这种提问的类型和新课标的评价方式

中的一些要求匹配起来,通过雷达图数据的解读,让教师切实把握这一堂课的教学情况。AI的数据分析,可以根据教师需要进行个性定制,教师需要了解什么,完全可以利用AI人机对话,得到课堂的精准反馈。比如本次课实现了哪些知识点,AI会基于大数据对教材内容的存储以及在师生对话过程中抓取的一些关键词,分点、分段罗列出相应的知识点。教师想了解针对本课堂的对话中教师提问的有效度,AI不但会分析有哪些不合适的提问及不合适的原因,还会提出具体的优化建议。如AI会指出教师的某个提问是开放性的问题,缺乏具体的指导性,容易造成学生理解上的模糊或无法回答这样的困境,并提出具体的优化建议,指出背后的考虑理由。AI还会根据新课标的要求,根据道德与法治学科素养要求,关注学生的协同合作情况、独立思考情况、情感价值观的落实情况,从而对整个课堂进行综合评价和整体评价,明确指出课堂存在的优缺点,以及改进的具体措施。更重要的是,AI是能够不断升级的,随着使用频次越来越多,指导将会越来越准确和全面。这种智慧课堂评价能够及时反馈教师的备课情况、教师教的优缺点以及学生学的优缺点,并提出相应的建议,从而更好地促进"备""教""学"三个环节。

三 智慧作业系统,个性辅导有成效

长久以来,思政老师批改作业的工作量极大、批改作业誊分不便捷,尤其是主观题方面,针对学生个性化的答案没有办法即时生成典型答案,也就不方便讲评。传统的批改作业模式缺少对全班学生的详细数据的分析,也做不到贯穿课堂教学全过程的学习诊断与评价,评价反馈粗略、更多地凭借教师个人经验,评价信息反馈严重滞后。而纯线上作业方式,无法在学生作业上留痕,学生无法第一时间了解自己作业的完成情况,也就无法进行订正。运用智慧作业系统,也就是运用电子笔批改作业,系统会自动批阅客观题,既减轻一线教师作业批改的繁重压力,又保证了作业批改数据的准确性。对于主观题,教师不需要改变自己的批改习惯,不会给教师造成额外负担,批改时笔迹会在学生的作业本上留下痕迹,便于学生了解自己作业的完成情况。当教师批改完,后台会即时自动生成数据分析,包括班级整体的作业情况分析,每道题目得分情况分析,知识点掌握情况分析等,教师可以轻松了解到班级整体的作业完成情况,从而了解教学目标是否合理,教学方法、手段运用是否得当,教学的重点、难点是否

实现完全覆盖,也可以掌握学生学习的状况和存在的问题,从而及时优化自己的备课方向,调整教学方法,改进教学措施,提升教学水平和教学效能,有针对性地解决教学中存在的实际问题,实现真正意义上的"因材施教"。智慧作业评价系统可以实现对日常作业和考试的收集与存储,对学生作业和考试进行档案式管理,跟踪学生的学情波动情况,充分挖掘学生对知识点的掌握程度和薄弱环节,快速反馈、精准评测,动态掌握学生学科成长轨迹。通过智慧作业评价系统的多维度分析,学生可以明确自己知识掌握的细节;通过智慧作业系统提供的个性化学习方案,每个学生都有自己专属的作业,并即时生成个性化错题本,引导学生根据自身的薄弱知识点补缺补漏,学习更有目的性和针对性。(图6-2)

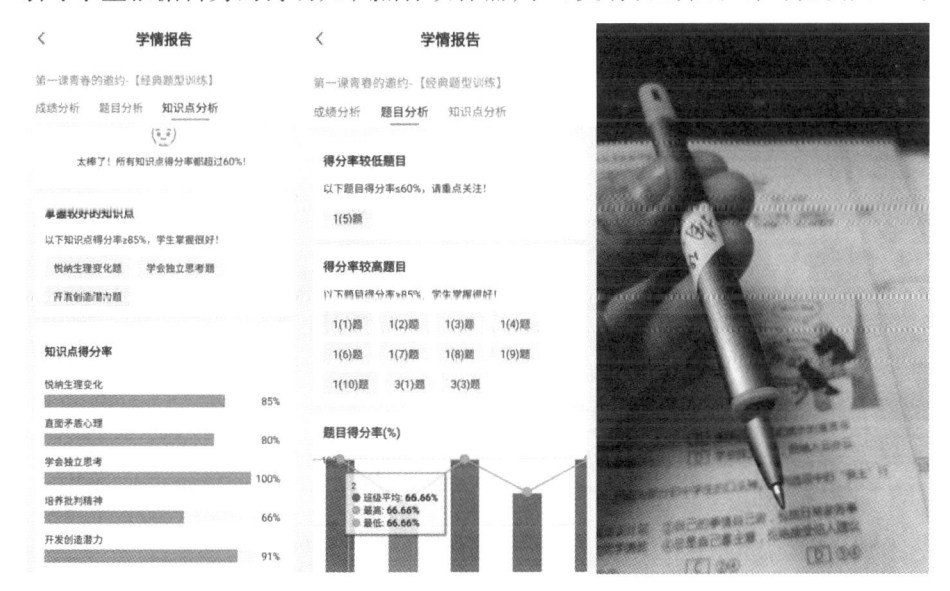

图6-2 智慧作业系统学情报告简图

(四)文创作品系统,增值评价有动力

"五育积分"系统中,学生的积分累积到了一定的量,就可以利用学校的盲盒机兑换学校文创产品作为奖励,激发学生学习的主体性、主动性。文创产品怎么来的?学校每月评选优秀学科作业,组织文创社团,引导学生将作业"魔术"变身为形象生动的学习生活用品,加强教育与生产和生活的联系,实现跨学科学习。课题组每个月评选学科优秀作业,展示学生学习成果、激发学习动力。在评选过程中,可以设立不同的奖项,如最佳创意奖、最佳解题奖、最佳书写奖等,以全面评价学生的作业质量和特色。邀请教师、家长和学生共同参与评选,增加活动的公正性和透明度。学校专门组建了文创社团,充分发挥文创社团的

创意和想象力,结合学科特点和学校文化,打造出独特而富有特色的作品。如此,不仅可以提升学生的创作能力,还能让他们感受到知识与实践结合的快乐与自豪。这些文创用品不仅具有实用价值,还能成为学生学习和生活中的美好回忆,激发学生深度学习的动力。在文创产品的制作过程中,教师可以检验学生运用知识解决问题的能力,从而更好地"教"与"学"。

第三节 以"评"促"备、教、学"的智慧评价实践

"备、教、学、评"是首尾连接、循环往复、螺旋上升的实践闭环。智慧评价既是首尾连接的关键一环,也是循环往复的蓬勃动力。

一、智慧评价促"备、教、学"的探索

(一)智慧评价是有效备课的"导航仪"

智慧评价是首尾连接的关键一环。智慧评价既是对学生前一课学习情况的精准分析,亦是教师后一课备课方向的指导依据。正是智慧评价有效串联起了一次又一次的"备、教、学、评"过程,"备于评后,备于教先",在"备、教、学、评一体化"的实践闭环中,智慧评价让备课的目标和定位更清晰,是有效备课的"导航仪"。

道德与法治课程的备课不仅依据课程标准和学情特点制定教学目标,作为教学评价的依据,而且授课过程中即时记录的学生课堂表现数据、学生作业成绩或等级数据、学生行为规范记录(或德育实践)数据等,还能反馈教育教学效果,使教师及时针对学生的这些情况进行反思和调整、优化备课,提高备课质量,做到"备、教、学、评一体化"的实践闭环。

(二)智慧评价是精准教学的"手术刀"

智慧评价覆盖学生校内、校外学习生活的方方面面。在精心设计的评价系统中,对学生的评价并不是快速粗糙的"速写",而是精细描绘的"工笔画"。五育积分智慧评价系统覆盖了学生德、智、体、美、劳各方面的评价。这些评价是所有科任老师均可查阅的。从"五育雷达图"中,教师可以清晰地了解学生学习能力、行为习惯养成的方方面面。当教师对学生有了迅速的、全方位的了解后,

就能因材施教进行教学,因此,智慧评价是教师精准教学的"手术刀"。而学生在这个"五育积分"系统中上传的各种资料也就成了教师备课的校本资源,是基于学生生情的校本资源。

(三)智慧评价是深度学习的"发动机"

智慧评价不仅会成为向教师反馈学情,指导其备课、教学的有效抓手,更是学生学习内驱力的"发动机"。特别是数字赋能的智慧评价,不仅可以让教师与学生及时收获学生学习行为和结果的反馈,还可以让学生的学习更有目标和动力。通过"智慧教室"系统和"五育积分"系统,可以对学生的课堂表现、作业表现和德育实践等项目进行点评打分,引导学生发现自己的优势或不足,以激励自己发扬或改进;同时,学生还可以通过自己的表现获得积分,在盲盒机兑换学校文创作品作为奖励;通过智慧作业系统,批阅作业后会生成作业质量数据和个性化的错题本,使学生的学更加有目的性和针对性,还可以与自己之前的作业进行对比,通过增值性评价的结果,调整学习的方向和重点。

二、数字赋能的鲜活思政

"备、教、学、评一体化"的理论框架以及实践路径已然明晰。然而,如何将其根植于校园、根植于课堂,让理论之"树"结出实践"硕果",就需要依托于数字化建设。数字教育已经渗透到我们生活的方方面面,利用数字化赋能,"备、教、学、评一体化"的实践闭环可有效落地。

(一)数字化赋能备课

数字化备课是指利用数字技术和网络资源,对传统备课流程进行优化和创新的过程。通过数字化备课,教师可以轻松获取丰富的教学资源,实现资源共享,提高备课效率。同时,数字化备课还有助于教师及时了解学生的学习情况,调整教学策略,实现个性化教学。

道德与法治学科教师利用数字化赋能备课,可以这样操作:

(1)利用信息化手段设备,和专家、同行进行网络远程备课、教研,增加备课的深度与广度;依托学校德育活动进行素材取材、采访剪辑,或通过学校公众号获取德育活动资源(文字、图片、视频),打破课程资源的学科壁垒,凸显鲜活思政的教学理念。

(2)通过智慧作业系统呈现班级学生上一堂课作业的完成情况,选择题正确率及错误集中的地方、问答题得分情况,商讨制定下一个班的教学策略调整方案、下一节课的教学安排和复习课的安排。

(3)利用希沃信鸽功能和校园局域网文件共享功能,形成校本课程资源和课件库,实现各学科课程资源共享,不同学科之间的共同研究对象可互通有无,实现跨学科融合备课,为思政课程与课程思政的统一提供可能,进而推进"大思政"育人;借用学科网、智慧中小学等网络资源进行校本作业的设计。

(4)通过"智慧教室"系统,在其AI功能的加持下,生成授课教师的课堂观察报告,实现课堂实录还原、教室孪生还原、学生表现回溯,进行教学时间分析、问答对话分析、课堂互动分析,生成提问优化建议、授课方式优化建议、新课标落实改进建议,在质性维度和量性维度,助力道德与法治学科的反思与备课。

(二)数字化赋能教学

数字化教学不仅能提供更加丰富的教学资源,还能实现个性化的教学,提高教学效果。首先,数字化教学能提供更加丰富的教学资源。传统的教学方式往往受限于教材、教室等物理条件,而数字化教学则可以通过互联网、多媒体等技术,将世界各地的优质教育资源整合起来,为学生提供更加广阔的学习空间。其次,数字化教学还能提高教学效果。数字化教学可以通过多媒体、互动等技术,将抽象的知识具象化、生动化,让学生更加容易理解和记忆。同时,数字化教学还能加强师生之间的互动和交流,让教学更具有互动性和趣味性。这些都有助于提高学生的学习积极性和参与度,从而提高教学效果。

数字赋能鲜活思政的"教"主要表现在以下方面:

(1)教学课件取材于学校微信公众号上相关的图文报道、校本资源,如校园义卖活动、学雷锋活动、智慧农场劳动实践、趣味体育经济活动等。通过学校"五育积分"系统的评价,激励学生参与教学活动与师生互动,通过评价记录学生参与的数量、频次、分布,调整课堂教学方式,实现因材施教,让课堂更精准、生动和有深度,促进教师教学效率的提高。

(2)通过"智慧教室"系统的使用和反馈,参考AI捕获的数据和数据分析的意见与建议,反思教学中的问题和不足,更好地促进教学的改进。利用一体机进行课件演示和同屏技术,及时上传学生的习作或小组讨论的成果。对于学生生病请假在家的情形,教师可以通过共享屏幕进行网上直播授课,或让学生自行观看"智慧教室"系统的录播回放,确保学生不落下每一堂课。

(三)数字化赋能学习

数字化赋能学习,不仅改变了学习的形式,更提高了学习的效率和效果。首先,数字化教学能实现个性化的教学。通过大数据分析、人工智能等技术手段,可以对学生的学习情况进行精准的分析和预测,为每个学生提供个性化的学习方案。其次,数字化技术还为学习提供了更加丰富的学习资源。通过网络,可以汇聚全球范围内的学习资源,为学习者提供广阔的知识视野。学习者可以通过在线课程、学术数据库、专家讲座等途径,接触到前沿的研究成果、丰富的实践经验以及多元的文化观点。这些丰富的资源不仅拓宽了学习者的知识领域,也激发了学习者的学习兴趣和动力。

数字赋能鲜活思政的"学"主要表现在以下方面:

(1)通过五育积分评价,激励学生参与教学活动与师生互动,激发学生学习兴趣和提高学习效率。学生积分累积到一定的量,便可到学校定制盲盒机前扫脸,换取学生喜闻乐见的学校文创周边(由学生利用课余时间设计的文创作品),凸显和激发学生的主体性和主动性。

(2)教师通过智慧作业系统批阅作业之后,智慧作业系统会及时生成学生的错题,并形成学生个人的错题本。学生打印错题,再次进行练习。作业的答题情况会同步到家长或学生的手机上,学生能及时了解答题情况,个性化指导自己的学习,促进自己的学业进步。

(四)数字化赋能评价

学校已经初步创建了"五育融合"的智慧校园管理平台,利用网络系统对如何落实备、教、学、评一体化进行了探索。平台以"五育融合"为抓手构建高质量、信息化的教育新生态,利用"AI人脸识别+微信推送+大数据分析"等技术,在"智慧教学""智慧管理""智慧评价"等方面,助力教学、教研、思政教育等工作。

根据学生的课内外、校内外表现,利用学校现有的智慧校园宇客云系统中的"五育积分"(德、智、体、美、劳)功能、"课堂点评"(对学校的课堂表现即时加分扣分)功能,以及嵌入该平台的综合素质评价(每学年的综合素质评价、整个学段的综合素质评价)系统,对学生的价值观、学习态度、过程表现、学业成绩等,实施多主体评价、多方面评价、各环节评价、全过程评价;借助数字赋能、智慧校园的先进与便捷,动态捕捉和记录学生成长的点点滴滴,有效反哺教师的教和学生的学,直接优化"评",全过程贯穿"教"和"学",评价结果反哺"备",促进"备、教、学、评"高效落地,创造性地落实"双减"精神。

评价实现"线上+线下""课内+课外"的结合,打通教育场域,串联教育内容,真正发挥培根铸魂、启智润心的作用,将道德与法治这门德育课程教学与德育实践相结合,理论联系实际,实现知行结合。

三 亟待攻坚的问题挑战

(一)打通平台的可能探索

目前,学校在备、教、学、评方面使用的智慧平台包含不同的系统或平台,这些系统或平台由不同企业提供,还无法消除各系统或平台之间的技术壁垒,无法资源共享,急需学校有效打通各系统或平台共融渠道,优化系统或平台的使用,建立健全使用体制机制和策略,助力数字化背景下的鲜活思政备、教、学、评一体化实践,纵深推进思政智慧教育发展,探索数字化背景下的鲜活思政备、教、学、评一体化实现路径,构建鲜活思政的数字化评价体系,为"备、教、学"减负增效。

(二)数字赋能的效果验证

通过数字化赋能"备、教、学、评一体化"这一模式为教师"减负"以及使学生学习更加高效、更加精准的程度如何,仍需我们进行深入探索和验证。数字化赋能"备、教、学、评一体化"并非一蹴而就。在实际操作过程中,我们可能会遇到诸多挑战。例如,数字资源的丰富程度和质量参差不齐,教师需要花费大量时间筛选和整理;数字化工具的操作难度和适应性也可能成为阻碍;学生的学习习惯和自主能力也是影响数字化赋能效果的重要因素。因此,我们需要对这些问题进行深入研究,提出相应的解决方案。

(三)赋分评价的激励匹配

青少年阶段是人生的"拔节孕穗期",要扣好人生的第一粒扣子,尤其需要进行激励机制的引导,激发与鼓励学生,让学生付出努力,最大限度地调动人的积极性,培养学生学习兴趣,提高学生学习效率。美国哈佛大学的詹姆斯教授在多年研究的基础上指出:如果没有激励,一个人的能力发挥将仅为20%~30%;如果施以适当的激励,将通过其自身努力使能力发挥出80%~90%。数字赋能的智慧评价,主要是采用了增值性评价,但其中的赋分和加分是否能最大化激励学生,赋分的标准在哪里,仍然需要研究和解决。

第七章

课程思政，
鲜活融合

第一节 课程思政 吸新吐故

刚上班,保卫科长就急匆匆地跟笔者说,昨天有人盗用教师人脸刷卡系统,随意进出学校。那还得了,学校安全防线一旦破防,师生的安全何以保障？学校紧急排查,终于查出了"幕后黑手"——竟然是学校三个成绩优秀的学生！他们是学校的"信息高手",由于要参加青年科普创新实验比赛,老师特地组织他们周末到学校进行集训。为了让同学们见识一下他们的信息技术能力,并试图挑战学校的制度管理,他们利用周末到校集训的机会,运用信息技术手段"突破"学校的安全防线,帮想逃课去打游戏的同学提供技术支持。一群信息技术能力如此厉害的学生,竟然这么没有规则意识,没有最起码的是非对错观念,这么厉害的"高手"以后能对社会做出什么贡献？毋庸置疑,这些学生具有高智商,是大家口中的"学霸"。但显然,这样的人才培养,方向是偏离的。究其原因,就是我们在培养学生的时候,更多只关注对学生知识的教授,却忽略了教育育人的重要性。说到底,就是教师没有课程思政的意识。

一、课程思政的提出

党的二十大报告强调:"育人的根本在于立德。"这是以习近平同志为核心的党中央继承、丰富和发展党的教育方针的集中体现。2018年5月2日,习近平总书记在北京大学师生座谈会上的讲话中指出:"人才培养一定是育人和育才相统一的过程,而育人是本。人无德不立,育人的根本在于立德。这是人才培养的辩证法。""要把立德树人的成效作为检验学校一切工作的根本标准,真正做到以文化人、以德育人,不断提高学生思想水平、政治觉悟、道德品质、文化素养。"培养什么人,是教育的首要问题,是立德的根本要求。不论时代和人才培养目标如何发展变化,"立德"始终是培养什么人的首要任务。当今世界,百年未有之大变局加速演进,各种社会思潮依托新媒体等渠道向青少年奔涌而来,给主流价值观的传播带来了挑战,也影响了思想政治工作的深度与效度。为此,教育工作要全面贯彻党的教育方针,把立德树人放在人才培养的首位,将强化德性教育作为重要任务,不断促进学生德性养成,为学生一生成长奠定良好的德性根基。青少年作为国家的未来和民族的希望,他们的思想状况直接关系到国家的长治久安和民族的伟大复兴。

其实,落实立德树人根本任务正是课程思政的核心任务,即在六个方面下功夫:坚定理想信念、厚植爱国主义情怀、加强道德品质修养、增长知识见识、培养奋斗精神、增强综合素质。从文化角度看,课程思政要加强中华优秀传统文化教育、革命传统教育、社会主义先进文化教育,增强文化自尊、文化自信,生长中华力量,塑造中国魂,有中国人的志气、骨气和底气。从品德教育角度看,课程思政要明大德、守公德、严私德,加强法治教育,培养良好的行为习惯。从价值教育看,课程思政要加强价值观教育,学会价值观的澄清、选择,帮助学生克服价值困惑,防止价值迷乱,用正确的价值观引领学生成长。[1]

课程思政的概念最早由上海市高校于2014年正式提出来,提出这一概念是为了探索解决思政课程与专业课之间"两张皮"的现象。2022年4月,教育部印发的《义务教育课程方案(2022年版)》中明确指出,义务教育各门课程必须全面落实习近平新时代中国特色社会主义思想,将社会主义先进文化、革命文化、中华优秀传统文化、国家安全、生命安全与健康等重大主题教育有机融入课程,增强课程思想性。

二、课程思政的内涵

所谓课程思政,"思政"是中心词,"课程"是修饰语。课程思政是指在各学科课程中,充分利用好课堂教学的主渠道作用,努力发掘课程本身所蕴含的思想政治教育元素,坚持有机融合的原则,在系统、科学地进行知识讲授的过程中,有意识地开展理论传播、思想引领、价值引导、精神塑造和情感激发的教育方式。[2]

---

[1] 成尚荣.课程思政是教学改革的必答题、可解题——课程思政几个基本问题的厘清[J].江苏教育,2021(83):10.
[2] 汪瑞林.中小学"课程思政"的功能及其实现方式[J].课程·教材·教法,2020,40(11):78.

从现有的研究看,课程思政的内涵大体上存在两种不同的界定,一种是把课程思政界定为所有课程(包括思政课程和思政课程之外的其他学科课程)的协同思政教育的理念、模式、方式方法。这种观点强调整体课程的运作以推进全员、全过程、全方位的思想政治教育,即把思想政治教育融入所有课程教学的各环节、各方面。课程思政是教学活动全过程育人的理念和方法的突破,是一种将思想政治教育融入课程教学和改革的各环节、各方面的课程观。另一种观点认为"课程"指的是思政课之外的学科课程,如语数外、史地、理化生、音体美、综合实践、劳动、信息技术与通用技术等。课程思政,就是依托这些学科课程实现思想政治教育功能的一种教育实践活动。主张要坚持深入挖掘与有机融入,坚持专业教学与思政教育相统一。在本章,课程思政指的是第二种观点,即思政课之外的学科课程。①

我们谈中小学的课程思政,具有知识性与教育性双重属性。受考试评价指挥棒的影响,中小学有些学科的课程教学强调知识性,忽视教育性,重"教书"轻"育人",从而出现上述那些优秀的"信息高手"们——能力强,但思想政治素养差的案例。课程思政概念的提出,就是强调要充分发掘各学科课程中的思想政治教育资源,发挥好育人功能,培养全面发展的"四有"新人。

课程思政不是学科课程与思政课程的简单整合,或者简单地把思政课程的相关内容植入、嫁接到学科课程中。每个学科都有其特定的学科属性,尊重、坚守每个学科的学科属性是推动课程思政教学改革的前提,绝不能把语文、数学、英语等学科课程变成思政课程。教师需要从各学科课程内容中发现、发掘、提炼思想政治教育的资源、元素、内涵,这要求既要对学科知识开展深入研究,寻找具体的结合点,更要超越具体的知识点,从更高更广的视野来审视和思考学科课程可以从哪些方面对抽象而高度概括的"思政"进行分解,将其育人功能融入、落实到学科课程的教学中去。②

---

① 潘希武.中小学课程思政:育人向度及其建设[J].教育学术月刊,2021(10):21-22.
② 汪瑞林.中小学"课程思政"的功能及其实现方式[J].课程·教材·教法,2020,40(11):79.

第二节 课程思政 开创新局

一、课程思政的意义

课程思政的提出和发展,旨在通过将思想政治教育融入各门课程中,实现全面育人的目标。课程思政不仅是一种教育模式,更是一种教育理念,强调在各类课程中渗透思想政治教育元素,包括理论知识、价值理念以及精神追求等。这种教育模式注重在潜移默化中影响学生的思想认识和行为举止,通过深入挖掘各门课程中的思想政治理论教育资源,发挥所有课程的育人功能,全面落实有理想、有本领、有担当的时代新人培养,陶冶学生的人文情怀和培养学生的审美能力,涵养学生的内在精神品质,促进学生吸收博大精深的文化,增强自身精神力量,促进自身更高的精神追求。这不但能将立德树人这个教育的根本任务贯彻落实,还能促进教师专业素养发展,推动社会发展。

(一)贯彻立德树人落地生根

中小学学生正处于成长的关键期,易受外界思想影响,这个时期注重对学生的思想政治教育与引导,可以起到事半功倍的作用。课程思政引导学生立德树人,注重从小抓起,从思想启蒙和道德培养入手,通过挖掘、提炼课程中蕴含的家国情怀、伦理道德、科学和人文精神等思想政治教育资源,进一步实现知识传授和价值引领的有机融合。坚持"教书"与"育人"相结合,将立德作为树人的基石,把知识技能的教授与正确价值观念的引导结合起来,引领学生德智体美劳全面发展。课程思政是中小学加强思想政治教育的重要载体,是促进思想政治教育内涵式发展的关键环节。课程思政将思想政治教育元素,包括思想政治教育的理论知识、价值理念以及精神追求等融入各门课程,潜移默化地对学生的思想意识、行为举止产生影响。这不仅有助于培养学生的社会责任感和家国情怀,使其更加深入地了解国家的发展历程、社会的变迁,增强他们的社会责任感和使命感,而且有助于提升学生的综合素质,树立正确的世界观、人生观和价值观,提高思想道德素质和人文素养,为他们的全面发展打下坚实基础。

(二)促进教师专业素养养成

课程思政也促进了教师身份的转型:从学科教师迈向德育教师,从学科教学迈向课程育人,从学科建设迈向德性生长。这既是课程的本质回归,也是教师的价值回归。教师首先是德育教师,这是由教育的本质属性决定的。德育教师对道德教育有深刻的认知;德育教师本身有道德,学高为师,身正为范;德育教师以道德的方式进行教育,教学的道德性、教育性特别鲜明;德育教师能自觉地在所任教的学科中融入、加强道德教育和思政教育。德育教师不加强学科德育、思政教育是有悖于德育教师身份与责任的,也会妨碍自己的专业成长。[1]

推进中小学课程思政,并不是要把其他各门课程变成思想政治课,也不是要使其他课程上得"像"思想政治课,而是要挖掘这些课程所蕴含的思想政治教育资源,更好地发挥其育人功能。推进课程思政,有利于实现学科课程自身的价值性和知识性的统一,更好地寓价值观引导于知识传授之中,从而更好地展现各门课程的育人价值与独特魅力,凸显各门课程的专业性。课程思政有助于更新教师的教育教学理念。它强调培养学生的社会责任感和道德品质,注重培养学生的独立思考能力和创新精神。这就需要教师具备扎实的政治理论基础知识,深入了解国家的基本国情、政治制度和政策法规等内容;需要教师不断更新自己的知识体系,提升教育教学能力;需要教师探索适合学生发展的新思路和新方法,提高教学效果。通过课程思政的实践,教师可以更好地发挥自己的专业特长和优势,成为教育教学的"全面手"。

(三)推动社会全面健康发展

在现代社会中,国家的发展离不开具备创新精神、实践能力和社会责任感的人才。课程思政通过强化思想政治教育,可以提升学生的综合素质和能力,为国家的发展提供源源不断的人才支持。通过深入挖掘和传承中华优秀传统文化,结合时代特点进行创新和发展,可以增强学生的文化自信和民族自豪感。

---

[1] 成尚荣.课程思政是教学改革的必答题、可解题——课程思政几个基本问题的厘清[J].江苏教育,2021(83):10.

这不仅有助于维护国家文化安全,还能推动国家文化的繁荣发展,为国家的软实力建设提供有力支撑。通过加强思想政治教育,可以增强学生的国家意识和民族意识,激发他们的爱国热情和奉献精神。这对维护国家安全、促进社会和谐稳定、推动经济持续健康发展等方面都具有重要作用。

(四)助力2022年版课标落地生根

课程思政引导学生在学习知识的同时,塑造正确的世界观、价值观和人生观,培养全面发展的人。这种价值引领能够将课标的宏观目标进一步细化和分层落实,将学科素养目标拆解到各个教学单元和具体教学环节中。将思政内容与学科知识进行有机融合,课程的逻辑将会更加清晰、连贯,课程结构得到优化,有利于课标的落实。课程思政使评价指标更加多元化,能够全面反映教学效果,了解学生在知识、技能和思想等方面的成长,助力2022年版课标有效实施。

二、课程思政发展困境

2014年,上海市高校正式提出课程思政的概念,课程思政伴随着高等教育的改革与发展不断深化。初期,课程思政主要侧重在专业课程中融入思政元素,强调"以专业为载体,以思政为灵魂"的教育理念。这一阶段的重点是在保持专业课程知识性和技能性的基础上,加强思政元素的渗透,使学生能够在学习专业知识的同时接受正确的价值引导。随着教育改革的深入,课程思政的内涵不断丰富,逐渐形成了具有中国特色的课程体系。在这一阶段,课程思政强调将思政教育与专业教育深度融合,形成"思政课程+课程思政"的教育模式。这种融合不仅体现在教学内容上,更体现在教学方法、教学手段以及教学评价等多个方面。近年来,课程思政发展进入了新的阶段,开始注重培养学生的综合素质和创新能力。在这一阶段,课程思政不仅关注学生的专业知识掌握程度,还注重培养学生的思辨能力、创新精神和社会责任感。《习近平新时代中国特色社会主义思想概论》教材的出版发行,为推进党的理论创新成果进教材、进课堂、进头脑提供了重要抓手,也为课程思政提供了丰富的教学资源和内容。但课程思政要想发展得更快、更高,还需要着重解决以下四大瓶颈。

(一)课程思政认识误区

课程思政是学科育人的延续与提升,是立德树人根本任务在学科育人方面的具体体现。如果教师不能准确把握课程思政的内涵,就不能充分认识课程思政的课程属性,也不能有效挖掘、利用学科教学中隐含的思想政治教育元素贯彻落实立德树人根本任务。课程思政存在的认识误区,主要有以下三点:

第一,认为思想政治教育只是思政课教师和德育部门的事情,没有全员育人意识,在学科教学中缺乏对思政元素的挖掘以及价值的引领。

第二,将课程思政简单地等同于学科育人、学科德育,忽视了课程思政的意识形态属性,具体表现为教师没有着眼于帮助学生树立社会主义思想政治意识和价值观念,不能有效融合思想政治教育的元素进行教学活动的设计与实施。

第三,过于重视课程思政中的社会功能,淡化课程思政对学生个人成长方面的价值。课程思政不仅仅是政治理想、政治信念、政治立场、政治态度、政治品质等的教育,对青少年个人健康成长也有引领激励作用。通过课程思政的学习,引领和帮助学生塑造品格,激发精神动力。

(二)课程思政教育内容片面

教师对学科课程中融合思政元素的课程思政重视不够。课堂教学出现学科知识教学与思想政治教育"两张皮"现象。一种是课程思政与学科教学缺少融合,生硬地各自为政。比如语文课只利用课前五分钟朗诵爱国诗句进行思想政治教育,后面环节则是纯学科教学,这种思想政治教育的方式非常生硬,没有渗透到学科教学中。另一种是为了突出思想政治教育而忽视各学科的学科属性,忽视学科的专业性教学。这种强行植入或灌输思政元素的方式,难以触动学生的内心情感,课程思政流于表面。教师作为课程思政的主导者,在学科教学中要注意对学生价值观的引领,培养学生学习知识的能力、判断是非的能力和价值取舍的能力。只有充分认识中小学课程思政的重要性,在学科课程中融入思政元素,才能真正做到思政元素在学科教学中的渗透。

(三)课程思政教育方法单一

课程思政必须符合学生身心发展规律,发挥思政教育的时效性和系统性,采用适合学生思维发展的教学方法。课程思政教学往往以单向灌输为主,缺乏多样化的教学手段和互动方式,忽视学生的主体地位和参与学习过程的重要性,课堂显得单调乏味,难以激发学生的学习兴趣和积极性。事实上,课程思政要入脑入心,可以尝试运用案例分析、小组讨论、角色扮演等多元化的教学方法,使课堂变得更加生动有趣,更能吸引学生的参与和投入。现代教育技术的应用也为课程思政提供了新的可能,通过运用多媒体教学、网络教学等手段,可以突破时空的限制,丰富教学资源,拓展教学渠道,为学生提供更加便捷、高效的学习体验。

(四)协同育人机制相对缺乏

学生思想政治素养的养成离不开各学段各学科教师的通力合作。但是在实际的课堂教学中,教师局限于本学科本学段的教学,无法通盘从大视野大格局进行课程思政的整体架构,忽视学段间的衔接递进关系。中小学思想政治课教师之间缺乏有效的衔接教研,各学科之间也没有进行系统的相互听评课,协同育人的机制需要进一步深化。如"思政课程"和"课程思政"的协同推进上,仍缺乏有效的具体措施。思政课教师和其他学科教师缺乏有效的协调与配合,导致"各自为政"的现象普遍存在,协同育人的作用无法充分发挥。协同育人的管理机制、评估机制、激励机制和保障机制等方面尚不完善,制约了课程思政协同育人机制的有效运行。

第三节 课程思政 力学笃行

一、课程思政优化策略

课程思政需要教师深入挖掘课程中隐藏的思政元素，在"润物细无声"中引导学生独立思考，认同价值观念，树立民族自豪感和自信心。课程思政不仅是对学生进行思想政治教育的一种重要渠道，也是促进学生身心全面发展的重要保证，优化中小学课程思政建设要注重以下三个方面的策略。

（一）逆向设计策略

课程思政是实现育人目标的重要载体，对落实立德树人根本任务发挥着重要作用。课程思政要用课程呈现价值理念，用教育实践活动作辅助，充分利用课程优势，在学科课程中挖掘思政元素，让思政课程和各门学科同向同行，共同助力。教师要坚持以习近平新时代中国特色社会主义思想为指导，把社会主义核心价值观教育贯穿课堂全过程，紧紧围绕立德树人根本任务来加强中小学教育管理和进行教学活动，深度挖掘中小学语文、数学、历史等课程中的思想政治教育资源，深入挖掘其中蕴含的人文情怀、科学实践精神和创新精神，促进各门学科与思政课程的相互配合。[1]那么，我们要如何挖掘思想政治因素？美国教育学者威金斯和迈克泰格的"逆向设计"理论对此提供了有益的借鉴。逆向设计的核心是"以终为始"，教师在进行课程思政的教学设计时，可以先确定思想政治内容以及预期的育人效果，即素养目标，再将育人目标转化为课堂教学内容、教学活动以及教学任务、教学评价等。

---

[1] 沈胜刚.中小学课程思政建设的困境与突围[J].教育科学论坛,2023(01):80.

(二)育人融入策略

课程思政潜移默化地塑造学生的价值观和道德观念,培养学生高尚的思想品德。教师要根据学科教学的内容和特点融入思政教学,在潜移默化中提升课程思政的育人实效,实现知识学习与素养培育的有机统一。隐性教育是对思想政治教育育人功能的有效延伸和发展,在学科课程中要强化课程思政的渗透力,深度挖掘各文化课程中的思想政治教育资源,注重课内课外知识的结合,结合社会实践活动,激发学生理论思维与感性体验的内在张力,感受并认同课程思政的意义与价值,提升学生政治素养,坚定政治立场。课程思政的隐性功能可借助两种媒介发挥作用:一是学科教师。教师深入挖掘学科课程中的思政元素,在课堂上引导学生向善而行。二是学科教材。在中小学学科课程设置中,无论是文科还是理科,学科教材本身就带有育人的元素,文科教材更容易看出其中要彰显的价值观,而理科教材容易忽略科学背后蕴含的精神。教师应充分利用学科知识蕴含的思政元素,在已有资源中引导学生树立中国特色社会主义共同理想,积极践行社会主义核心价值观。

(三)系统优化策略

思想政治教育内容随着国情和学生学情的变化而变化,不同的学校、不同的学段、不同的班级、不同的学生所理解的思想政治教育内容是不同的,课程思政必须因势而新、因时而动。要坚持课程思政高站位,对课程思政从整体进行设计,优化学科课程教学内容,创新教学模式,用好课堂教学"主渠道",把思政元素融入学科课程,增强学科课程的思想性与理论性,进一步培养学生正确的价值观和人文情怀。教师在创设教学情境的过程中,应充分考虑情境自身蕴含的正能量与复杂性,结合情境及学生身心发展特点,设计循序渐进的问题链,在系统优化中实现育人目标。

二、课程思政的教学实践

(一)精心设计课程思政目标,锚定育人方向

课程思政的教学目标要坚持显性教学目标与隐性教学目标的统一。首先,教师应以课程标准为依据,以从宏观到微观的视角分析教材,把握教材整体结

构与内在逻辑,确定课程目标、单元目标、课时目标,形成完整的学科课程的教学目标,为确定课程思政教学目标提供学科依据。其次,确定思想政治教育的学科载体与切入点。根据学科教学目标以及学情,以爱党、爱国、爱社会主义、爱人民、爱集体为主线,围绕政治认同、家国情怀、文化素养、法治意识、道德修养等内容选择学科课程中的思想政治元素,确定思想政治教育的学科载体与切入点。最后,确定思想政治教育的教学目标。[1]

课程思政旨在发掘各学科蕴含的思想政治教育元素,有机融入各学科课程。思想政治教育包罗万象,有常见的理想信念教育、人生观价值观教育、道德教育、爱国主义教育,还包含规则教育、责任意识教育等,所以要注意将课程思政目标"窄化"和"泛化"的两种错误倾向。课程思政"窄化"倾向主要表现为将课程思政仅仅理解为在课程中融入政治理论,或者将课程思政的范围局限于某些特定的学科领域,而忽视了其他学科在思政教育中的重要作用。这种倾向可能导致课程思政的实施变得片面和单一,无法充分发挥各类课程在思政教育中的协同效应。同时,"窄化"倾向也可能使学生对思政教育产生误解和抵触情绪,认为思政教育只是空洞的政治理论灌输,而缺乏与实际生活和专业学习的联系。课程思政"泛化"倾向是指将思政教育过度扩大化,将其应用到所有课程中的趋势。"泛化"倾向可能导致思政教育失去其针对性,导致思政教育的重点不够突出,难以深入,甚至干扰到原有学科课程的教学秩序和效果,降低学生对思政教育的接受度和认同感。

我们要深化对课程思政理念的理解,克服课程思政的"窄化"倾向,明确课程思政不仅仅是政治理论的传授,更是通过各类课程共同育人,实现立德树人的根本任务,将思政教育元素融入各类课程,让学生在学习中自然而然地接受思政教育。加强不同学科之间的交流与融合,打破学科壁垒,形成协同效应。紧密结合学生的生活实际和专业学习,通过实践活动和创新教学方法,激发学生的学习兴趣和积极性。为了避免课程思政的"泛化"倾向,我们要明确思政教育的核心目标和内容,针对不同课程的特点和教学目标,有选择性地融入思想政治教育,要注意平衡和适度,避免因过度扩大化而影响到教学质量和效果。

如厦门市龙湫亭实验学校江博文老师执教的数学课"一元一次方程解决实际问题",江老师分析学生生情发现,通过前几节课的学习,学生已经学会通过

---

[1] 骆新华.中小学课程思政的设计与实践[J].中小学教材教学,2023(08):26.

分析简单问题中已知量与未知量的关系列出方程解应用题,初步掌握了运用方程解决实际问题的一般过程,但学生在列方程解应用题时常常会遇到以下困难,他们从题设条件中找不到所依据的等量关系,或虽能找到等量关系但不能列出方程。根据教学目标与生情实际,江老师确定思想政治教育的切入点就是珍惜时间,努力学习。因此在上课时,江老师通过希望工程义卖中的数学问题探讨:"某文艺团体为希望工程募捐组织了一场义演,学生票20元一张,成人票40元一张,共售出600张票,筹得票款20000元,请问成人票与学生票各售出多少张?"通过问题情境,引导学生为献爱心活动做实事,体会方程模型的作用,培养学生的爱心;通过与贫困地区学生的对比,让学生知道要珍惜良好的学习生活环境,珍惜时间,努力学习,将来为国家做贡献。我们可以看到,江老师的这堂数学课利用希望工程义卖情境,引导学生在实际运用中感受社会的美好,思想政治教育的融入自然而鲜活,为实现教学目标而融入,根据生情需要而融入。

(二)精选课程思政内容,夯实育人根基

课程思政把学科课程与课程思政所蕴含的教学资源进行充分的整合,充分发挥各个学科的思想政治教育作用,提炼学科课程中蕴藏的思想政治内涵,把它们转化为课程思政资源,进而进行教学活动。不同课程的学科归属、课程性质、教材内容、教学内容各有侧重,学科课程在思想政治教育方面,不可能像思政课程那样追求完整性、理论性、深刻性,而应采用结合式、穿插式、渗入式的鲜活方法,把思想政治教育的内容巧妙地与专业知识的学习结合起来,以多点辐射、有机贯通的方法,润物无声地开展思想政治教育。将课程思政中思政的内涵看作"盐",各学科知识如"水",盐溶于水,看似无形却无处不在。教师围绕课程标准确认的教学目标,按照知识的内在逻辑,利用思想政治教育"为我所用"的原则,整合相关教学素材和资源,将知识学习融入价值观层面,引导学生树立正确的世界观、人生观和价值观,增强他们对中华人民共和国、中国共产党、中国特色社会主义、中华优秀传统文化等的认同感和自信力。

例如厦门市龙湫亭实验学校黄志清老师在教授部编版《历史》七年级下册第二单元"辽宋夏金元时期:民族关系发展和社会变化"第12课《宋元时期的都市和文化》时,首先对教材进行了分析,本单元前四课主要属于政治史,而本课则是经济文化史范畴,教材分为"繁华的都市生活""宋词和元曲"和"司马光和《资治通鉴》"三个子目;围绕两个主题,一是都市,二是文化,都市生活又推动着

文化的发展,二者之间相互关联,雅俗互动促进,共同勾勒出宋元时期市井文化生活绚丽多姿的历史画卷。在第9课教学时,已经大量使用《清明上河图》和《东京梦华录》两大素材,因此在本课的素材资源运用上要注意避免重复。另外有了第9课的宋朝经济情况作为基础,在本课的都市生活上的讲授应注重学生对历史的感知,可以创设情境,运用图片、视频等材料加深学生的直观感受。而文化方面重点在宋词,也要避免上成语文课,应增加文化的历史感。课程标准的教学目标为:"了解宋元时期的都市生活和宋词、元曲的流行。"通过学情分析获悉,学生经过本单元前几课的学习后,对宋元时期的政治、军事等具有一定的了解和认知,并且在第9课《宋朝的经济》的学习中已经了解了宋代经济的发展情况,知道宋朝时期的经济贸易已经打破了时间和空间的限制,有了一定的学习基础。但对于七年级的学生来说,尽管前面学习过文化史的内容,学生对文学艺术的赏析能力仍不高。由于本课图片运用较多,而七年级学生思维较活跃,对这类材料十分感兴趣,所以要注意在吸引学生兴趣的同时,把控好课堂进度,让学生在视觉感受得到满足的同时能够对本课知识点有基本的把握。

基于以上分析,找到学科与思政切入点——通过宋元社会生活的学习,认识到中华民族文化内涵的丰富多彩,激发学生热爱祖国的优秀文化,弘扬优秀的民族文化。通过感受文学作品体现出的个人情感与经历,培育学生的唯物史观和家国情怀的核心素养。将学科知识与思政教育进行鲜活整合,将思政教育与历史教学演绎成"盐"与"水",让学生品尝能够补充机体必需盐分的营养水,既生津解渴,又强身健体。(表7-1)

表7-1 学科知识与思政教育整合

教学环节	教师活动	学生活动	课程思政结合点
我在宋元摆地摊	1.教师介绍《生活在宋朝》这本书,并引入话题"如果你以为只有今天才有'黄金周',如果你以为只有今日才有'元宵联欢晚会',如果你以为只有当下才有'快餐外送',那么一切的一切都只是你以为。早在宋朝,当时的人们就已经过上了这样的生活。"引发学生认知冲突,导入新课。 2.观看视频《在宋朝的一天》,设置情境——让我们穿越到宋朝,以小组为单位共同完成一份"创业企划书——我在宋元摆地摊"。 3.学生交流展示,梳理知识点。	以小组为单位,讨论展示:店名、地点、运营时间、营销策略、预计效果。	通过轻松时尚的语录、视频设置情境,结合热点,以鲜活的"穿越"模式,引导学生感受宋朝的繁荣景象,树立民族自豪感与自信心。

续表

教学环节	教师活动	学生活动	课程思政结合点
宋元都市之旅	一、繁华的都市生活 (一)著名城市 1.提问:当时有哪些著名的城市? 北宋开封、南宋临安、元大都,这三个城市不仅是中国版图内的大城市,并且是当时世界范围内的大城市。通过与欧洲城市人口及城市化数据对比,以及与纵向的汉唐时期都市人口对比,得出宋朝城市人口增加,市民阶层壮大这一结论。 2.师生一起逛《清明上河图》,思考图上这些地点可能存在哪些行业。 (二)大相国寺 1.提问:来到开封最热闹的大相国寺,请你充当小导游,给大家介绍你了解到的大相国寺。 2.展示商品交易、店铺、饮食等图片,让学生感受到大相国寺的商业贸易的繁荣。 除了去相国寺,我们还可以去哪里摆地摊?(瓦子) 3.提问:吃饱喝足后,如果我们想去看表演要去哪呢? (三)勾栏 1.学生简单介绍勾栏,教师通过结构图介绍勾栏的构造,并板书勾栏与瓦子的关系。 2.展示图片,让学生感受勾栏表演的丰富多彩 摆摊时间有早市、夜市,节假日要不要加班?我们来学习宋代的节日。 (四)节日习俗 1.早在宋朝时期,我们的传统节日:春节、元宵节、中秋节都已经形成了。下面请同学们根据诗词说出对应的节日和习俗。 2.思考:对于传承中华优秀传统文化,我们可以做些什么? 作用:传递情感、传播文化。	观察地图和数据,认识到宋元城市的发展在世界都是领先地位。 回答问题,检验自习成果。 与美术学科渗透展示美术作品,观察图片,完成学习任务。 联系时事,认识到在对传统文化的继承中要学会取其精华、去其糟粕,发扬出新的内涵、新的活力。	通过与欧洲城市、与汉唐城市的对比,感受宋元时期都市的繁荣,祖国的强大,增进家国情怀与自信。 沉浸式体验也是鲜活融合的体现。师生一起沉浸在《清明上河图》中逛街,感受市民生活的丰富多彩,增强民族自信心,培养热爱祖国、热爱中华民族,以实现中华民族伟大复兴为己任的使命感。 通过图片的形式,让学生直观地感受宋元时期都市生活的繁华,增进中华民族价值认同和文化自信。 跨学科融合体现鲜活特色。与语文古诗词的融合,能让学生体验中华优秀传统文化的魅力,自觉做优秀传统文化传承人,增强文化自信和民族气节。

续表

教学环节	教师活动	学生活动	课程思政结合点
宋元文化之旅	二、繁荣的宋元文化 (一)宋词 每个时代都有它的文学最高成就,唐朝是什么?(唐诗)宋朝是什么?(宋词) 提问:唐诗与宋词最大的区别是什么? 1.宋朝著名词人有哪些? 代表人物:苏轼、李清照、辛弃疾。 赏析三位词人的代表作品,感受他们各自的风格特点。 2.音乐欣赏《水调歌头》《破阵子》。 3.进一步提问,从历史的角度分析苏轼、李清照、辛弃疾三位词人风格不同的原因。 (二)元曲 1.提问:元代著名的作家有哪些? 关汉卿、马致远、白朴、郑光祖。 2.介绍《窦娥冤》。 宋元时期的文学形式有什么变化? 3.介绍《资治通鉴》。	根据课本及所学知识,概括三位词人的风格特点,体验语文学科和历史学科的融合。 用数轴表示《史记》和《资治通鉴》这两本书的时间范围,指出其交集,体现数学学科与历史学科的融合。	多学科教学,语文、数学、音乐、历史、政治的融合体现了课程思政的丰富多彩。
回味宋元之旅	课堂小结:出示五则材料分析探讨: 社会安定——经济发展,商业繁荣——市民阶层壮大,物质生活丰富——世俗文化繁荣。 文化是一个国家、一个民族的灵魂。文化兴国运兴,文化强民族强。没有高度的文化自信,没有文化的繁荣兴盛,就没有中华民族伟大复兴。作为中华民族的接班人,我们要保持高度的文化自信,做中华文化的传承发扬者,为实现中华民族伟大复兴而奋斗。 当堂练习,通过简单的选择题,检验学生的学习成果。	通过思考回答,总结今天的收获。	课程思政,鲜活融合不仅仅停留在面前材料的分享,还应拓宽视野,提高格局,与当今中国的发展联系起来,培养学生的家国情怀,增加民族自豪感。

续表

教学环节	教师活动	学生活动	课程思政结合点
续航宋元之旅	1.查找资料,列举宋元时期传统节日与现代习俗有什么相同点和不同点。 2.假设自己是一个小导游,写一篇解说词,向其他游客介绍宋元时期的都市与文化。	根据自身的能力,选择其中一项,复习所学,查阅资料,完成作业。	课程思政,鲜活融合要与时俱进,体现生活性、实践性。在实践活动中增强政治认同,热爱祖国,树立文化自信、民族自信,自觉担当为中华民族伟大复兴而奋斗的责任。
板书设计	瓦子 开封 北宋 临安 南宋 大都 元朝 都市繁荣 ←丰富生活— —物质基础→ 唯物史观 时空观念 史学 宋词 元曲 灿烂文化		

(三)革新教学方法,提升育人实效

革新教学方法无非就是要做好"教"与"学"。从"教"来说,在教学方式上切忌空谈大道理和单向的"满堂灌",把学科知识与学生生活、社会时事热点建立连接,思想政治教育离不开社会环境和时代背景,把现实生活与时事热点作为最真实的学习情境,用学科知识解决学生的生活问题,才能激发学习热情。打破学科知识壁垒,整合学科内部知识,甚至进行跨学科整合,改变知识碎片化的局面,让学生建构起全面的整体认知,实现价值导向、文化传承、品德养成等思政功能。将坚持政治性和学理性相统一、价值性和知识性相统一、建设性和批判性相统一、理论性和实践性相统一、统一性和多样性相统一、主导性和主体性相统一、灌输性和启发性相统一、显性教育和隐性教育相统一,增强课程思政的思想性、理论性和亲和力。如上述历史课中,黄老师就打破学科壁垒,将语文、数学、音乐、美术学科与历史学科进行跨学科融合,创设"游历《清明上河图》"沉浸式体验情境、唱游诗歌,结合热点新闻——韩国申报的江陵端午祭被联合国教科文组织正式确定为"人类口头和非物质遗产代表作"谈个人想法,将学科知识与学生生活、社会时事热点链接起来,让学生有感受、有共鸣、有话说、有收获,切实提高其解决问题的能力。从"学"来说,在学的方式上要注重实践、探究。"纸上得来终觉浅,绝知此事要躬行。"要达到课程思政的目的,切忌让学生死记硬背相关概念、教条,而要更多采用实践教学方式,让学生在亲身参与、体验中,将相关理论认知内化于心、外化于行。布卢姆学习认知理论将认知过程从简单到复杂分为六个层次:识记、理解、应用、分析、评价和创造。这六个层次形成了一个逐步上升的认知过程,从简单的记忆、理解和应用,到复杂的分析、评价及创造,体现了学生在学习过程中认知能力的不断提升。这六个层次反映了思维由低阶向高阶的过渡,与之相对应,在知识维度,则是从事实性知识、概念性知识向程序性知识和以价值观为核心的元认知知识的过渡。要培养学生的完整人格、促进学生高阶思维发展,那么在教学过程中就要让学生在分析、评价、创造的过程中实现思想观念、价值观念的"进阶",借鉴综合课程及项目式学习的学习方式,创设情境让学生动手动脑、亲身参与,或围绕某一课题或主题,综合运用所学的各学科知识去解决问题,完成任务。如黄老师以小组为单位,引导学生进行"微项目式探究"——"我在宋元摆地摊",促使其主动学习,促进高阶思维发展,在活动中增强热爱祖国的感情,增强民族自信和文化自信,增强政治认同,提升责任担当。(图7-1、表7-2)

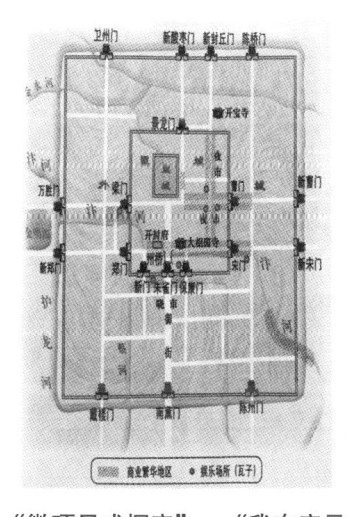

图7-1 "微项目式探究"——"我在宋元摆地摊"

表7-2 "微项目式探究"——"我在宋元摆地摊"企划书

店名(做什么买卖?)	
地点(城市及具体地点在哪里?)	
运营时间	
营销策略(如何招揽生意?)	
预计效果	

课程思政教学应采用价值揭示、经验生成和批判反省等教学方法,在潜移默化中实现教学目标。为此,教师要注意学生的主体地位,明确学生的需求,根据他们的兴趣和特点来设计思政课程内容,激发他们的学习热情,引导他们主动地参与思政学习,鼓励他们多思考、多发言,给予他们充分的时间自由地表达自己的观点和想法。可以多组织一些小组讨论、角色扮演等活动,让学生在互动中相互学习、相互启发。将不同学科知识融合在一起进行跨学科学习、项目式学习,借助现代科技手段,如希沃平台、在线互动平台等,让学生在更加生动有趣的学习环境中感受到思政学习的魅力,从而更加主动地参与到学习中。

(四)推进"合纵连横",形成育人合力

课程思政的纵向衔接和横向协同是构建完整、连贯、高效的思想政治教育体系的关键。纵向衔接方面,要分层递进、螺旋上升,做到整体有效衔接。我们需要明确不同学段、不同年级学生的思政教育目标和要求,确保教育内容的连贯性和递进性。例如,小学阶段可以注重培养学生的基本道德观念和行为习惯,初中阶段则进一步强化学生的法律意识和公民素养。我们要注重教学方法和手段的衔接。针对不同学段学生的特点,采用不同的教学方法和手段,如案例分析、角色扮演、小组讨论等,以激发学生的学习兴趣和积极性。同时,我们还要注重课程评价的衔接,确保评价标准的一致性和评价的公正性。在横向协同方面,我们要聚焦立德树人根本任务,坚持系统优化的方法,把"主力军""主战场""主渠道"等有机结合,共同承担起并落实好育人责任,守好一段渠、种好责任田,将显性教育和隐性教育相统一,构建与优化"大思政格局",实现知识传授、价值塑造和能力培养的统一,提升课程育人的整体性、全面性。例如,在语文课中,教师可以通过讲解文学作品中的思政元素,培养学生的审美能力和社会责任感;在历史课中,教师可以通过讲述历史事件和人物,培养学生的历史使命感和国家认同感。我们要加强学校、家庭、社会之间的协同,让学生在实践中深化对思政教育的理解和认识。

如苏教版小学《科学》五年级上册第四单元"水在自然界的循环",以水在自然界的循环为主题,涉及水圈与大气圈这两个主要概念,横向与五年级的数学学科,纵向与初中的地理、生物、化学的知识点相连相通。厦门市龙湫亭实验学校汪净老师在教授这一课时,推进"合纵连横",充分发挥课程思政元素。(表7-3)

表7-3 "水在自然界的循环"教学设计

教学步骤	教学内容	学科思政
创境引入	1.提前拍摄一段雾天行驶的视频,让学生真切地感受雾天驾驶的状态,激发学生回忆曾经见过的雾天场景,以及在雾中人的不同感觉 2.明确:云和雾都是水蒸气遇冷凝结后停留在空气中的小水珠。雾在低空,而云在高空	创设情境,通过层层深入以及互动问答的方式,激发学生学习兴趣,顺势而生的学习内驱力让学生成为教学活动中的积极参与者,从而形成良好的探究动力,呈现勇于挑战自我的思政态度
建模求证	(一)任务一:动手造"雾" 1.利用模拟实验认识雾的本质 (1)如何设计造雾实验 造雾条件:和阳光一样提供光源?利用盐为冰块加速降温?给温水提供室内空调的遇冷环境?给水加热?…… (2)小组交流,选择最有可能形成雾的实验,并一一验证方案 (3)确定最终方案:利用温水模拟太阳热辐射,制造出产生水蒸气的环境;在烧杯中放置冰块并在烧杯上方加盖,为水蒸气提供遇冷环境 2."雾"与"霾"的区别 (1)霾是数百种大气化学颗粒悬浮而形成的空气浑浊现象,教师简介霾的产生和危害 (2)学生交流雾天和霾天的不同景象和人的不同感受,明确"雾"与"霾"的区别	1.通过动手探究、模拟实验,引导学生自主建构知识体系,激发高阶思维,培养学生尊重科学事实的科学精神、严谨的学习态度与求真务实的思辨能力,为学习七年级生物、地理,九年级化学实验打下坚实基础;通过真实生活体验,正确理解"雾"和"霾"两个事物,初步形成珍惜、向往洁净空气的意识 2.引导学生发现在地球生态平衡系统中水循环对于地球表层结构演变和人类可持续发展的重大意义,学生由此形成爱护环境、节约资源的责任意识,甚至在学习与生活的融合中催生水资源利用与开发的创意观点并付诸实践。养成良好的节水习惯,激发学生爱护校园、家园乃至地球的良好意识,实现知识传授、价值引领和能力培养的紧密融合 3.在学生的合作探究中,充分体现学生的主体地位,教师作为倾听者、引导者,引导思维走向纵深,助推学生全面、辩证地看待问题,促进学生以实际行动努力寻找证据论证观点。利用对比的模拟实验,学生直观地认识到如果空气受到污染,将影响自然界中的水质,对土壤、动植物甚至是人类将造成极大的危害,学生受到的震撼真实而强烈

续表

教学步骤	教学内容	学科思政
建模求证	(二)任务二:模拟雨的形成 1.对比两个烧杯中造雨现象的不同 (1)小组合作交流 (2)现象:有烟的烧杯里雾气非常明显 (3)学生发现:随着水蒸气不断上升,空气中的固体小颗粒被一起带到烧杯顶部,最后跟着小水珠以"降雨"的形式回到烧杯底部("地面") 2.认识降水:空气中的水蒸气遇冷凝结成小水珠,聚集到最后无法被托住就会以降水的形式落回地面,同时也会将空气中的固体颗粒带进地面影响水质与土质	树立学生爱护家园、爱护校园的环保意识,促使他们将保护环境、珍爱生命的责任意识水到渠成地刻入内心
总结延伸	1.水在自然界中有各种形态:气态、液态、固态 2.认识水在自然界中的循环 地表水遇热蒸发形成水蒸气,水蒸气遇冷凝结成小水滴或小冰晶后,可形成降水落回地表,这样往复形成循环 思考: (1)地球上的冰川环境变化 (2)地球水资源污染 (3)如何合理利用有限的淡水资源…… 小组讨论交流可实施的建议、方案	1.充分动手动脑,主动学习、合作探究、分享成果的学习过程,让学生不仅对水在自然界中的循环有更深刻的认识,也潜移默化地形成更加良好的节水净水习惯,树立环保意识。在课堂教学过程中为了利用正迁移,教师不仅要引导学生善于发现学习内容中存在的共同因素,而且更要善于通过一些学习活动对这些因素进行加工,帮助他们理解基本原理,从而形成自己的知识技能 2.将课堂学习与生活无缝融合,有助于培养良好的责任意识,让学生知道"学习不仅是一种权利,更是一种责任",从校园责任意识上升至社会责任意识,从保护身边的小资源开始,拓展至爱护全球的大环境
课后拓展	课后实践作业:学生在地表模型的基础上,制作水循环的模型,利用模型深刻体会地球上水的动态平衡	在原有地表模型的基础上制作水循环模型,学生在制作的过程中亲身感受水在自然界变化和移动的过程,并且意识到地球上的水存在着动态平衡,意识到天气与气候、水循环对人类的影响,增强社会责任感

在本堂课中,汪老师的课程思政教学落地见效。

第一,激趣教学,拓展思维。课堂实施过程中教师通过展示典型自然现象,激发学生的学习兴趣,使学生快速进入求知的状态中,进而更能深入了解相应的课堂要点,提高学习的主动性,培养了学生的科学探索能力。

第二,教学延伸,思政先行。通过一系列参与和模拟实践活动,学生掌握了学科基础知识和基本方法,体会到学科基本思想,建构了知识结构,理解并评判学习内容与过程,能够综合运用知识和方法创造性地解决问题,形成积极的内在学习动机、高级的社会性情感和正确的价值观,成为既有扎实学识基础,又有独立思考能力,善于合作、有社会责任感、具备创新精神和实践能力、能够创造美好未来的社会实践的人。

第三,合作交流,巩固知识。合作交流是一种有效吸引学生注意力和提高课堂参与度的教学方式。通过合作交流和课堂展示能有效提高学生的自我表达能力和团队合作能力,使学生充分认识到集体的重要性以及每个成员在集体中的重要性。同时也培养了学生的思维能力和实践能力。

当然,本节课的教学还可以强化对学生思辨能力的培养。该课程是按照从现象到理论总结再到实际应用的过程,一方面使学生能利用模拟实验理解水循环的全过程,并在此基础上意识到保护环境的重要性;另一方面培养学生对知识的总结归纳能力、语言表达能力和集体主义意识。在教学前可先让学生分小组收集相关资料,通过阅读增强对社会环境的危机意识,也可指导学生研究和关注身边的人类活动,树立正确认识和利用自然规律、实现人类与环境和谐发展的观念。通过类比方式,学生将所学知识与思政元素有机结合,形成一个整体,参与整个课程乃至整个学科的知识体系构建。在实践过程中,学生能更加自然地使用辩证思维去分析实验设计的不同方法,在不断优化、不断调整中深切感受到精益求精的工匠精神,在小组讨论中感悟群策群力的优势,更加深刻地理解团队合作的重要性,增强社会责任感。

三 课程思政的教学案例

案例一：

最可爱的人——思政教育的鲜活教材[①]

厦门市龙湫亭实验学校　王少鹏

《义务教育语文课程标准(2022年版)》中提出革命文化要以"老一辈无产阶级革命家和革命英雄人物的代表性作品以及反映他们生平事迹的传记、故事等作品,反映党领导人民革命的伟大历程和重要事件的作品,有关革命传统人物、事件、节日、纪念日活动等方面的作品,阐发革命精神的作品,革命圣地、革命旧址和革命文物等"为主要载体。[②]通过教学《最可爱的人》,我们将深入挖掘那些令人敬佩、感动的人物事迹,他们或许平凡,或许伟大,但都以自己独特的方式,诠释着爱与责任。

一、时代精神的映照——教材思政价值分析

(一)文学价值与思政教育的融合

《谁是最可爱的人》以其深刻的情感、生动的描写和感人的故事,吸引着读者的关注。通过文学的力量,它能够触动读者的心灵,引发共鸣。在学科思政中,利用这样的文学作品,可以使思政教育更加生动、形象,避免单纯的理论阐述可能带来的枯燥感。

(二)爱国主义教育

作品中所展现的中国人民志愿军的爱国精神,是对学生进行爱国主义教育的绝佳素材。他们为了国家和人民,义无反顾地投身战斗,无私奉献。通过学习这篇文章,学生能深刻体会到爱国主义的内涵,增强对国家的认同感和归属感。

(三)集体主义教育

志愿军战士们紧密团结、相互协作的精神,体现了集体主义的力量。这有助于培养学生的团队意识和合作精神,使他们明白个人的力量在集体中的重要性。

[①] 本案例来自厦门市龙湫亭实验学校王少鹏《最可爱的人—思政教育的鲜活教材》。
[②] 中华人民共和国教育部.义务教育语文课程标准(2022年版)[S].北京:北京师范大学出版社,2022:18-19.

(四)奋斗精神的培养

作品中描绘的战斗场景和艰苦环境,展现了志愿军战士顽强拼搏、勇往直前的奋斗精神。这对于激励学生在学习和生活中克服困难、追求进步具有重要意义。

(五)道德品质的塑造

志愿军战士的高尚品德,如忠诚、勇敢、奉献等,是学生道德品质塑造的榜样。通过学习这篇文章,学生可以在潜移默化中受到这些品德的熏陶。

在教学中,可以采取以下方法:

第一,引导学生深入阅读文本,感受其中的情感和精神。

第二,组织学生进行讨论,分享自己对志愿军战士的理解和感悟。

第三,结合实际生活,引导学生思考如何在日常生活中践行爱国主义、集体主义和奋斗精神。

第四,利用多媒体资源,如图片、视频等,增强教学的直观性和感染力。

二、教学过程

(一)教学背景

《谁是最可爱的人》是魏巍的一篇经典作品,通过描写中国人民志愿军的英勇事迹,展现了他们崇高的精神品质。这篇文章作为学科思政的案例,具有重要的教育价值。

(二)学情分析

学生处于求知欲旺盛的阶段,但对中国人民志愿军的了解可能相对有限。本文的学习有助于培养学生的爱国主义情感、社会责任感和价值观。

(三)教学目标

1.引导学生树立正确的价值观和人生观,培养学生的爱国主义情怀、社会责任感和奉献精神。

2.通过真实案例,学生能深刻理解最可爱的人的内涵和价值,增强对他们的崇敬和感激之情。

3.激发学生的内在动力,鼓励他们在日常生活中向最可爱的人学习,积极践行社会主义核心价值观。

4.培养学生的分析和思考能力,提高他们的综合素质,使他们成为有理想、有本领、有担当的社会主义建设者和接班人。

(四)教学重难点

1.教学重点:理解志愿军的可爱之处及其体现的精神品质。

2.教学难点:引导学生将文中体现的精神品质内化并应用于实际生活中。

(五)教学方法

1.阅读法:引导学生仔细阅读文本。

2.讨论法:组织学生进行小组讨论和交流分享。

3.情境教学法:创设和解析相关情境,加深学生的理解和体验。

(六)重点关注

1.以学生为中心,关注学生的情感体验和认知发展。

2.采用多样化的教学方法和手段,激发学生的学习兴趣和积极性。

3.结合实际生活,让学生切身感受到"最可爱的人"的存在和影响。

4.强调实践行动,引导学生将所学知识转化为实际行动,为社会做出贡献。

(七)教学过程

1.教学导入

在时代的长河中,有这样一群人,他们以平凡的人生演绎着不平凡的故事。他们的奉献精神、高尚品德和无私付出,是我们心灵深处最温暖的力量。他们是谁?他们就是"最可爱的人"。让我们走进这些感人至深的故事,探寻谁是最可爱的人,以及他们带给我们的深刻启示。(课件展示中国人民志愿军的相关图片或视频,引入本课主题。)

2.初读文本

引导学生认真阅读课文,了解故事背景和人物形象。通过分析课文中人物的行为和品质,学生了解到中国人民志愿军的英勇事迹,初步感知伟大的抗美援朝精神。

3.深入分析

要求学生标注出自己感受最深的部分,将学生分成小组,组织学生进行小组讨论,结合原文内容分析志愿军的可爱之处及其体现的精神品质。

4.小组活动

(1)分组阅读:将学生分成小组,每组阅读《谁是最可爱的人》的不同段落。

(2)小组讨论:探讨这些可爱之处所传达的德育价值。

(3)角色扮演:各小组选择一个场景进行角色扮演,展现志愿军的精神风貌。

(4)"最可爱的人"分享:每位学生分享自己身边的"最可爱的人"的故事。

(5)阐述这些人身上所体现的可爱品质。

(6)制作感恩卡片:小组合作制作感恩卡片,表达对"最可爱的人"的敬意与感激。

5.情境体验

创设相关情境,按照上课的课时顺序分别准备"抗美援朝历史背景""全网接力诵读《谁是最可爱的人》""松骨峰战斗""志愿军老战士重读《谁是最可爱的人》"等相关视频,分别穿插在授课过程中的不同环节。如"松骨峰战斗"这一部分,学生提前预习后,通过浏览、速读、默读等的不同阅读方式结合语言文字感受志愿军战士们的坚忍意志。在学习过后,播放有关"松骨峰战斗"的视频,进一步帮助学生理解志愿军战士大无畏的革命英雄主义。

6.总结与拓展

总结本课重点,引导学生将所学知识应用于实际生活中。以"谁是最可爱的人"为主题进行拓展。例如,组织学生参与社区服务活动,关心帮助孤寡老人、残疾人士等,让学生体会奉献的快乐,成为他人眼中"最可爱的人"。鼓励学生关注身边的劳动者,如环卫工人、警察等,了解他们的工作,尊重他们的付出。还可以开展"最可爱的人"评选活动,让学生发现身边具有优秀品质的同学、老师等,树立榜样。在家庭中,引导学生关心家人,承担家务,培养责任感。通过这些生活实际拓展,让学生将"最可爱的人"的精神融入日常行为中,成为有爱心、有担当的人。

(八)教学效果与反思

通过《谁是最可爱的人》这一德育案例的教学,学生深入了解了中国人民志愿军的英勇事迹和崇高精神,感受到了他们为国家和人民所做出的巨大贡献,激发了他们的爱国情怀,增强了他们对祖国的热爱和责任感。

在学习过程中,学生积极参与讨论,分享自己对"最可爱的人"的理解和感悟。他们深刻认识到志愿军的可爱之处不仅在于他们的英勇无畏,还在于他们的爱国精神、奉献精神和坚忍不拔的意志。

这一案例的教学还培养了学生的团队合作能力和沟通能力。在讨论中,他们学会了倾听和尊重他人的观点,共同探讨问题并达成共识。

此外,通过与现实生活的联系,学生意识到身边也有许多"最可爱的人",如父母、老师、医护人员等,这促使他们更加懂得感恩和尊重他人。

总之,《谁是最可爱的人》德育案例的教学,不仅让学生在知识上有所收获,更在思想道德方面得到了提升。它培养了学生的爱国情怀、责任感和团队合作精神,对他们的成长和发展将产生深远的影响。(图7-2)

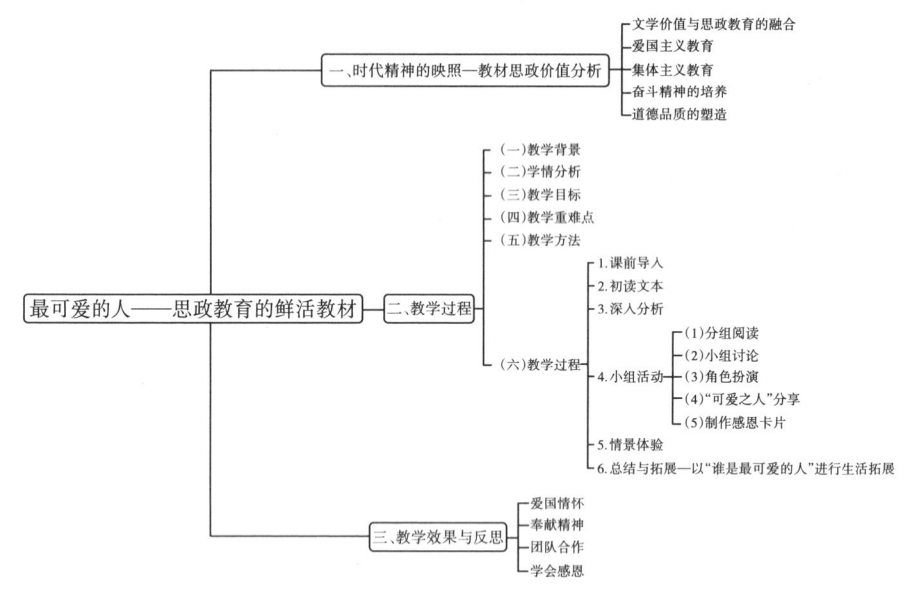

图7-2 《最可爱的人——思政教育的鲜活教材》教学思维导图

思维导图内容：

最可爱的人——思政教育的鲜活教材
- 一、时代精神的映照——教材思政价值分析
  - 文学价值与思政教育的融合
  - 爱国主义教育
  - 集体主义教育
  - 奋斗精神的培养
  - 道德品质的塑造
- 二、教学过程
  - (一)教学背景
  - (二)学情分析
  - (三)教学目标
  - (四)教学重难点
  - (五)教学方法
  - (六)教学过程
    - 1.课前导入
    - 2.初读文本
    - 3.深入分析
    - 4.小组活动
      - (1)分组阅读
      - (2)小组讨论
      - (3)角色扮演
      - (4)"可爱之人"分享
      - (5)制作感恩卡片
    - 5.情景体验
    - 6.总结与拓展——以"谁是最可爱的人"进行生活拓展
- 三、教学效果与反思
  - 爱国情怀
  - 奉献精神
  - 团队合作
  - 学会感恩

案例二:传承长征精神:"小红军训练营"障碍跑课程思政教学[①]

厦门市龙湫亭实验学校　陈培章

《义务教育体育与健康课程标准(2022年版)》新增跨学科主题学习。跨学科融合是提高学生运动能力、学习健康知识、继承革命精神及传承中华优秀传统文化的重要方式和途径。跨学科主题学习立足于核心素养,结合课程的目标体系,设置有助于实现体育与德育、智育、美育、劳动教育和国防教育相结合的多学科交叉融合的教学内容。本文基于《障碍跑——小红军训练营》教学实践案例,从多个层面来探索体育课堂教学与思政教育的有机融合。

岁月流转,红色记忆长存。不论时代怎样变迁和发展,我们应当始终铭记那些历史瞬间,记住那些艰难岁月,以及革命先烈为我们今日幸福生活所付出的巨大牺牲。本课程在设计上参考了杨忠老师《障碍跑》教学设计的宝贵经验,

---

① 本案例来自厦门市龙湫亭实验学校陈培章老师《传承长征精神:"小红军训练营"障碍跑课程思政教学》。

创新性地构建了"小红军训练营"的教学情境,将红色主题教育巧妙地融合到障碍跑教学中,实现了思政教育与体育课程的有机结合。在有目的性的引导学练中,模拟红军长征路上所遇到的障碍,在学练赛一体化的主线下让学生掌握运动技能,发展体能,收获体育的乐趣,并在活动中培养学生建立坚持到底、不惧困难、拼搏向上、永不言败的意志品质,落实体育学科核心素养。

一、红色精神融入课堂的教学分析

(一)指导思想

本课坚持"健康第一"的指导思想,落实立德树人根本任务。以学生全面发展为中心,依据四年级学生的身心发展特征,以及运动技能的掌握规律实施教学。落实"教会、勤练、常赛",帮助学生形成结构化技能。创设"小红军训练营"的情境,激发学生学练热情的同时,让学生铭记历史,养成良好的道德情操,激发学生的爱国热情。

(二)教材分析

障碍跑是一项有难度、有实用价值且趣味性较强的综合性运动,它是在一定距离内通过跑、钻、跨、爬等方法通过各种各样的障碍。本课在"小红军训练营"情境下设置了翻山越岭(翻跨)、爬雪山(匍匐)、飞夺泸定桥(平衡)三个障碍,帮助学生学习过障碍的动作方法,同时感受长征之路的艰难与不易,让学生能传承红色记忆,铭记长征精神。

(三)学情分析

四年级学生身体的各项机能还未完全发育,运动能力一般。他们活泼好动,模仿能力强,好奇好胜,比较爱展现自己,且具备一定的合作能力,但注意力较弱。因此,教学过程中通过设计新颖、有趣的练习方式和手段,创设多样的情境,通过角色扮演,来激发他们的学习兴趣,提高他们的运动激情。

(四)教学目标

1.运动能力

在"小红军训练营"学练赛情境下,学生能了解锻炼的价值,能掌握跑、绕、跨及爬过障碍的技术,并运用于过障碍接力赛中,其中80%以上的学生运用技术衔接连贯,20%的学生慢速或在同伴的提醒帮助下能完成技术的运用。通过学练,进一步发展学生上下肢力量、位移速度、灵敏协调性等身体素质。

2.健康行为

在"小红军训练营"学练赛情境下,学生形成良好的安全锻炼意识和习惯,积极参与课前热身及课后放松,积极适应不同学练分组和学练情境,具有包容心,包容同伴的失误且能主动帮助他人。

3.体育品德(课程思政)

在"小红军训练营"学练赛情境下,培养学生有责任担当、不惧困苦、敢于尝试、顽强拼搏、团结协作的长征精神。在比赛中,培养学生养成遵守规则、公平竞争、尊重对手等良好品德,形成爱国主义、忠于祖国的优秀品质。

二、红色经典融入课堂

《障碍跑——小红军训练营》这堂课分为三个部分:准备部分、基本部分和结束部分。笔者将逐个分析和阐述红色基因、长征精神融入体育课堂的做法。

(一)准备部分

情景导入,播放电视剧《长征》中的片段。学生通过观看视频,初步了解长征历史及长征精神,引出主题"障碍跑",以红军在长征途中翻山越岭、爬雪山、飞夺泸定桥这三个场景作为技能学习的背景,同时也让学生去亲身体验、感受。

(二)基本部分

1.角色扮演,育体育心

在基本部分中,学生都化身成小红军战士。每一名小红军都需要经历四个任务的考验,只有顺利通过考验才能成为一名真正的红军战士。将全班小红军战士分成八个小组,进行技能学习,相互协作,相互鼓励,从而对学生进行红色体育思政教育。巧妙运用角色扮演,课中学生是红军小战士,教师是红军指导员,在红军小战士角色的光环下,学生的心理会发生变化,变得更有责任心,学习也更认真更主动更积极。

2.任务情境,全面育人

课程设置了四个特色任务,每个任务都对应独特的学练内容和情境,旨在让学生在多样化的实践中获得深刻的德育体验,培养全面而积极的道德品质。

任务一:翻山越岭(翻跨)

第一个技能:翻跨。创设长征中红军战士翻越高山、跨越障碍的任务,让学生体验长征时期翻山越岭的艰辛。教学中循环播放红军翻越高山的照片和视频,学生感受翻越高山的危险,凸显红军战士不畏惧困难、敢于拼搏的精神,调动学生学练积极性。

任务二:爬雪山(匍匐)

第二个技能:匍匐。播放视频片段,红军战士过雪山时遭遇寒冷、饥饿及各种险境,他们相互扶携,相互鼓劲,靠着心中强大的共产主义信仰努力前行,最终翻过雪山,取得胜利。通过红军过雪山表现出的顽强意志,引导学生珍惜眼前的美好生活,对自己充满信心、充满希望,坚定信念,培养不怕苦、不怕困难的精神。

任务三:飞夺泸定桥(平衡)

这是长征途中最艰巨也是最伟大的一战。学生要学习第三个技能:平衡。学练前播放红军"飞夺泸定桥"的战争场景,教学中以平衡木为桥,在桥上设置各种障碍,借助有各种障碍的平衡木模拟那时冷冰冰的铁索,学生需要在控制平衡的前提下越过各种障碍通过"泸定桥",一是发展平衡能力,二是让学生更深刻地去感受飞夺泸定桥这场胜利的不易,体现红军忠于人民革命事业的大无畏精神,从而教育学生养成爱国主义和忠于祖国的精神。

任务四:训练考核——过障碍接力赛

教官设置障碍(翻山越岭、爬雪山、飞夺泸定桥),学生按照设置好的障碍顺序,运用所学的过障碍的技能,完成过障碍接力,全组队员都完成过障碍的组才能通过考核。学生有序地自主练习过障碍,各学练小组在互相帮助、互相鼓励的氛围下圆满完成考核任务。

(三)结束部分

教师和学生在《我和我的祖国》音乐的伴奏下做放松操。选择《我和我的祖国》这首红色歌曲,贴合本堂课的主题,能在放松的同时让学生感受祖国的伟大,增强对祖国的热爱和自豪之情。

长征,作为人类历史上的辉煌篇章,已成为中国人民心中永不磨灭的历史纪念碑。它以其漫长的历程、遥远的征途、巨大的敌我力量差异和极端的自然环境,铸就了中外历史上的一大奇迹,并孕育了不朽的长征精神。然而,这种精神单靠言语传授难以深入学生内心。本课通过将长征精神与障碍跑结合,设计多样的情境和任务,使学生在角色扮演中亲身体验长征精神,体会勇敢斗争、不屈不挠、坚持不懈的革命意志。显然,这种思政教育方式效果显著,深得学生之心。我们要继续探索红色精神与体育教学的深度融合,充分利用资源,为学生营造一个积极向上、富有教育意义的学习环境。这对体育教师的专业素养提出更高的要求,体育教师要时刻保持继续学习的心态,接受大数据时代带来的信息冲击,汲取有利信息,融入体育课堂教学,为学生提供更多思政教育机会,不断提升学生个人素养。(图7-3)

鲜活思政——共享缤纷生活

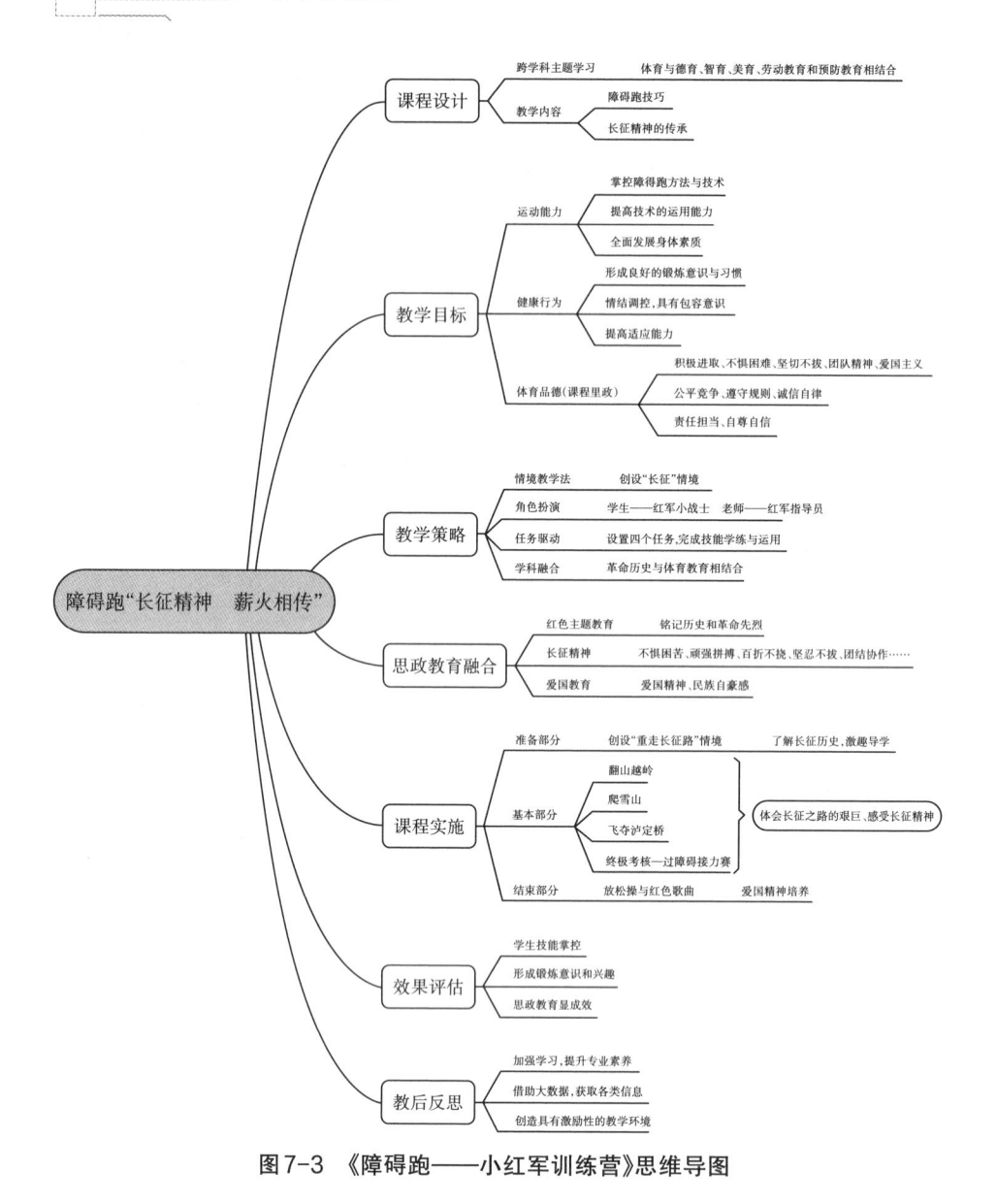

```
障碍跑"长征精神 薪火相传"
├── 课程设计
│   ├── 跨学科主题学习 —— 体育与德育、智育、美育、劳动教育和预防教育相结合
│   └── 教学内容
│       ├── 障碍跑技巧
│       └── 长征精神的传承
├── 教学目标
│   ├── 运动能力
│   │   ├── 掌控障得跑方法与技术
│   │   ├── 提高技术的运用能力
│   │   └── 全面发展身体素质
│   ├── 健康行为
│   │   ├── 形成良好的锻炼意识与习惯
│   │   ├── 情绪调控，具有包容意识
│   │   └── 提高适应能力
│   └── 体育品德（课程里政）
│       ├── 积极进取、不惧困难、坚忍不拔、团队精神、爱国主义
│       ├── 公平竞争、遵守规则、诚信自律
│       └── 责任担当、自尊自信
├── 教学策略
│   ├── 情境教学法 —— 创设"长征"情境
│   ├── 角色扮演 —— 学生——红军小战士  老师——红军指导员
│   ├── 任务驱动 —— 设置四个任务，完成技能学练与运用
│   └── 学科融合 —— 革命历史与体育教育相结合
├── 思政教育融合
│   ├── 红色主题教育 —— 铭记历史和革命先烈
│   ├── 长征精神 —— 不惧困苦、顽强拼搏、百折不挠、坚忍不拔、团结协作……
│   └── 爱国教育 —— 爱国精神、民族自豪感
├── 课程实施
│   ├── 准备部分 —— 创设"重走长征路"情境 —— 了解长征历史，激趣导学
│   ├── 基本部分
│   │   ├── 翻山越岭
│   │   ├── 爬雪山
│   │   ├── 飞夺泸定桥
│   │   └── 终极考核——过障碍接力赛
│   │        （体会长征之路的艰巨，感受长征精神）
│   └── 结束部分 —— 放松操与红色歌曲 —— 爱国精神培养
├── 效果评估
│   ├── 学生技能掌控
│   ├── 形成锻炼意识和兴趣
│   └── 思政教育显成效
└── 教后反思
    ├── 加强学习，提升专业素养
    ├── 借助大数据，获取各类信息
    └── 创造具有激励性的教学环境
```

图 7-3 《障碍跑——小红军训练营》思维导图

案例三：

大思政课视域下初中化学教学实践策略[①]

厦门市龙湫亭实验学校　冯行杰　方书婷

摘要：为落实立德树人根本任务，努力讲好三个方面的"化学故事"，结合大思政课视域下的初中化学教学实践提出了创设课堂情境、创设题目情境、挖掘生活细节、挖掘实验细节四方面细化的教学策略。

关键词：大思政 教学策略 初中化学 化学故事

一、背景

党的十八大以来，落实立德树人根本任务，培养德智体美劳全面发展的社会主义建设者和接班人的观念已经深入人心。2022年7月，教育部等十部门联合印发《全面推进"大思政课"建设的工作方案》，明确了"大思政课"育人工作的重要地位，再次强调要高度重视思政课的实践性。所谓"大思政课"是相对于"思政小课堂"而言，习近平总书记强调："思政课不仅应该在课堂上讲，也应该在社会生活中来讲。"由此缘起，从"育分"转为"育人"的教育思想的转变深刻影响着一线教师的教学实践策略。立德树人根本任务不仅由思政课、班会课等课堂落实，各学科均拥有着丰富的育人资源，也都是落实立德树人根本任务的阵地。

初中化学具有进行学科育人的丰沃土壤。初中由于是化学学科学习的启蒙阶段，其所涉内容浅、涉略广，拥有科学家精神、中国优秀传统文化，以及探究过程中的合作精神等丰富的育人资源。

因此，落实立德树人根本任务，初中化学学科育人亦是关键一环。结合大思政课的视角，教师亟须挖掘课程中蕴藏的"思政"元素并将之融入化学教学，达到立德树人的目的。教师应将学科教学与思想政治教育有机结合，让学生学科素养得到提升，培养出满足社会发展的综合性人才，满足社会发展，保持化学教学的先进性。

二、讲好"化学故事"，落实立德树人

中考往往是初中教学的指挥棒。近年来，各地市中考化学试卷中出现了大量的中国传统文化中的化学、中国当代科技前沿中的化学等学科情境。这些学

[①] 本案例来自厦门市龙湫亭实验学校冯行杰、方书婷《大思政课视域下初中化学教学实践策略》。

科情境潜移默化的引导对学生坚定理想信念、厚植爱国主义情怀,对落实立德树人根本任务有重要的意义。

2023年《福建中考报告》中提出,要讲好三个方面的化学故事:

1.化学历史故事:化学发展历程中有许多中国创造发明等方面的故事。

2.化学发展故事:展现当代化学科学的进展与创新的故事。

3.学生成长故事:学生在化学课堂上经历一次次学科实践的故事。

讲好三个方面的化学故事对化学学科的核心素养培养及育人成效大有裨益。讲好三个方面的化学故事可以使化学课堂更鲜活——一个有故事性的课堂可以调动学生学习化学的兴趣与动力;可以使化学课堂更育人——通过了解化学故事中的人物精神,可以发挥学科育人的效果;可以使化学课堂更有素养——化学学科核心素养的培养,要求学生提高在一定情境中解决问题的能力,而化学故事为探究问题提供了优质的学科情境。

因此,讲好"化学故事"与"大思政课"的理念相契合,是落实化学学科立德树人的重要方向。

三、结合大思政课视域讲好"化学故事"

在大思政课视域下讲好"化学故事"需要将初中化学教学与课程思政相融合。初中化学课程思政是指在初中化学教学中,将思想政治教育内容融入化学教学,以培养学生的思想品德、道德情感、社会责任感为目标的教育教学模式。初中化学课程思政的核心是培养学生正确的科学态度、科学精神和科学伦理。(图7-4)

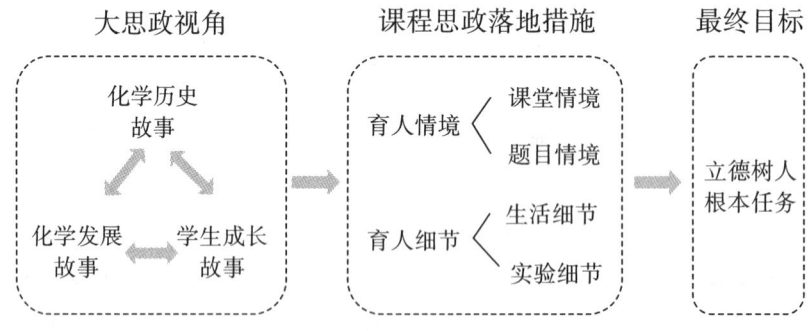

图7-4 在大思政课视域下讲好"化学故事"

让初中化学课程思政在教学中落地可以尝试以下三种教学策略。

1. 讲好故事,创设情境

自核心素养的概念提出以来,在一定情境下解决问题的能力成为对学生素养评价的一个重要指标。孔燕等学者把科学素养试题情境分为学科情境、生活情境和学术情境三个层次。这三个层次的价值区别如图7-5[①]所示。

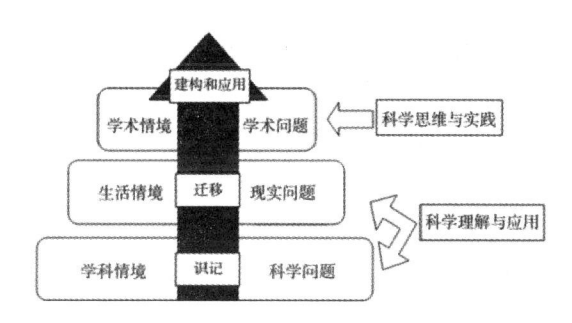

图7-5 三种情境试题的目标层次关系

"化学故事"是良好的情境素材:化学历史故事往往包含优质的科学问题,化学发展故事往往包含优质的学术问题,学生成长故事往往包含优质的现实问题。创设情境,是讲好化学故事的最基础策略。

(1)创设课堂情境。

激流中发展的化学发展史上,还涌现出了许许多多化学家,他们废寝忘食地将自己奉献给了化学科研,看似简单的化学原理,是化学家们上百次、上千次反复进行实验,不断试错才发现的规律,凝聚着化学家的心血和汗水。这种坚忍不拔、水滴石穿的意志品质对初中生们来说是难能可贵的激励。

除此之外,生活中处处不无化学,每天点火做饭,泡杯速溶咖啡,用洗衣液洗衣服,冬天用一张暖宝宝……其中都包含了丰富的化学知识。

利用这些化学故事创设情境,会成为育人的有力抓手。化学家的优秀品格会成为学生形成健全人格的榜样。而生活中的化学,将会让学生感受到化学原理本无利弊,关键看使用它的人如何选择,从而激发学生利用所学的化学知识建设祖国,服务人民的意识。表7-4《化学故事》就创设了一个研究"嫦娥五号"同款技术的情境,从而很好地调动学生的参与意识,激发学生利用所学的化学知识建设祖国、服务人民的意识。

---

① 孔燕,吴儒敏,朱晓果,等.学术情境试题的目标定位与编制策略[J].中国考试,2016(09):20.

鲜活思政——共享缤纷生活

表7-4 《化学故事》

环节	教师活动	学生活动	课程思政意图
引课	师：同学们，不知道大家有没有用过暖宝宝？暖宝宝可不止我们在用，嫦娥也在用哦！我们来看视频。 播放视频："嫦娥五号"返回地球报道 师：网友观看完这个视频之后无一不感慨中国航天技术的发展，也有网友发表了一些有趣的评论。 （课件展示网友评论） 师：按照网友的说法，我们今天这节课的主题相当于：中国航天重大科技项目——"嫦娥五号"保暖设备制造研究。格局是不是一下打开了？ 课件展示：生活中的暖宝宝 师：我们班有没有同学使用过"嫦娥五号"同款技术的？ 问题链（师生一对一）： 问题1：如何使用暖宝宝？ 问题2：暖宝宝会发热，但它会像开水一样很烫吗？ 问题3：你使用的暖宝宝能发热多久？ 问题4：你觉得我们要制作一个同样的暖宝宝首要对暖宝宝的什么进行研究？	学生根据要求，回答问题	本案例利用时事引入。"嫦娥五号"的"化学故事"可以潜移默化地激发学生的民族自豪感与文化认同 铁生锈是一个化学现象。而暖宝宝的发热恰恰是利用铁生锈的化学原理。通过本节课的教学，学生学会用辩证的眼光看待化学原理，激发学生利用所学的化学知识建设祖国、服务人民的意识
原料成分探究	师：暖宝宝有哪些原料呢？我们来研究一下暖宝宝的外包装。哪个同学回答一下？ 师：请大家记录在导学案上。	学生回答	

（2）创设题目情境。

创设情境前案例：

金属的物理通性：绝大多数金属具有金属光泽、固体（除　　外）、具有优良的（　　）性、（　　）性和（　　）性。密度（　　），熔点（　　）。

创设情境后案例：

纪录片《我在故宫修文物》，综艺节目《国家宝藏》及三星堆祭祀遗址考古发掘出"黄金假面"，令世人惊叹不已。这让同学们对博物馆中的金属文物产生了浓厚的兴趣。请根据下列描述分析以下文物利用了金属的哪些物理、化学性质。

金属文物	金光闪闪的发钗	用于烹饪食物的青铜鼎	薄如纸的黄金面具	铁质农具、兵器	铜钱货币
性质					

案例分析：

创设情境前的案例仅是知识点识记的考查，学生只是记住了知识点，但没有体现出对知识的理解。而创设情境后的案例创设了学生感兴趣的、新颖的学科情境。学生运用所学知识在特定情境下对问题进行了分析，能体现对知识的迁移应用。

此情境背后蕴含的化学历史故事：中国古人对金属的使用技术会让学生叹为观止，引发浓厚的兴趣。在一道道类似题目的熏陶当中，学生会产生强烈的民族自信与文化认同，感受到中华优秀传统文化的蓬勃生命力，这正是在大思政课视域下学科思政的落脚点。

2.挖掘细节，寻找故事

(1)挖掘生活细节。

初中阶段恰是学生的青春期，在这个阶段大部分学生往往会遇到人际交往问题。而人际交往问题也是"思政小课堂"的一个关注点。在化学课当中，我们可以通过设计一份营养丰盛的晚餐食谱，将人际交往与《人类必需的营养元素》等课题相结合。表7-5为《人类必需的营养元素》与课程思政融合案例(部分)。

表7-5 《人类必需的营养元素》与课程思政融合案例(部分)

环节	教师活动	学生活动	课程思政意图
任务一 设计科学又营养的食谱	导入:播放美食视频。 活动一: 如果你的好朋友们将要拜访你家,你能为他们设计一份科学又营养的午餐食谱吗? 在设计午餐食谱前我们先从科学的角度分析:菜品中包含哪些营养物质。 PPT显示人类所需六大营养物质的膳食宝塔。 活动二: 设计午餐食谱(限时4分钟) PPT显示学生的午餐食谱,进行讨论并点评。 展示小组同学周末在家的健康饮食。 讨论该同学的饮食是否营养健康。 活动三: 不同的个体所缺的化学元素可能不同,也会带来不同的症状,如何给以下朋友们量身定做一份特殊的菜品? PPT显示所缺元素的症状,以及该元素主要存在哪些食材中。 展示学生设计的表格。	认真观看视频。 学生认真完成学案内容:糖类、蛋白质、油脂、维生素、无机盐、水。 学生观看人类所需六大营养物质的膳食宝塔。 根据膳食宝塔,从科学角度进行评价,是否健康营养。 观看小组代表分享的健康饮食PPT。 学生回答:包含了六大营养素,且搭配适当,是健康饮食。 学生认真完成学案内容。 学生回答:缺铁的可以食用补铁剂,或者用铁锅炒菜;缺锌的可以多吃瘦肉;缺碘的可以多吃海产品或者加碘食盐……	本案例以人类必需的营养元素为课程素材,挖掘初中这个年龄段学生可能面临的人际交往的思政问题创设情境。在解决问题中,传递友善待人的价值观,在育分的同时落实育人任务。

(2)挖掘实验细节。

实验教学是化学必备的一个教学内容与教学环节。学生在实验时要严格遵守实验室的各种规则,这体现了思政教育中的规则意识和纪律意识;实验室是公共场所,需要大家共同维护,这体现了思政教育中的集体主义意识和公共秩序意识;在实验过后,学生要及时清理实验室,保持实验室干净、整洁、有序,这体现了思政教育中的劳动教育;等等。表7-6为化学实验教学中的思政教育案例。

表7-6　化学实验教学中的思政教育

环节	教师活动	学生活动	课程思政意图
任务一 化学实验室的注意事项	师:通过前面的学习我们已经知道实验是化学学习的基础。 师:我们进入化学实验室前需要了解些什么呢?进入实验室后又需要注意些什么?	思考讨论	通过学习化学注意事项,让学生体会规则实际上是对我们最大的保护,要自觉遵守规划
	展示:实验室的注意事项 (1)"三不"原则:取用时不用手接触药品,不把鼻孔凑到容器口去闻药品的气味,不尝任何药品的味道 (2)节约原则:按规定用量取用。若没有说明用量,一般取最少量:液体1~2mL,固体只需盖满试管底部 (3)处理原则:实验用剩的药品既不能放回原瓶,也不要丢弃,更不能带出实验室,要放在指定的容器里	倾听学习	如何安全地进行化学实验,最重要的一个要点就是遵守实验室的注意事项。同时在实验室的注意事项里也蕴含了节约、环保等意识

四　小结

在大思政课的视域下,育人的着力点、落脚点无处不在,而化学的教学育人点更是丰富。化学的课程思政融入化学教学并不是给化学教学增加负担,恰恰相反,学生的思想端正,拥有正确的科学观,才更能激发学生的学习热情,才最终能实现立德树人的根本任务,切实完成为党育人、为国育才的教育目标。

第四节 课程思政 躬行实践

课程思政的"课程"并非仅指学科课程,也包括活动课程和日常生活课程。课程思政既要发挥学科课程的思政育人作用,也要注重这类活动课程的思政育人作用。活动课程包括各类主题活动、社会实践、志愿服务等,通过这些活动培养学生的社会责任意识和实践能力。日常生活课程通过各种日常活动,将思想政治教育与学生的日常生活紧密结合,使之在不知不觉中接受价值观的熏陶和行为的规范,从而促进学生全面发展。日常生活课程包括学校的日常管理、班会、升旗仪式等,通过这些日常活动培养学生的品德和习惯。

思政教育重视全方位、全过程整体育人的关键,既在于内容和环节的完整,更在于细节的深刻。任何活动都具有潜在的育人性,这类活动课程和生活课程也可以看作思政教育的隐性课程,要发挥活动课程和日常生活课程的育人作用,关键是要将其做细微、做深入、做深刻,真正将思政工作做进学生的心灵,入脑入心,成为学生自己的意识形态与道德规范、法律认识,才能触发人的灵魂,焕发向上的精神活力,达到思政育人的目的。[①]

课程思政的实现旨在通过各种日常活动,将思想政治教育与学生的日常生活紧密结合,使之在不知不觉中接受价值观的熏陶和行为的规范,从而促进学生全面发展。它可以通过校园文化建设,传播社会主义核心价值观和中华优秀传统文化,营造积极向上的校园文化氛围。还可以将思想政治教育融入学生日常管理中,如升旗仪式、主题班会、文明礼仪教育等,培养学生的爱国情感和社会责任感,或融入日常行为规范教育中,强调诚信、尊重、责任等价值观的培养,使学生在日常生活中实践社会主义核心价值观。通过心理健康教育课程,帮助学生树立正确的世界观、人生观和价值观,促进其健康人格的形成。开展针对困难学生的帮扶活动,鼓励学生互帮互助,通过实践活动让学生体验关爱他人、服务社会的价值。通过校园环境保护活动,如垃圾分类、节能减排等,让学生在实践中学习环保知识,培养可持续发展的观念。定期开展安全教育和应急演

[①] 潘希武.中小学课程思政:育人向度及其建设[J].教育学术月刊,2021(10):25-26.

练,增强学生的安全意识和自我保护能力,培养其应对紧急情况的能力。利用重要节日和纪念日开展主题教育活动,如国庆、五四青年节、清明节等,引导学生深入了解和传承中华优秀传统文化。

本节着重讨论课程思政在活动课程中的实现,活动包括家、校、社活动。首先,需要设计主题活动方案,通过组织具有明确教育目的的主题活动,如节日庆祝、开展社会主义核心价值观教育等,将思政元素融入其中。其次,需要落实到活动中,鼓励学生参与社区服务、志愿服务、公益活动等,通过实践活动让学生体验社会责任和公民义务,培养其社会责任感和使命感。

我们学校小学部每月都会结合各学科知识点,以年级为单位开展活动课程"智融·大思政学科融合竞赛"。由年段长牵头竞赛学科组长,确定年段主题及融合学科。各学科根据主题拟定子主题和核心学科。核心学科确定情境背景,其他学科围绕情境设计与之配套的问题。如小学部各年级就分别开展了以下活动。(表7-7～表7-12)

表7-7 一年级智融·大思政学科融合竞赛方案

主题	我是系鞋带小能手		
思政目标	结合《文具的家》这一文本,通过实际劳动体验,培养整理文具、爱护文具的好习惯。融合系鞋带练习,养成良好的劳动习惯、卫生习惯和生活习惯		
情境内容	1.在讲台上摆放被遗弃的铅笔、橡皮、尺子,鼓励学生大胆想象,猜猜它们它们碰到一起会说些什么。并召开"失物招领"会,把自己遗失的文具领回家 2.请学生说说书包里有哪些小伙伴,你是怎样疼爱它们的?师生总结爱惜学习用品的好方法:包书皮、做笔套、给橡皮"洗澡"、每天清点学习用品、定期书包等 3.生活离不开衣食住行。鞋子穿好了才能走得又快又稳,请学生回去练习系鞋带,探索系鞋带的好方法,并用画画或者拍照的方式记录下来		
核心学科	语文	融合学科	劳动
任务单	1."我为文具画个家":在A4纸上画一个文具的家 2."我是系鞋带小能手":在家系鞋带,给每个步骤拍照,将照片打印出来,贴在A4卡纸上,或用画画的方式,画出系鞋带的步骤,并为每个步骤写几句话		
评价标准	1.实用性:文具之家的设计是否实用 2.创新性:设计是否具有独特的创意和风格 一星:系鞋带动作熟练 二星:系出的鞋带整齐美观		

表7-8　二年级智融·大思政学科融合竞赛方案

主题	我心中的劳动榜样		
思政目标	培养劳动观念,树立职业理想,理解劳动的价值和重要性。向榜样学习,养成爱劳动的习惯		
情境内容	我心中的劳动榜样,是那些默默无闻、辛勤劳作的人,他们不仅是社会的基石,更是人类文明进步的推动者。在我看来,他们不仅实现了劳动的价值,更体现了人类对于坚忍不拔、自强不息精神的追求。这些劳动榜样不仅代表了劳动者的尊严和荣耀,更代表了人类对于美好未来的追求和向往。他们用自己的双手和汗水,创造了一个个奇迹,也为我们树立了一个个光辉的榜样。让我们向这些劳动榜样致敬,向他们学习那种坚忍不拔、自强不息的精神		
核心学科	劳动	融合学科	语文、美术
任务单	1.观察并调研自己心中的劳动榜样 2.设计一份手绘作品(有标题、劳动者画像并简单文字介绍)		
评价标准	语文: 1.以文字或颁奖词的形式,提炼心中劳动榜样的特质。促进语言文字的积累与应用 2.通过榜样人物进一步体会劳动是创造社会价值和实现个人价值的重要途径 美术: 1.主题鲜明,图文并茂,色彩丰富 2.学会感受植物的美,热爱自然 3.在玩乐中提高自己的创造力、观察力、动手能力、色彩感知能力以及耐心和毅力		

表7-9　三年级智融·大思政学科融合竞赛方案

主题	寻味中国美食		
思政目标	体验优秀的中华民族美食文化,增强爱国情怀		
情境内容	品四方美食,食人间烟火。中华民族美食文化博大精深,源远流长。由于各地的风俗和环境不同,我们的美食逐渐发展成八大菜系,让我们一起寻味中国美食,走进悠久的中国美食文化,争当美食小行家		
核心学科	语文	融合学科	数学、英语、科学、道德与法治、劳动
任务单	1.查找资料,了解各地美食特色,并挑选最喜爱的三道美食与大家分享,图文结合,用中英文记录菜名 2.在家长的帮助下,制作一道美味菜肴,用流程图记录制作步骤 3.了解并懂得健康饮食,尝试进行合理的膳食搭配 4.摘录关于美食的古诗句 5.将自己制作美食的有趣经历或心得体会记录下来		

续表

主题	寻味中国美食
评价标准	语文： 1.图文结合,用流程图记录制作美食的步骤 2.摘录关于美食的古诗句 3.将自己制作美食的有趣经历或心得体会记录下来 数学： 尝试估算蛋白质的含量 英语： 尝试用英文记录菜名 劳动： 在家长的帮助下,尝试制作一道美食 科学： 了解并懂得健康饮食,尝试进行合理的膳食搭配

表7-10 四年级智融·大思政学科融合竞赛方案

主题	粽叶飘香,品味端午		
思政目标	通过活动,了解中华优秀传统文化,增强民族自信心和自豪感,增强爱国情怀		
情境内容	端午节,为每年的农历五月初五,又称端阳节、午日节、五月节等,是中国重要的传统节日之一。端午节起源于中国古代,起初是为了纪念古代诗人屈原而设立的。据传,屈原是楚国的忠臣和爱国诗人,他为国家建言献策,但最终被流放。在流放期间,他用自己的诗歌表达了对国家的深深怀念与关切。后来,他因失意而投江自尽,这成为后世传颂的故事。人们为了纪念屈原,每到端午节这一天,家家户户都会包粽子,它的形状像屈原投江的石子,同时也寓意驱邪避凶,迎接吉祥		
核心学科	劳动	融合学科	综合实践 语文 数学 英语 美术
任务单	1.请学生在搜集粽子相关资料的基础上,将自己化身为一个小小的粽子,并设计出自己独一无二的粽子形象,同时以第一人称的方式进行自我介绍,讲一讲自己的故事 2.请学生着手采购包粽子的原材料,完成主要物品采购清单,同时提出一个数学问题并尝试解决 3.请学生从购物清单中选择一样物品,以图文并茂的方式设计一段采购过程的英语对话 4.请学生以照片、绘画和文字等手账的形式,记录自己包粽子的过程(没有条件包粽子的同学可以制作手工粽子)		
评价标准	劳动： 1.能根据包粽子所需的材料,独立进行物品采购 2.能和家人一起包粽子,或制作手工粽子 综合： 1.能搜集粽子的相关资料,并进行准确的描述 2.能通过实践了解相关物品的价格,完成采购清单		

续表

主题	粽叶飘香,品味端午
评价标准	语文: 1.能发挥想象力,把自己想象成粽子,设计出独特的粽子形象 2.能结合粽子的相关知识,按照起因、经过、结果的写作顺序写清楚自己的故事 数学: 1.能根据需要选取合适的计量单位,科学表示采购清单上的数据 2.能根据已有信息发现有价值的问题,提出有价值的问题,分析并解决问题 英语: 能根据情境,设计采购粽子原料的对话,要求语法、句型、单词书写正确,且富有情境性 美术: 1.能大胆想象,合理设计新颖独特的粽子形象 2.构图饱满,造型新颖,色彩和谐搭配

表7-11　五年级智融·大思政学科融合竞赛方案

主题	我是茶礼仪小标兵		
思政目标	了解中国优秀传统茶文化,热爱劳动,激发对祖国文化的自豪和热爱		
情境内容	中国是茶的故乡,有着悠久的种茶历史,又有着严格的敬茶礼节,还有着奇特的饮茶风俗。中国饮茶,从神农时代开始,少说也有几千年了。茶礼有缘,古已有之。"客来敬茶",这是中华民族重情好客的传统美德与礼节。宾客至家,总要沏上一杯香茗。喜庆活动,也喜用茶点招待。开个茶话会,既简便经济,又典雅庄重。所谓"君子之交淡如水",也是指清香宜人的茶水。向来爱好中国茶文化的小明想好好学习茶礼仪。小明首先上网查找茶叶的种类、泡茶时间和温度的要求,以及茶文化等。其次,小明设想家里来了客人,要给客人沏茶,需要做哪些事,每件事情需要几分钟,把沏茶的过程用流程图画下来,并计算最快几分钟完成。最后,他亲自动手泡茶并给家人品尝		
核心学科	劳动	融合学科	科学、数学
任务单	上网查找茶叶的种类、泡茶时间和温度要求以及茶文化,制作茶文化手抄报梳理泡茶的步骤及每个步骤的时间,画出客人能最快喝上茶的沏茶流程图,亲自动手泡茶给家人品尝,并录制成视频		
评价标准	劳动: 1.了解茶的种类,学习泡茶的步骤 2.动手实践学习泡茶的步骤,并动手泡茶 3.通过对茶文化的了解,激发学生对祖国文化的自豪和热爱 科学: 1.学会用多种感官观察事物 2.培养学生在活动中收集信息、整理信息、处理信息的能力 3.能对茶的起源、种类、制作流程、茶具有一定的认识,并愿意继续深入研究 数学: 1.能清晰有逻辑地画出沏茶流程图 2.能正确计算泡茶的最短时间 3.画出的沏茶流程图具有美观性		

表7-12 六年级智融·大思政学科融合竞赛方案

主题	龙湫娃特色地图
思政目标	感受祖国大美江山,了解中华优秀传统文化,增强家国情怀
情境内容	地图是空间信息的图形传递形式,是信息传递工具之一。人类使用地图有悠久的历史,在纸或羊皮等其他材料上绘制道路、居民点和自然要素,如此,便得到用以描述真实世界的平面图。在历史长河中,地图用自己特有的符号表达着复杂的地理世界,将时空汇集于经纬之间。以文化的视野诠释地图,用地图解读文化。一份完整的地图包括方向、比例尺、图例和注记等,请自行选择一个自己感兴趣的主题,绘制出一幅特色地图,如高校分布、美食、旅游景点、山川湖海等
核心学科	科学　　　　融合学科　　　　英语、数学、美术
任务单	1.任选一个国家、省份、城市,或者以校园为主题,按一定比例手绘地图 2.地图要体现该地的特色,如:美食、景点、诗词、历史文化、水文、植被等 3.我是小小科学宣讲家。通过查一查、写一写、画一画,描述该地的地方特色
评价标准	科学(40分): 1.地图内容是否科学(20分) 2.地图内容的趣味性和特色(20分) 美术(30分): 1.地图绘制精美,图文并茂,色彩丰富(20分) 2.地图易识别(10分) 英语(20分) 1.写出当地旅游景点的英文名称(10分) 2.用英语介绍当地的文化(10分) 数学(10分) 根据一定的比例绘制地图,并标出比例尺(10分)

从以上各年级的活动方案可以看出,鲜活思政活动课程关注融合多学科的情景与任务设计,让学生在真实情景中体验或感受,思考需要应用哪些学科知识解决问题,从而融合多种学习方式(自主、合作、探究),围绕社会问题进行调查研究、分析解决问题,培养批判性思维能力和社会参与能力。活动课程并不局限于校内,我们运用任务驱动,引导学生自觉地将校外教育资源与校内教育活动相结合,使学习更加深入和生动。

为了真正落实活动课程,各学科教研组或各课组组长,要紧紧围绕确定的思政目标,开展跨学科教研,组织多学科教师探讨,确定实践内容,并及时对课程的活动成果进行评价并展示,真正激发学生学习内驱力,发挥活动课程的思想政治教育作用。

以下是本次活动各年级的成果展示。(图7-6～图7-11)

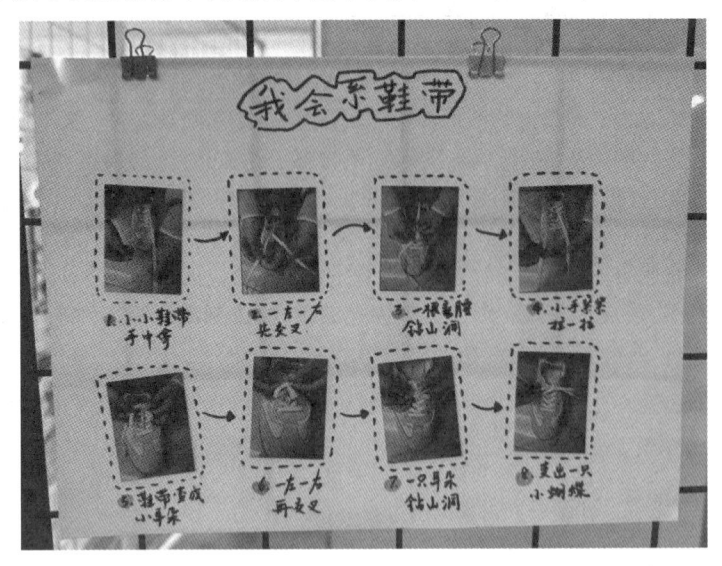

图7-6 一年级"我是系鞋带小能手"作业展示

图7-7 二年级"我心中的劳动榜样"手绘作品部分展示

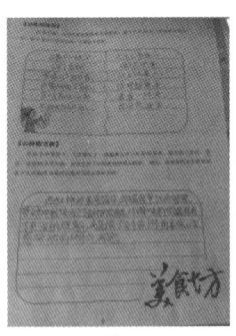

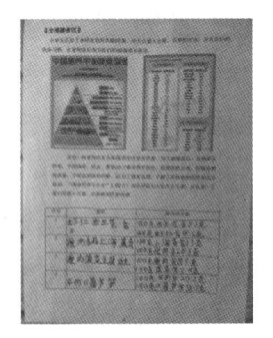

图7-8 三年级"寻味中国美食"部分作品

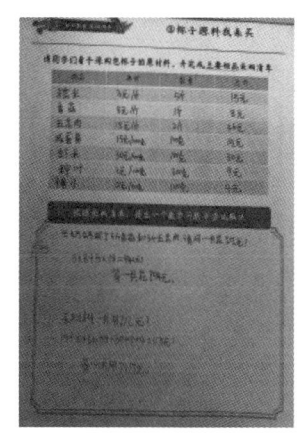

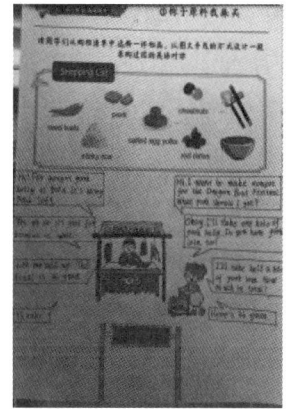

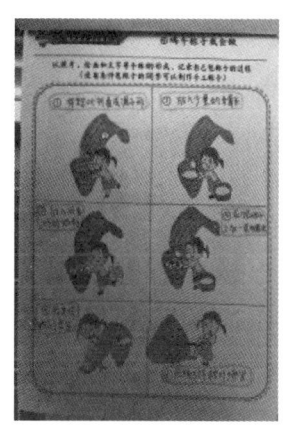

图7-9 四年级"粽叶飘香,品味端午"部分作品

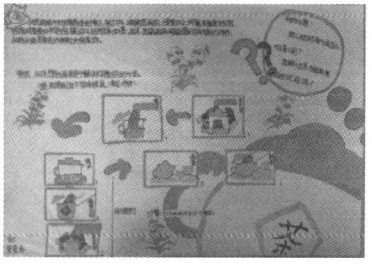

图7-10 五年级"我是茶礼仪小标兵"部分作品

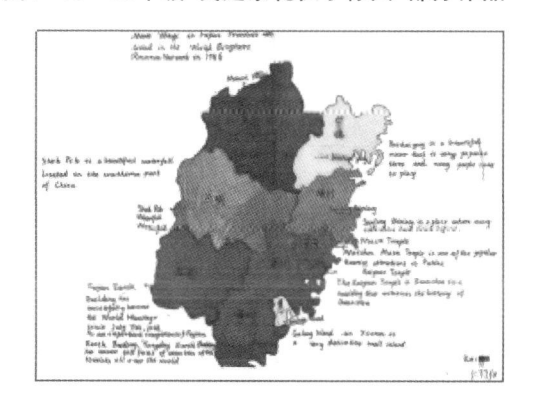

图7-11 六年级"龙湫娃特色地图"部分作品

值得一提的是，我校初中思政活动课程更多的是以时政播报的形式开展，寻找最近一周发生的国内外新闻，运用理论观点进行阐述。由于初中生具有一定的信息技术能力，在国内外新闻的呈现上可以用学生喜闻乐见的自制视频、图片的形式，因此时政播报也是每周令学生期待的思政活动课程。事实上，我校各年级学生思政活动课程的成果风格各异，精彩纷呈。思政活动课程紧密结合当前的时事新闻或社会热点，模拟真实生活情境，给予充分的空间，让学生自行选择自己的兴趣点和专长，在参与中学习和体会，从不同角度思考问题，培养批判性思维。这样的思政活动课程无疑是学生喜欢的。曾经有学生追着笔者问，一个月一次的大思政学科融合竞赛活动能不能改成半个月一次，他在思政活动课程竞赛中找到了学习的乐趣，发现了学科学习在生活中的用处，树立了学习的信心，深层次激发了学习内驱力。我们不妨打开格局，放开眼界，多开展一些思政活动课程，将思想政治教育落在学生的自我选择中，点在学生的兴趣上，在快乐中将思想政治教育进行到底。

第八章

鲜活德育，知行合一

第一节 活力管理　重塑新风

每周一下午第三节课是我们学校的德育论坛时间。曾经有个话题引起大家的热烈讨论——德育管理应该采取严格规范的模式还是宽松自由模式？大家各执一词，谁也不服谁。有的认为严格的德育管理能够确保教育环境的稳定性和秩序，为学生提供有利于学习的规范化环境。明确的学校规则和期望，可以使学生明辨是非，从而减少校园欺凌、作弊等不良现象。有助于促进学生品德的发展，形成固定的良好品行，如诚信、尊重和责任感，内化社会价值观和行为准则，为进入社会做好准备。有的认为宽松的德育管理尊重学生的个性发展，鼓励学生独立思考，自主决策，有助于培养创新精神和解决问题的能力。在自主性强的环境中，学生更有可能探索自身的兴趣与激情，形成个性化的职业生涯规划。严格的规则可能引发逆反心理，宽松管理更有利于学生的情感健康，减少焦虑和压力，营造积极的学习氛围，有助于他们学会在多样的社会环境中共处。事实上，我们发现不同德育管理模式下，孩子呈现出不同的精神状态。德育管理严格规范，孩子相对来说正气而拘谨；德育管理宽松自由，孩子相对来说松散而有个性。鲜活德育是一种理念，具有生活化、个性化、互动性、实践性特点。它将德育融入学生的日常生活，融合家、校、社共同力量，创造良好的道德教育环境，让学生在潜移默化中吸收道德价值，在实践中学习和体会道德价值。注重学生情感的投入和共鸣，尊重和发挥每个学生的个性与特长，进行有针对性的德育指导。在鲜活德育理念的指导下，严格规范与宽松自由是可以平衡的，学生是灵动鲜活生长的。

在"大思政"教育视域下，德育管理工作迎来前所未有的变革契机。大思政教育理念是一种跨学科、全天候、全员参与的德育模式，致力于将思政教育元素无缝融入各学科教学与学生日常生活之中，构建立体生动且高度实效的德育生态系统，以培养具备全面素质的时代新人。

大思政教育的实施，对学校的德育管理工作提出了多元化与整合性的要求，鼓励学校积极探索德育与智育、体育、美育、劳动教育的深度融合，让每一堂课都成为传递正能量、塑造正确价值观的阵地。同时,倡导学校管理层、家长和社会资源形成联动机制,共同为学生的价值观塑造、人格完善以及综合素质提升贡献力量。在此过程中,学校需不断创新德育评价体系,从单一的成绩导向转向多维度、全方位的考查,既关注学生的道德品质与社会责任感,又重视其创新能力与实践能力的培养,从而全面促进学生的健康成长与全面发展。这不仅是对新时代教育使命的积极响应,更是对未来社会所需人才标准的深刻把握与前瞻布局。

一、德育队伍建设

(一)大思政背景下的德育队伍定位

2018年1月,中共中央、国务院印发的《关于全面深化新时代教师队伍建设改革的意见》明确提出,要把提高教师思想政治素质和职业道德水平摆在首要位置,把社会主义核心价值观贯穿教书育人全过程,突出全员全方位全过程师德养成,推动教师成为先进思想文化的传播者、党执政的坚定支持者、学生健康成长的指导者。大思政教育的全面融入深刻地改变了传统德育的面貌,开启了全新的教育时代。这一变革不仅拓宽了德育的边界,使其内容更加丰富多彩,更在根本上强调了新时代育人理念的全面性和系统性,要求教育者在传授知识的同时,更加注重学生品德的培养和价值观的塑造。在这样的背景下,教师不仅是知识的传播者,更是学生道德成长的引路人和同行者。教师的每一次授课、每一句叮咛、每一个行动,都承载着引导学生向善向美的责任与使命。教师的言行举止、价值观念,如同一面镜子,让学生从中看到自己的未来,感受到道德的力量。

(二)专业化德育团队的梯度培养

构建一支高素质的德育队伍,应该实施梯度培养模式。如笔者所在的龙湫亭实验学校通过设立新锐、骨干、名优、首席班主任及德育元勋五级体系,为不同层次的班主任提供了个性化的发展路径和成长支持。在第一学期,以"最美班级+常规落地"的练兵项目为起点,通过实践锻炼提升班主任的班级管理和常规执行能力;在第二学期,通过班队会主题岗位练兵比赛,进一步展示和检验班主任的德育成果。同时,结合日常考核和年段班主任共同体微论坛等机制,不断促进班主任之间的交流与合作,共同提升年段及班级管理能力,形成强大的德育合力。

(三)党建引领与跨学科融合

在德育队伍建设的过程中,始终坚持党建引领的原则,将党建工作与德育工作紧密结合。借鉴"党建+课程思政"体系,不断强化教师的思政意识,提升在课堂教学中渗透思政教育的能力。同时,鼓励教师参与跨学科的教研活动,打破学科壁垒,探索思政教育与其他学科的融合路径。例如,组织学生参观红色教育基地,邀请老战士进校园讲述革命故事,开展以"我心中的英雄"为主题的征文比赛等,丰富学生的课余生活,让他们在亲身体验中感受到思政教育的力量。

二、多维评价构建

(一)评价方式概述

多维评价体系的构建旨在打破传统单一评价模式的局限,通过引入多元、动态的评估标准,全面、客观地评价学生的思想道德素质。这些评价方式既包括定量评价,也包括定性评价,既关注结果,也重视过程。

(二)具体评价方式

大思政视域下德育工作的评价方式大体可以分成定量评价、定性评价、过程性评价和综合性评价。

1.定量评价

定量评价包括知识测试与行为记录。知识测试是指通过标准化的试卷或在线测试平台,对学生掌握的社会主义核心价值观、道德规范、校规校纪等理论知识进行测试。行为记录则是利用现代信息技术手段,如厦门市龙湫亭实验学校的"五育积分"系统,记录学生校内外的行为规范表现,利用信息化手段,便捷地进行增值性评价和过程性评价。

笔者所在学校的每位学生手上都有一本《厦门市龙湫亭实验学校学生手册》,除了有相关的言行规范、校规校纪外,还特别制定了符合校情的"处分规定"。此"处分规定"不是对学生单纯的惩戒,也不是对其行为的终极评价。处分的意义在于"改变",而改变需要路径。"受处分学生转化量化制度"提供了改变路径,学生通过积分量化的形式逐步消除"处分",并在不断的鼓励中获得进步,激励学生主动纠正错误、积极向善。

2. 定性评价

定性评价主要为观察评价、访谈评价和案例分析。观察评价是指班主任、科任教师等在日常教学和管理过程中,通过直接观察学生的言行举止、情感表达等,对学生的道德情感、道德意志等进行评价。这种评价能看到外在,却很难发现内在。访谈评价是通过与学生本人、同学、家长等进行深入访谈,了解学生的道德观念、价值判断、行为动机等,从多个角度全面了解学生的思想道德素养。案例分析则是选取学生在实际生活中遇到的道德冲突、道德困境等案例,让学生进行分析、讨论并给出解决方案。通过案例分析,考查学生的道德判断能力、道德选择能力以及道德实践能力。

3. 过程性评价

成长档案袋和同伴评价是过程性评价的主要方式。成长档案袋记录学生在学习、生活、社会实践等方面的成长历程和道德表现。通过定期回顾和整理档案袋内容,可以全面、系统地评价学生的思想道德素质发展过程。同伴评价是组织学生之间进行相互评价,通过小组讨论、互评作业等方式,增进学生之间的相互了解,促进学生在道德情感、道德行为等方面的自我反思和自我提升。

4. 综合性评价

将定量评价与定性评价相结合,形成多维度综合评分体系。根据学生在不同评价维度上的表现,给予相应的分数或等级评定。通过综合评分,可以全面反映学生的思想道德素质水平。例如,学校的"五育积分"智慧评价体系。

第二节 鲜明主题　推进活动

大思政理念下的德育工作并非孤立于时代背景之外的静态存在,而是与社会发展、科技进步和学生需求紧密相连的动态过程。因此,鲜活德育内容应当与时俱进,以适应快速变化的社会环境,同时关注个体的全面发展。

首先,鲜活德育需关注学生全球视野的培养。在全球化的今天,学生需要具备跨文化理解能力,以应对多元文化的交流与碰撞。学校通过引入国际议题讨论,提升学生的全球公民意识,培养他们的批判性思维和包容心。

其次,科技素养的融入是鲜活德育不可忽视的一环。随着信息技术的飞速发展,数字化生活已成为常态。德育应引导学生正确使用科技工具,培养他们的信息伦理和网络安全意识,同时激发其创新精神和实践能力。

再次,鲜活德育应注重培育学生的社会责任感。学校、家庭和社会在环保、公益、志愿服务等领域提供实践平台,让学生在实际行动中理解并承担社会责任,这有助于他们形成良好的道德品质和社会责任感。

最后,个性化发展是鲜活德育的内在要求。每个学生都是独一无二的个体,德育内容应尊重差异,鼓励学生发掘自我,培养独立思考和自我调适的能力。学校要通过个性化课程和活动设计,满足不同学生的发展需求,实现德育的针对性和有效性。

笔者所在学校的鲜活德育旨在构建一个有利于学生全面发展的德育生态环境。它鼓励学生在参与社会实践、志愿服务等活动中,将理论知识转化为实际,提升道德素养,同时尊重每个学生的个体差异,提供定制化的德育路径,以满足不同学生的发展需要。

一、实践活动项目化

实践活动项目化以解决实际问题为核心,通过学生主动参与、探究、合作的过程,提升学生的核心素养。它将传统的实践活动转变为具体、可操作、有目标导向的项目形式。在实践活动中，学生针对真实世界中的问题或挑战，进行调研、分析、设计、实施，通过任务驱动，使实践活动更加有针对性、系统性和实效性，从而提升活动的价值和影响力。如图8-1所示。

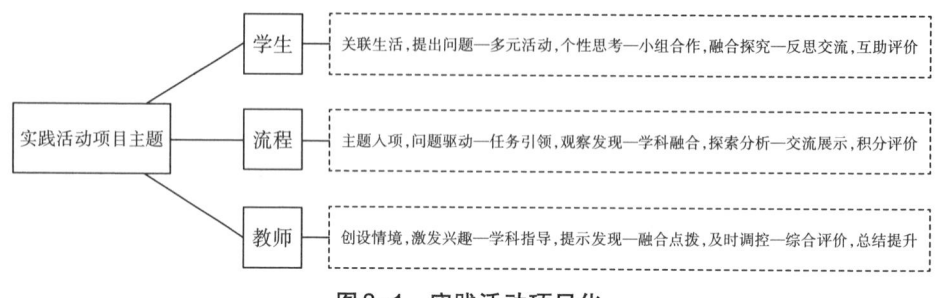

```
                          ┌─ 学生 ─── 关联生活，提出问题─多元活动，个性思考─小组合作，融合探究─反思交流，互助评价
实践活动项目主题 ─────────┼─ 流程 ─── 主题入项，问题驱动─任务引领，观察发现─学科融合，探索分析─交流展示，积分评价
                          └─ 教师 ─── 创设情境，激发兴趣─学科指导，提示发现─融合点拨，及时调控─综合评价，总结提升
```

图8-1 实践活动项目化

以校内为主阵地的德育实践活动为例：

（一）劳动实践

学校建立现代化的智慧农场，开展跨学科项目化探究。如2023年9月，我们以"中秋月"为主题，以"中秋节做什么味道的月饼会更香"为问题驱动，开展以劳动教育为核心的实践活动：利用学校现代化的劳动基地种胡萝卜，再借学科融合普及相关植物知识并进行实践观测。当胡萝卜成熟时，劳动课执教老师便会带上学生前去挖垦、清洗、榨汁。一套工序下来，趁着中秋之际，大家一起制冰皮，加馅儿，印磨具，最后设计外包装将其装盒展示。从种子到可以送到嘴里的食物，再到可以出售的商品，趣味诱发深度思维，培养适应社会发展的健康人。

（二）传统文化

2024年2月，学生入学报到时，学校以"龙娃闹元宵"为主题，进行与传统文化相关的仪式教育。在入学报到前，以"龙年元宵怎么闹"为问题驱动，引导学生先行了解元宵知识，动手制作元宵灯笼、元宵摆件、元宵文创等，开展多元活动。在入学报到当日，学生参与"猜灯谜、舞彩带龙、新年许愿"等多学科融合活动，借"元宵"之式，行"入学"之礼。元宵活动结束后，各班再通过班会课开展"元宵里的小惊喜"活动小结，讲述活动的收获并对活动参与度进行自评与互评，兑换五育积分。

(三)主题活动

如2024年3月的学雷锋活动月,学校以"福籽同心爱中华"这一彰显民族团结的主题,通过"唱响雷锋曲,共话中华情"义卖的任务驱动,开展多元文化、多学科融合的德育实践活动。义卖前,通过班会课开展"少数民族文化齐探究",由班主任或学科老师带着学生了解某一个少数民族的历史文化,并由此提炼出能代表该民族的明星代言商品,做好海报宣传,包括:民族名称、民族简介、民族特色、主打民族商品及其广告语。义卖时,学生通过穿着民族服饰、售卖民族特色商品、表演民族舞蹈等形式来提升义卖活动的趣味性与辨识度,让学生既感受多民族丰富的文化,又推动爱心行动的深度开展。义卖活动结束后,学校邀请曙光救援队与学生进行现场互动,让学生见证爱心的流转。同时利用班队课进行小组评价。还可以通过家长力量,开展假日小分队活动,让学生走进曙光救援队去深度体验救援队的日常。

(四)生命成长

每年的二月,我们围绕"植物"主题,以"植物身上的奥秘"为问题驱动,开展生命体验活动。第一阶段:每个班级认领一棵小树,为小树制作树牌,调动各学科知识,观察小树并记录在《小树档案》中。第二阶段:学科融合探究植物奥秘。如:安排学生在小树下与大家分享(或朗诵)春天的诗(可朗诵名家作品,或学生自创作品);制作树叶拼贴画或有关"春"的书签;研究植物的学名、特征、作用等,完成自然笔记。第三阶段:我是班级小园丁。用心愿装扮小树,设计智慧大棚,调查并了解校园植物的迭代历程,拍摄植物解说视频等。第四阶段:对各年级开展的各个项目进行量化评价和赋分,并举办成果展。

在"大思政"理念引领下,笔者所规划的德育实践活动更关注设计的层级性与空间的延展性。以校内实践活动为主阵地,通过"请进来"的方式拓展教育资源,再借研学、假日小分队等"走出去"的方式扩大教育活动空间,这就需要育德项目协同化。

二 育德项目协同化

协同是指家庭、学校和社会三方共同合作、协调配合,形成教育合力,共同促进学生的健康成长和全面发展。通过强化三方之间的沟通与协作,构建全方位、多层次的教育生态系统,以更好地满足学生的个性化需求,提升教育质量,为学生的未来奠定坚实的基础。

(一)"请进来"

我们学校凝聚各方力量推动德育项目落地,为拓宽视野、深化体验,在"请进来"方面,积极邀请社会各界的专业人士走进校园,开展丰富多彩的教育活动,在体验中拓展延伸所学知识。

如,2023年12月举办的"星空露营"活动,邀请南方天文、气象天文科普基地讲师谢文鹏老师给初中部学生进行了"观星入门"的天文科普知识讲座。这场讲座带领学生走近星空、了解星空,引导他们带着梦想追寻科学探索之光。讲座之后,学生亲身体验,用天文望远镜观看星空。在谢老师的指导下,学生观测了木星。第一次用肉眼看木星,他们感受到了星空的魅力。

再如,我们与厦门市园林植物园携手,为学生开设"自然笔记"专题讲座,讲述如何观察自然,学写自然笔记,让学生深入了解生态环境和动植物习性,记录那些美好的瞬间。在厦门市自然笔记实践活动中,学生作品精彩纷呈,成果丰硕。

又如,与厦门市博物馆的共建"文史传承 博物致知"项目,让学生近距离感受到了闽南红砖古厝的建筑魅力,增强了他们对本土文化的认同感和自豪感。

(二)"走出去"

从"请进来"到"走出去",实现教育空间的跨越,主要以"研学"及"假日小分队"等形式为主。

学校的研学活动设计富有梯度,设有四个主题:一、二年级感受世界,三、四年级认识世界,五、六年级挑战世界,七、八、九年级改变世界。我们关注学生在整个活动中"研"的深度与"学"的广度。2023年9月的秋季研学,1—3年级开展"马戏文化盛宴,打开神奇世界"主题(自然)研学,4—6年级开展"传承优秀文化,感受闽南风情"主题(文化)研学,7—9年级开展"探秘大国工业,走进科技前沿"主题(科技)研学。

在研学前,我们需要引导学生以小组为单位展开合作探究,学习各自年级相关活动项目,做到"研学"之行有的放矢。研学时根据研学手册,带着驱动任务让实践活动更显扎实。研学后,拓展延伸相关活动,让研学之旅走向深度。

值得一提的是,研学结束不代表着"走出去"结束。校级家委会在研学后会发出假日小分队再拓展研学的活动倡议,结合秋季研学的三大主题,做好从"思索"到"研学"到"再实践"的活动闭环,充分挖掘研学的价值。提升学生对自然研学、闽南文化和科技创新的理解和热爱。同时开阔视野,增强班级凝聚力和归属感。在假日小分队方面,我们特别关注家长资源的开发,借助家长力量,推动各假日小分队围绕月主题组织活动,并通过各班级公众号宣传展示学生活动的精彩瞬间。笔者所在学校的假日小分队先后开展了"牙医历险记""飞行员体验""DIY粽子""浓情重阳""走进曙光救援队"等活动,通过职业体验、社会实践、爱心志愿的形式,让学生走向生活、体验生活、学会生活、热爱生活,提升学生发现问题和解决问题的能力。

寒假期间,笔者所在学校邀请学生利用寒假时间制作一本自编书(或绘本)。作品主要从"我的家风""春节民俗""我家的年夜饭"等选题中任选其一进行创作,开启其寒假"思政探索"之旅。这些探索与语文、道德与法治等学科的"传统春节习俗"主题相关,可以促使不同学段的学生达成其学段相关的思政目标——低段"激发对传统节日文化的兴趣和热爱",中段"引导深入理解传统节日的文化内涵,培养文化自信",高段"培养创新能力和实践能力,积极参与传统文化的传承与发展,形成对传承传统文化的责任感"。

三 衔接教育贯通化

衔接教育,顾名思义,是指不同阶段教育之间的连接与过渡,它不仅涉及知识的传递、学习方法的更新以及能力的培养等多个方面,还注重培养孩子的道德品质、审美情趣和身心健康等方面的素养,真正做到向下扎根,向上生长。作为九年一贯制学校,我们特别关注幼小衔接与小初衔接教育。

从幼小衔接来说,注重习惯养成,礼仪先行。为让学生在踏入小学之初便能顺利适应新环境,学校面向幼儿园家长举办了一系列幼小衔接习惯讲座,旨在引导家长与孩子共同培养良好的学习习惯与生活习惯。同时,在幼儿园入校参观活动中,安排礼仪引领员,以亲身示范的方式,向学生展示小学的礼仪规范与日常秩序,为他们即将开始的小学生活奠定坚实的基础。

从小初衔接来说,注重劳动启智,跨学科融合。在小初衔接的阶段,设计劳动教育毕业考——古法豆腐制作活动,作为六年级学生小学阶段的告别礼,感受从黄豆到豆腐的神奇转变,体验食材从田间到厨房的全过程。在活动前后的课堂上通过各学科科任老师的引领,以古法豆腐制作过程为抓手,以各学科知识为工具,进行了一场学科融合的思政主题活动,将学科知识融入实际生活,实现了知识的综合运用与创新。此外,七年级将劳动教育与德育进行融合,举办"心急吃不了热豆腐还是心急才吃得上热豆腐"辩论赛。

学校在德育实践活动的设计上,关注"综合育人"方式,提升学生核心素养;关注"实践育人"方式,提升学生的动手能力和运用知识解决问题能力;关注"跨学科育人"方式,建立学科认知结构,提升学生应对复杂多变的真实情境的能力。

第三节 项目课程　推研校本

随着大思政理念的深入人心,加强德育校本课程建设,培育学生社会主义核心价值观,激发其国家认同、民族自豪与文化自信成为当前需要解决的问题。对此,就需要精准定位大思政,引领课程方向,全方位、多角度地塑造学生的价值观与世界观。通过强化实践体验,激活德育生命力,以社会调研、志愿服务、模拟法庭、道德辩论等,让学生在"做中学""学中悟"。打破学科壁垒,促进跨学科融合,构建德育生态体系。通过项目课程,创设平台引导学生在不同学科的知识海洋中自由畅游,形成多维度的道德认知与价值观。

一、《飞舞彩龙》育"龙娃"

为贯彻落实中共中央宣传部 教育部《中小学开展弘扬和培育民族精神教育实施纲要》、教育部《完善中华优秀传统文化教育指导纲要》等文件精神,加强对中华优秀传统文化的教育,普及、传承和保护好中华优秀传统文化艺术,增强民族自豪感,提高学生体育与艺术素养,笔者所在学校秉持"习惯奠基,博闻智创"的办学理念,与当地龙湫亭文化融合,继承和发扬中华优秀传统文化,创建融合型、生态型、探究型的"鲜活校园"。借着九年一贯制教育的优势,笔者所在学校将富有地方传统文化的彩带龙作为校园特色。

"舞龙"是传统体育项目,学校积极推进该项目的学科融合与发展。通过剪纸、绘画、歌咏等艺术形式,学生感受龙的姿态及其精神之美;通过手工自制彩带龙,学生真切感知龙在手中逐渐成形且曼妙五彩的姿态;通过挥舞彩带龙,借身体多部位动作,学生在掌握舞龙技巧的同时,增强体质。除此之外,笔者所在学校的文创社团更将此传统项目与文创产品融合,以学校吉祥物"龙龙、婷婷"为创作原型,设计了二十四节气系列与微表情系列等文创产品,让彩带龙走进学生生活,更走进学生的内心。

在2023年厦门市青少年舞龙舞狮锦标赛中,笔者所在学校彩带龙队伍以全场全项目最高分斩获彩带龙项目第一名的好成绩。作为学校的特色项目,学校还将彩带龙表演以云端形式呈现给西藏左贡县旺达镇小学的师生们,共谱民族团结之歌。这些成效的取得促使笔者对彩带龙体育艺术教育有了更多的思考,通过开发校本教材、开设彩带龙社团、创编彩带龙形体操、举办彩带龙嘉年华、设立彩带龙夏令营等,多维度提升"大思政"理念下的育人内涵。

2023年9月,学校开始尝试将彩带龙项目引为学生的必修课,希望人人都会舞彩带龙,人人学习并传承龙的精神。学校编制《飞舞彩龙》校本教材,并以"考级"的形式进行评价,通过考级量化颁发相应的考级证书。

二、《龙湫童创》衍"文创"

深化校本实践,构建大思政格局,已成为教育领域的重要课题。将大思政教育理念融入校本研究中,通过《龙湫童创》这一校本教材,探索出一条以文化人、以文育人的新路径。

(一)社团实践需要,设计《龙湫童创》并优化

通过文创社团的实践活动,学生在创作过程中掌握艺术创作的基本技能,在潜移默化中理解社会主义核心价值观的深刻内涵。以寓教于乐的方式,有效避免传统思政教育的枯燥与说教,使学生在轻松愉快的氛围中完成思想的升华与品德的塑造。

(二)跨学科整合,拓宽思政教育视野

《龙湫童创》校本教材注重跨学科整合,将历史、文化、艺术、科学等多学科知识融入其中。学生在创作过程中,需要综合运用所学知识,解决实际问题。通过这种跨学科的学习方式,拓宽了学生的知识视野,使他们认识到思政教育与社会生活的紧密联系。通过实践学会从多个角度审视问题,形成了更加全面、客观的价值观。

（三）强化实践体验，提升思政教育实效

学生在教师的指导下，动手制作文创产品，将抽象的思政理念转化为具体的实物。通过亲身参与的过程，学生对思政教育的理解更加深入具体。以展示与交流自己作品的方式获得成就感和自信心，进一步激发了学习思政课程的兴趣和动力。

以初中2023级3班傅涵同学的文创作品为例，他先手绘了以学校吉祥物"婷婷"为形象的元宵主题绘画作品，而后将其作品"投喂"给了AI，生成电子作品。于是这样一份"婷婷闹元宵"的文创书签在傅涵同学的几度设计排版下便诞生了。在整个设计过程中，傅涵同学要先系统了解中国传统节日元宵节的习俗，清晰认识学校吉祥物的每个元素，设计的过程中与时俱进，将传统文化与现代信息技术融合在一起。一份文创作品的诞生，渗透了中华优秀传统文化教育，爱国爱校的家国情怀等，虽不提思政教育，却处处渗透思政教育，在义创校本中做思政教育的高端局。

鲜活思政——共享缤纷生活

第四节 活络家校 推动共育

习近平总书记在2019年3月18日主持召开的学校思想政治理论课教师座谈会上的重要讲话中高屋建瓴地提出了思政课"要建立党委统一领导、党政齐抓共管、有关部门各负其责、全社会协同配合的工作格局"。他高度重视学校思政课建设并做出了顶层设计,绘就了一幅新时代思政课建设"四位一体"工作格局的"大写意",需要我们聚焦重点、精雕细琢,共同绘制好精谨细腻的"工笔画"。[①]家校社联动是德育与思政教育融合的重要桥梁。学校须积极引导家长参与思政教育,共同营造有利于学生全面发展的氛围。社会资源作为学校教育的延伸,提供了丰富的实践平台,有助于将理论教育转化为生动的社会实践。

社会资源的整合利用是拓宽德育边界的关键。例如,学校可以与社区合作,组织学生参与志愿服务、社会实践,让学生在服务社区的过程中体验社会生活,培养公民意识。再如,学生参与环保项目,了解环境保护的重要性,或者在敬老院的活动中学习尊老爱幼的传统美德。此外,企事业单位、公共机构也是宝贵的教育资源。学校邀请行业专家、社区领导开展讲座,让学生了解不同职业的价值,激发他们的职业理想,同时增强他们对社会规则的理解和尊重。

通过社会资源的深度融合,大思政教育得以从课堂走向生活,从理论走向实践,实现教育的立体化和多元化。这种模式不仅能丰富德育手段,也能提升德育的实效性,确保学生在全面发展的同时,能树立正确的世界观和人生观。笔者所在的学校积极构建学校家庭社会协同育人新格局,致力于将思政教育厚植到家庭教育中去,全面落实党的教育方针,落实立德树人根本任务。

---

① 李正军.新时代高校思想政治理论课建设"四位一体"工作格局研究[J].学校党建与思想教育,2020(05):67.

一 家校携手筑基石

在大思政格局中,学校积极构建"龙湫亭家校教育共同体",通过家校紧密合作,共同为学生的全面发展撑起一片蓝天。通过学习活动、亲子观摩、家校共治三大核心板块,构建了"悦"系列家长成长课程,全方位促进家长成长与家校协同。家长成长了,才能更好地引导青少年坚定理想信念,才能更有效地引导青少年争做时代新人,也才能汇聚各方力量实现立德树人的目标。

(一)"悦优堂"——优秀家长进课堂活动

学校开展"悦优堂"——优秀家长进课堂活动,其主题囊括文明礼仪、传统文化、励志教育、法治知识、消防知识、医护急救、银行理财、职业规划、茶艺文化、盆栽种植、美学鉴赏、建筑艺术、饮食健康、心理健康、手工制作等,家长于每周三班会课入班授课。每一位参与"悦优堂"——优秀家长进课堂活动的家长,将收到由德育处颁发的"校外志愿辅导员"聘书,同时,会获得相应的五育积分。邀请家长结合自身的工作内容、职业特点、自身特长等参与"悦优堂"——优秀家长进课堂活动,通过资源的有效开发,为学生五育发展赋能,更为思政学习之旅开辟新天地。

(二)"悦书汇"——家长阅读共同体

创建家长阅读共同体,每个月发起一场"共读一本书,共聚育儿力"活动,家长扫码报名参与线上和线下活动,对阅读书目进行简要摘录并写下阅读感悟。月末,由家教宣传部部长及领读人组织在学校开展线下"翻转课堂"活动。领读人将收到由德育处颁发的"书香领读员"荣誉证书和五育积分。学校积极打造"家校联动大思政育人"环境,指导家长通过"共读一本书"的形式提升家庭教育水平,让思政德育工作在家校之间同频共振。

(三)"悦成长"——父母成长研修班

开办父母成长研修班,充分挖掘家长资源,主题化、系列化推进家庭教育,促使家长成长。研修班研修主题主要包含"沟通:怎么说孩子才会听""心理:读懂孩子的内心""生理:学会保护与关注自己""关系:学会处理人际关系"四大方面的内容。研修班持续两个月,一周一主题,连续8节课,每课2个小时。家长在《龙湫亭家长学校·研修摘记》中,对研修讲座内容进行简要摘记并写下收获与感悟,可以将其视为宝贵的知识财富并留作纪念。"悦成长"课程是由家教宣传部部长带导的双师课堂,收获了众多家长的好评。带导老师同样会收到由德育处颁发的"成长导师"聘书和五育积分。

"父母成长研修班"的每一堂课都会给予各位学员切实可行的教育方法。学员跟随导师深入学习,在学习过程中互相鼓励、共同成长,在感悟中实践,帮助学员建立正确的教育观念,提升做好父母的智慧。学校最后提升总结,将家庭教育活动材料汇编成册,形成学校家庭教育期刊《湫桐》。通过指引和赋能,家长依法带娃、社会依法护娃,建立健全家庭学校社会协同育人机制,最终形成构建良好教育生态的社会合力。

二、家委组织协同管理

在大思政教育的宏伟蓝图中,重视学科教师队伍、班主任队伍、聘任教师队伍以及家委会队伍的建设。这四支队伍协同合作,共同支撑起大思政教育的坚实框架。其中,家委会队伍作为连接家庭与学校的桥梁,有着重要作用。笔者所在学校对家委会组织进行赋能,精细化部门设置,将其分成志愿服务部、社会实践部、膳食监督部、家教宣传部及家校联络部,实现家校共育的深度与广度。每个部门在各自的领域内发挥着不可替代的作用,共同推动着学校"大思政"理念的鲜活实践。如表8-1厦门市龙湫亭实验学校家委组织部门职能表所示。

表8-1 厦门市龙湫亭实验学校家委组织部门职能表

部门名称	主要职能
志愿服务部	1.设立义务交警与志愿服务岗,守护学生的安全。这是给学生最贴心的爱,最贴切的言传身教 2.对需要家长配合的大型活动,如春秋游、校运会,进行策划与参与
社会实践部	致力于假日小分队及研学活动的拓展
膳食监督部	陪餐机制,按照膳食部编制陪餐排班表,轮流进行每日陪餐工作,并做好协调沟通 1.每日会通过"食饮安"监控不定时地对食堂各个区域进行视频抽查、督促并形成书面反馈报告上报学校,发现问题立即通知食堂落实整改措施,及时反映整改情况 2.家委会队伍担起膳食监督的职责是家长充分行使其知情权、参与权与监督权的重要体现,发挥了家校沟通的桥梁作用,是"大思政"理念的重要体现

续表

部门名称	主要职能
家教宣传部	通过"悦书汇"与"悦成长"两大活动,积极推动家庭教育与学校教育的有机融合
家校联络部	由各班、各年级家委主任构成 1.上传下达及落实学校工作 2.主动协调家校事务,架起家校沟通桥梁

第五节　鲜活思政　推开体系

大思政教育的推行,需精心规划、多维施策、不断创新。学校作为这一伟大工程的主体,应致力于深化德育内涵,强化师资队伍的专业能力,并持续优化家校社合作机制,以形成一股强大的教育合力,推动德育目标的全面实现。

一、构建思政队伍

思政队伍在推动思想政治教育中扮演着举足轻重的角色。思政队伍不仅是知识的传播者,更是学生价值观的引领者,负责引导学生树立正确的世界观、人生观和价值观。一支优秀的思政队伍绝不只有思政教师,还包括校领导、班主任、其他科目任课教师、后勤工作人员等。思政队伍应该具备坚定的政治信仰、深厚的理论素养和丰富的教学经验,能够不断提升自身的专业素养和教育能力,针对学生的不同特点因材施教,引导学生健康成长。

笔者所在学校在优化思政队伍结构上下功夫,加强对所有任课教师的思政教育培训。不同层次教师分类培训,提高教师队伍的整体素质。培训涵盖了马克思主义理论、师德师风、形势与政策等内容。通过组织专题讲座与研讨会,促进教师之间的思政交流与合作,拓宽学术视野。推动思政教育与现代信息技术的融合,丰富教学手段,提高教学效果。如利用大数据、人工智能等技术优化课程设计和教学评价模式。积极拓展教育领域,将思想政治教育融入学生学习生活,形成全员育人、全过程育人、全方位育人的新格局。

学校于2023年8月被确定为"福建省初中道德与法治学科教研基地学校培育单位"。接下来我们将加大思政队伍培养力度,提高课程思政研究能力,实现思想政治教育提质增效。

二 稳扎思政教育

大思政已不再是孤立于课堂的理论知识,而是渗透在多样化的德育活动之中,让学生在各类德育活动中体验和感悟思政的深刻内涵。思政课程教学与德育实践活动有效协同,才能更好地培育学生的道德观念。作为学校的党总支书记、校长,笔者亲自上思政课、抓思政课,落实思想政治教育工作实效。同时牵头学科教研组、备课组与学校德育部门定期备课。根据教材编排顺序,与学校德育部门开展主题系列活动,并针对不同学段分层:小学阶段重在"习惯奠基",以道德情感为启蒙;初中阶段重在"博闻智创",以思想意识为要点。

以部编版《道德与法治》七年级上册第八课《探问生命》第二节《敬畏生命》这一课为例。为了学生能增强安全意识,正确认识生命的意义和价值,珍爱生命,热爱生活,笔者在教授时,结合当时社会热门话题,"最美的逆行者"——消防队员的故事一案到底展开教学。为了思政学科与德育活动能够同频共振,知行合一,德育处在授课前就开展消防演练系列活动,授课后利用假日小分队、研学等活动,引导学生"走出去",到社会中去,去体验、去实践,参观共建消防单位,利用理论指导实践,实践理解理论。结合心理健康月,开展覆盖九个年级的"自强不息,积极向上"主题系列活动,在"融宣讲""融竞赛""融社团"三小融合中实现思政课程与德育实践活动的大融合。

"融宣讲"——利用国旗下、黑板报、班队会三大阵地进行"自强不息,积极向上"的宣传,通过主题心理课与年级专题讲座,引导学生思考生命的意义,带学生观看心理电影《心灵奇旅》,以活着的意义为切入点,让学生分享观影心得,更好地为敬畏生命主题教育宣传造势。

"融竞赛"——与美术融合的"小黑点"绘画比赛,与音乐融合的《每朵花都会盛开》手语舞比赛,与体育融合的"速度与激情"团体游戏赛,与综合实践融合的生命健康小调查比赛,在德育比赛活动中让学生感受生命的美好与珍贵。

"融社团"——在心理学社开展为期21天的积极心理打卡活动,引导学生感受生命的美好,发现身边幸福美好的瞬间、体会生活的小确幸等。

通过这样的"思政教学+德育实践"融合,我们不仅传授了思政知识,更在学生心中播下了一颗种子,让他们在生活的每个瞬间都能体验到生命的意义和价值。这样的思政融合德育方式,将理论与实践结合,把思政教育融入学生的日常生活,让每个学生在实际行动中增强社会责任感,体验道德的实践意义;这样的融合方式,让学生在学习中成长,在实践中成熟,在参与中感受生活的美好和社会的温暖。我们相信,鲜活的思政教育将会让学习更精彩。

参考文献

标准

[1]中华人民共和国教育部.义务教育道德与法治课程标准(2022年版)[S].北京:北京师范大学出版社,2022.

[2]中华人民共和国教育部.义务教育语文课程标准(2022年版)[S].北京:北京师范大学出版社,2022.

普通图书

[1]李泽厚.李泽厚旧书四种 说巫史传统[M].上海:上海译文出版社,2012.

[2]论语[M].张燕婴,译注.北京:中华书局,2006.

[3]陶行知.生活即教育[M].武汉:长江文艺出版社,2021.

[4]陶行知.陶行知讲国民教育[M].南京:河海大学出版社,2019.

[5]徐影.333教育综合应试解析 教育学原理[M].北京:北京理工大学出版社,2021.

[6]廖雅琴.供给侧视域下高校思想政治教育创新研究[M].北京:新华出版社,2020.

期刊

[1]陈光全.谈道德与法治课的根本性质与相关属性[J].中学政治教学参考,2018(23):13-15.

[2]杨宏.和谐校园文化与教师职业认同[J].教学与管理,2007(21):20-21.

[3]张楚廷.课程是什么[J].当代教育论坛(教学研究),2011(02):1.

[4]王锟.关于大学生文明上网的探讨[J].新校园(上旬刊),2014(05):15.

[5]蒋艳秋.打通德育场域 构建"鲜活"思政课——以七年级上册"敬畏生命"为例[J].中学政治教学参考,2023(30):52-54.

[6]冯静.转换文化资源 提升文化自信[J].学术探索,2017(05):114-121.

[7]蒋艳秋."互联网+":学科深度学习的助推器[J].中学政治教学参考,2023(18):51-53.

[8]李晓东.议题式教学设计与实施中的几个关键问题[J].教学月刊·中学版(政治教学),2019(Z1):25-28.

[9]曾惠真.指向新课标的小学语文大单元教学实践探究[J].试题与研究,2023(28):104-106.

[10]成尚荣.课程思政是教学改革的必答题、可解题——课程思政几个基本问题的厘清[J].江苏教育,2021(83):7-11.

[11]殷世东,余萍.中小学课程思政的内涵、逻辑依据和实践策略[J].课程·教材·教法,2022,42(08):85-91.

[12]汪瑞林.中小学"课程思政"的功能及其实现方式[J].课程·教材·教法,2020,40(11):77-83.

[13]潘希武.中小学课程思政:育人向度及其建设[J].教育学术月刊,2021(10):21-26.

[14]沈胜刚.中小学课程思政建设的困境与突围[J].教育科学论坛,2023(01):78-80.

[15]骆新华.中小学课程思政的设计与实践[J].中小学教材教学,2023(08):24-28.

[16]孙秀玲,郭倩倩.论"大思政课"视域下"思政小课堂"与"社会大课堂"的有效衔接[J].教学与研究,2023(09):113-120.

[17]孔燕,吴儒敏,朱晓果,等.学术情境试题的目标定位与编制策略[J].中国考试,2016(09):18-23.

[18]吴冬琴.初中化学教学中融合课程思政的实践研究[J].中学课程资源,2024,20(02):27-29.

[19]李正军.新时代高校思想政治理论课建设"四位一体"工作格局研究[J].学校党建与思想教育,2020(05):67-70.

[20]顾永坚.同向而行,探寻集团化办学"最优解"[J].教育家,2024(13):32-33.

[21]韩玮玮.义务教育阶段"课程思政"的实践与研究[J].中文科技期刊数据库(引文版)教育科学,2023(01):35-38.

[22]程英.一体化视域下义务教育阶段思政课的重要性探析[J].中学政治教学参考,2020(18):74-75.

[23]周红燕,魏晨华.义务教育阶段体育课程思政构建与评价策略研究[J].陕西教育(教学),2023(Z2):99 101.

[24]曹艳玲.新课标引领下初中道德与法治情境教学的优化策略[J].求知导刊,2024(01):56-58.

[25]路学会.新课标引领下初中道德与法治情境教学优化策略[J].天津教育,2023(17):46-48.

[26]李妹红.指向真实学力的初中道德与法治情境教学措施[J].教师博览,2021(18):89-90.

[27]白玛央.情境教学在初中道德与法治教学中的应用[J].中国科技期刊数据库科研,2023(08):171-174.

[28]林玉凤.核心素养下的初中道德与法治情境教学[J].福建教育学院学报,2019,20(12):45-46.

[29]刘莉.新课标引领下初中道德与法治情境教学的优化策略探讨[J].华人时刊(校长),2023(12):116-117.

[30]闫婷婷.谈情境教学在初中道德与法治教学中的应用[J].学周刊,2023(36):112-114.

[31]林秋娟,牛犇,罗晶.基于大数据分析的道德与法治情境教学实践与思考[J].中学政治教学参考,2023(39):72-74.

[32]赵生文.情境模拟教学法在初中道德与法治课中的实践[J].甘肃教育,2021(12):160-161.

[33]施佳龙.初中道德与法治教学中情境的创设与应用[J].中文科技期刊数据库(全文版)教育科学,2023(06):71-74.

[34]刘晓天.初中道德与法治议题式教学的根、脉、魂[J].中学教学参考,2023(13):47-49.

[35]施珊珊.初中道德与法治议题式教学的实践与思考[J].中学课程辅导,2024(02):33-35.

[36]叶明娟.初中道德与法治议题式教学的应用策略[J].中学课程辅导,2024(01):21-23.

[37]梁卢卢.核心素养视野下初中道德与法治议题式教学实践探索[J].试题与研究,2023(15):10-12.

[38]仇良芳.核心素养视角下初中道德与法治议题式教学[J].智力,2023(25):128-131.

[39]肖蔡华.新课标下初中道德与法治议题式教学实践[J].亚太教育,2023(19):125-127.

[40]蔡勇军.初中道德与法治议题式教学:内涵、意义与策略[J].教师教育论坛,2023,36(10):69-71.

[41]孙茜.初中《道德与法治》课程议题式教学的应用探究[J].新智慧,2024(03):46-48.

[42]宋本敏,孙向玲.基于核心素养的初中道德与法治议题式教学行动研究[J].安徽教育科研,2023(29):52-53,107.

[43]唐洁,韦然成.核心素养导向下初中道德与法治议题式教学探究[J].中学教学参考,2023(33):44-46.

[44]张孟孟.初中道德与法治大单元教学的设计和实施[J].思想政治课教学,2023,9(09):35-39.

[45]黄海英.初中道德与法治的大单元教学设计[J].文理导航(上旬),2024(05):76-78.

[46]张广芳.初中道德与法治大单元教学的实施策略刍议[J].山东教育,2024(Z2):119-121.

[47]付月.初中道德与法治大单元教学下深度学习研究[J].试题与研究,2022(31):109-111.

[48]黎万江.初中道德与法治大单元教学设计举隅[J].中学政治教学参考,2023(06):28-30.

[49]孟灵雪.新课改视域下初中道德与法治大单元教学设计与实践[J].科普童话,2023(35):52-54.

[50]何娟.核心素养下初中道德与法治大单元教学初探[J].中学课程辅导,2023(18):96-98.

[51]彭剑影,石晓芸.新课标下的初中道德与法治大单元教学[J].中小学班主任,2023(16):56-57.

[52]李文熠,王兰芳.增值评价助推初中道德与法治教学探讨[J].中学政治教学参考,2023(03):53-55.

[53]任长安.初中道德与法治教学评价实践路径探索[J].中学政治教学参考,2022(46):60-62.

[54]李伟,魏文锋,陈益秀.中小学课程思政高质量发展"六要"[J].中学政治教学参考,2022(15):40-42.

[55]李佳欣.中小学课程思政的实然困境及纾困之策探析[J].齐鲁师范学院学报,2022,37(04):69-74.

[56]陆道坤,王婧.新课程背景下中小学课程思政实施的依据、机理与路径[J].中国教育学刊,2023(02):72-78.

[57]黄丽萍.中小学课程思政的目标理解和价值意蕴[J].中学政治教学参考,2023(21):18-19.

[58]孟培.课程思政视域下义务教育阶段美术学科"德艺融合"教学生态建构研究[J].漫画月刊,2023(14):16-17.

[59]杨红静."议"味"深"长:指向深度学习的议题式教学实践[J].中学政治教学参考,2023(26):40-42.

学位论文

[1]陈优.初中道德与法治课"以学生为中心"的教学评价问题探究[D].苏州:苏州大学,2022.

[2]孙福平.函数教学中的迁移问题研究[D].北京:首都师范大学,2004.

[3]章慧芳.初中道德与法治课教学情境创设的误区及其矫正[D].芜湖:安徽师范大学,2017.

[4]翟成辉.初中《道德与法治》课议题式教学问题研究[D].信阳:信阳师范学院,2022.

[5]苏钰.情境教学在初中道德与法治课中的运用策略研究[D].上海:上海师范大学,2022.

[6]丁怡君.初中道德与法治课情境教学研究[D].上海:上海师范大学,2020.

[7]赵欣桐.论情境教学法在初中《道德与法治》课程中的应用[D].杭州:杭州师范大学,2022.

后记

在这本专著的撰写之旅即将画上句点之际,我不禁感慨万千。在这本专著的写作过程中,我仿佛经历了一场跨越时间和知识的奇幻之旅。每一章节的构思与落笔,都凝聚了我对教育的思考与追求,从鲜活主张的寻根缘起,到课程资源开发的深入探讨,再到教学实践探索和课程思政的融合,每一步都是我对思政教育教学的深刻思考。

我热爱"鲜活"的教育理念,在这个快速变化的时代,保持教育的"鲜活"不仅是更新教材内容,更是革新教学方法、评价体系乃至整个教育环境。专著的写作不仅是学术探索,也是我个人成长和转变的见证,它让我更加坚信我们要培养的是能够面对未来社会发展的鲜活的人。我深感责任重大,每个章节的撰写都是我对教育使命的新认识和承诺。我期望这本书能为教育工作者提供实用的指导,能激发社会对教育改革和未来的广泛讨论。

感谢所有支持和鼓励过我的领导、专家和小伙伴们。没有你们的支持与帮助,我无法完成这项庞大的任务。感谢厦门市教育局、厦门市教育科学研究院,西南大学教育学部,给予我专著撰写方向的指引和具体的指导。感谢我专业上的研究团队——厦门市蒋艳秋名师工作室、湖里区蒋艳秋名师工作室的所有成员,无偿提供研究课例与研究成果,陪伴我一起在专业的海洋上遨游徜徉。感谢我行政工作中的研究团队——厦门市龙湫亭实验学校的所有同人,感谢你们跟着我一起夜以继日地探索大思政的最优路径,给予我智慧的火花与不畏艰难的探索勇气。感谢提供数据、资源和宝贵意见的同行和专家,慷慨分享研究成果,让我的研究工作顺利进行。感谢出版社团队的辛勤工作,专业的编辑和建议极大地提升了这本书的质量。感恩我前进道路上遇见的每一个人,给予我前进的动力,激励我不断前行。

专著即将出版,我的心情无比复杂。一方面是对即将出版的作品的自豪与满足,另一方面是对这段旅程结束的不舍。希望这本书能够为教育领域带来新的思考和启发,为读者提供价值。任何一项成果的取得都不是孤立的,都是建立在众多人的努力和智慧之上的。这本书同样不例外。我希望它能够成为一个新的开始,激发更多的探讨和研究,推动这个领域不断向前发展。